U0048409

失控的熱情

為何在工作中追尋成就感，反而助長了不平等？

The Trouble with Passion

How Searching for Fulfillment at Work Fosters Inequality

艾琳・賽克 Erin A. Cech 著
黃文鈴 譯

目錄

自序／5
導論／9
第一章　熱情原則是什麼？／51
第二章　為何熱情原則極具說服力？／105
第三章　熱情的特權？職涯有志之士追求熱情與社經不平等的情形／159
第四章　作為規範性與詮釋性敘事的熱情原則？熱情原則如何洗選出職場不平等／221
第五章　剝削熱情？熱情原則的需求面／255
結論／285
後記／309
謝辭／313

附錄A　研究方法／319
附錄B　二〇二〇大學生研究之補充分析／341
附錄C　輔助數據／347
注釋／363
參考文獻／403

自序

當我決定不再對電機工程抱有熱忱時，當時在蘇格蘭愛丁堡的交換學生計畫才剛進行到一半，人則距離家鄉四千哩。那時我正就讀蒙大拿州立大學（Montana State University，以下簡稱蒙州大）電機工程系，前三年的學業一帆風順。我的成績優異，完成了幾個實習工作，終於能得心應手將微型電阻器焊接到電路板上。然而，當初在蘇格蘭為了補足空堂才修的社會學，對我產生了特殊的意義。課堂材料觸動了我。我對社會理論很感興趣。社會學給了我工具，讓我面對工程系裡正在學習設計的技術系統，得以質疑當中的結構性與文化性權力，並驚覺已困惑我多年的問題——工程學裡竟然缺乏的種族與性別多元性。隨著一天天過去，電機工程好像愈來愈不是我想學的東西。此外，課堂之外一連串在服務業的兼職工作（做披薩、洗碗工、服飾店收銀員、好市多「食物樣品試吃小姐」），讓我明白自己受夠了從事毫無成就感的工作。

我記得那時準備了好幾個禮拜，要在交換計畫結束後，跟父母坦承自己的計畫。我請他們先坐下來，深呼吸，然後跟他們說我會完成電機工程系的學業，但我要雙主修社會學。還有，未來我不會從事任何跟電機相關的工作。大部分的對話我都不記得了，只記得那時我說過，「我要追隨自己的熱情。」幾個月後申請社會學研究所時，我在自傳裡自信地寫著，「我已深思熟慮過這兩項學位的結合會發展成什麼模樣。出於自身對社會學無可置疑的熱愛，最終讓我決定研讀博士學位。」

這個矛盾一直不曾遠去。

這本書裡闡述「追隨你的熱情」所引發的問題，並非因為我始終對「追尋熱情」充滿懷疑。我曾是一名信徒，甚至是一名傳道人，深信找到一份能帶來成就感的工作非常重要。這本書同樣關於尋找熱情，自從某次在自己的研究裡看見這一點，就很難再視若無睹。我發現，舉凡早晨搭公車途中，朋友們談起彼此的工作、咖啡店如何宣傳新來的咖啡師、教授在開放諮詢時間和學生談話、學生們午餐時排隊彼此聊天時，都充斥著這股文化信念。受到這項研究的影響，我的朋友與同事也開始察覺這個信念其實無所不在。這本書也關乎熱情，因為這正是許多人公認「好工作」的重要因素，且值得我們迫切關注。

本書採取一種非常規的做法。在書裡，我闡述了一項叫做熱情原則（passion principle）的理論概念，這個原則相信自我表現（self-expression）與自我實現應是職涯決定的中心準則，書裡以多種不同型態的資料檢視這個概念。一開始我先描述這項熱情原則，並追蹤這項普遍存在於滿懷工作抱負的大學生，與具大學學歷的工作者之間這項文化基模（schema）的重要性，再解釋為何即使信徒已察覺到現今勞動市場的不穩定以及不確定性，卻仍對這項原則深信不疑。接著，我解釋熱情原則如何更鞏固社經劣勢與就業不平等的情形，儘管這項原則似乎僅對個人有利。本書的結尾討論了熱情原則對於學者、高等教育工作者、行政人員，與職涯有志之士（career aspirant）的影響，以及如何形塑普遍對於「好工作」與「好人生」的文化理解。

我在書裡著重於大學生與具有大學學歷的工作者，因為擁有大學文憑的人信奉熱情原則的程度最為鮮明，也最直接受影響。但就像我在書裡呈現的，這項原則並非他們所獨有。原本在這本書裡我可以選擇其他條研究路徑：像是，藍領階級裡，信奉熱情原則的情形如何？或在幼兒園至十二年級的課堂或是職業訓練的情境裡？在其他經濟、文化背景或其他國家的情形？讀者們當然會對其他社會領域有自己的想法，在這些領域裡，熱情原則也許會更凸出或不受重視，重要性可能會相對增加或減少。然而總得從某處開始著手探究熱情原則，我選擇從最深信熱情原則的這群人開始，希望能激發其他學者探究這項原則於其他的社會範疇如何發酵。

這本書並未遵從多數社會學書籍的標準研究方法（如果有這種方法存在的話），但研究手法非常社會學：我使用社會學研究工具，將文化信念與實踐認真視為具正當性且往往相當強大的社會力量，且在研究裡，沒有任何事物能神聖到無法進行學術檢視。我放棄了一般只堅持一種經驗方法或數據來源的學科規範，反倒採取最適合回答問題的資料來源與分析程序，討論遊走在熱情原則的文化基模。本書章節由不同主題組織架構而成，因此常常從訪談轉換到研究數據，再回到訪談本身，以書寫不同論點。在可能的情況下，我採用多重檢核法，以多種資料來源，檢視每項論點的實證發現。

我覺得自己有必要寫這本書的原因是，身為一位對再製不平等（inequality reproduction）的細微文化過程感興趣的社會學家，我知道在道德上被吹捧成「好」的事物往往有黑暗的一面。身為對工作充滿抱負且離開電機工程，以追尋對社會學熱愛的人，我數次質疑此事的意義，以及為何當時追求自己的熱情似乎非常重要。身為一位教育者，自己總憑著直覺告訴學生要對我教的學科表現興趣，先去追尋他們的熱情，晚點再來搞清楚「就業的東西」，但我一直對於自己這樣的做法感到不安。此外，過去二十年來，自己持續謹慎觀察社會上的勞動力變化，從社會學角度與哲學觀點來看，愈來愈疑惑到底「我愛我的工作」是什麼意思？這本書提出的問題比解答多，但我希望藉此能提供學者、教育者、對工作充滿抱負的職場人與工作者一片沃土，認真思考「追隨你的熱情」這項文化理念對個人與社會的影響。

導論

二〇〇五年六月某一個晴朗的午後，蘋果公司執行長史提夫．賈伯斯（Steve Jobs）對著一群興高采烈的史丹福大學畢業生與其家人發表談話。賈伯斯與台下聽眾分享自己對於工作意義的看法，並提供了以下的建議：

工作將占據你人生的一大部分，唯一能讓自己心滿意足的方法，就是去做你認為最偉大的工作。達成偉大成就的唯一途徑，就是熱愛自己在做的事。如果你還沒找到，繼續找，別安於現狀。用盡心力去找，當你找到了，你會明白的。[1]

面對這群興奮、惴惴不安又對工作充滿抱負的觀眾，賈伯斯主張，最重要的是，他們得找到熱愛的工作。其他不那麼有熱情的都只是安於現狀。

賈伯斯的哲學引起廣大觀眾的強烈共鳴，十數家報紙都刊出了這場演說。[2]但賈伯斯並非第一個發表此番言論的人。「做你喜愛的事」或更常見的「追隨你的熱情」，這些建議會出現在牙醫診所候診區海報、抱枕、咖啡馬克杯與手機保護殼上。[3]這簡單表達了一種理念：正決定職涯方向的人應優先考量自身成就感與自我表現，而非安逸於現有選擇或薪資最高的工作。

賈伯斯這番老掉牙的建議不斷出現在我與應屆大學畢業生們的訪談對話中。例如，自休士頓大學（University of Houston, UH）畢業的克萊兒（Claire），在自然歷史博物館兼差工作。她認為，熱愛工作不僅對事業成功很重要，更是她生活品質的關鍵。[4]

> 我想要去追尋自己真正在乎、真心覺得有趣且能從中學習的事物。我不想只選一門能帶來許多就業機會的熱門科系。因為，沒錯，找到一份工作無比重要，但要完全拋棄我在社會科學、人類學、通識教育的背景，只是找一份熱門電腦工程的工作或去商學院之類的，都會讓我覺得很痛苦……只是找一份能賺更多錢的工作……我覺得如果我得選一份工作，只是因為那是一份工作，我會覺得很無趣，也不會有突出的工作表現，因為我對它毫無熱情。（中產階級白人女性）

如同我在這本書裡所呈現的，克萊兒的同儕裡支持以熱情為導向選擇工作的人，遠多於「拋棄」熱情，找份可能帶來更多財務保障工作的人。我也發現在美國有許多具大學學歷的工作者同樣信奉賈伯斯「做你喜愛的事」的建議。

但如果我們仔細檢視賈伯斯的言論，會發現一股不尋常的張力。賈伯斯既身為二十世紀最成功的資本家之一，也是最要求員工耗費大量時間與心力的老闆之一，卻建議應屆新鮮人追隨其心之所向，而非尋求就業保障、在專業上聲名遠播或一份優渥的薪水[5]。「做你喜愛的事」，他說。「別安於現狀。」

這股張力不只存在於賈伯斯的哲學。資本主義對工作全心付出的需求，以及普遍對個人主義與自我實現的文化期望，兩者彼此之間的這股張力，是數項後工業社會的特徵。一方面，現代資本經濟期望工作者能將所屬組織與雇主的需求放在第一位。要成為一名「理想的員工」，就得將雇主的心願與利益凌駕於員工本身之上。[6]白領工作者更被期待要具有「為工作奉獻」——或一心一意的忠誠，他們被期待要效忠自身工作——就算並非出於真心。[7]而儘管雇主們愈來愈不可能回報這種忠誠[8]，這種對理想勞工（ideal workers）的期望在二十一世紀的勞動力市場仍相當盛行。

另一方面，在後工業社會中，對於個人成就的文化期望相當普遍[9]。自一九五〇年以來，個人主義與自我表現的文化價值急劇增長，隨之而來的是，人們期望每個人應儘可能得以自主選擇生活方式與方向。[10]因此，在美國等地，對自我表現自由的需求已擴展至幾乎所有社會與生活領域，包括工作選擇與職涯路徑。[11]

身處於這些張力與限制中，工作者與對工作充滿抱負的人要如何真正定義何謂好工作？何謂好的職涯決擇？在做出決策時，他們是否尋求最高程度的經濟穩定性與保障？他們也同意賈伯斯與克萊兒的人生哲學嗎？他們如何平衡自身職涯決策的考慮因素？他們願意犧牲掉什麼，以滿足人生的優先事項？

職涯決擇是重大的人生抉擇。早期的職涯規畫能對個人一生的薪資、流動性與社會地位產生持久性的影響。[12]如同人生其他重大抉擇（例如，是否該搬遷到新的城市、是否該生育小孩），職涯抉擇極度的複雜，卻幾乎沒有正式的指導方針。此外，也如同人生其他重大抉擇，即使在極度受限的環境下，共同文化涵義上的「好」或是「正確」的選擇，對於人們在確立方向與優先事項仍然相當重要。[13]我認為，這些文化意涵不只左右了人們如何做出職涯規畫的抉擇，也影響他們整體如何理解勞動參與——例如，他們是否認為勞動市場過程是公平的，以及他們是否稱讚或批評他人的職涯抉擇。

以往社會科學家考量這些文化觀念時，多數學者都假定人們在選擇職涯時會優先考慮經濟穩定、就業保障以及／或專業地位。以藝術家與音樂家為研究對象的研究指出，文化產業的勞動者理所當然期望能應付藝術自主與工作不穩定之間的緊張關係，他們往往為了追求自己的熱情，願意犧牲穩定的工作與豐厚的薪水。[14]但這種看重熱情的情形則被視為是例外。學者們往往假設，對工作充滿抱負的職場人一般而言會尋求最高薪、最穩定以及／或鑑於培訓水準選擇最有聲望的職涯道路。[15]

然而，這項假定有些不對勁。隨便翻開最暢銷職涯建議書籍與最受歡迎的建議專欄，會看到像是《做自己的力量》（*The Power of Being Yourself*）[16]、《下一步該怎麼走？追隨你的熱情，找到夢寐以求的工作》（*What's Next? Follow Your Passion and Find Your Dream Job*）[17]，聽起來比較像是賈伯斯那番老掉牙的演說，而非尋求發揮最大經濟潛力的工作者所持的觀點。對工作充滿抱負的人（像是準備投身全職工作的大學生）與工作者，面對職涯抉擇時，最在乎的是什麼？他們使用哪些文化敘事（cultural narratives）以廣泛理解職涯決策，並排出優先順序？這些文化信念又會如何反映在他們實際的決策上？

我在書中指出，在當代後工業勞動力的背景下，能夠有多少機會自我表現與製造個人意義（meaning-making），是工作者與對職場充滿抱負之人（這些人特別是具大學學歷者）定義何謂好工作的主要因素。雖然多數職涯有志之士與具大學學歷者理解財務保障的重要性，也清楚理解現代職場就業的挑戰，但對許多人而言，一份能夠實現個人抱負的工作仍然比前述條件更加重要。為了追求他們認為更能實現自我理想的工作，許多人甚至願意犧牲較高的薪水與更穩定的工作。

本書採用紮實的多元方法進行研究，透過逾一百七十次與職涯有志之士及就業顧問的訪談、四項針對美國勞工的調查以及一項實驗，我在書中描繪出一種強大的職涯抉擇文化框架，我稱之為熱情原則。熱情原則是一種極具道德性的文化基模，以智識、情緒、個人與職涯領域的連結形式，作為職涯抉擇的主要指導原則，並提升自我表現與自我實現。這項原則在具大學學歷的群體裡格外顯著，但信徒們並不限於這個族群。熱情原則敦促人們找尋有意義的工作，並將個人投注於工作放在第一順位。這項基模也形塑出，追求最高利益、力求提升個人地位的職涯決策，在道德方面並不正確，因為某部分而言，這樣的做法會讓人偏離自我實現的道路。

何謂熱情？誰重視追求熱情？

熱情，如同我在書裡所使用的，指的是個人對於某種專業領域（例如社會學、企業稅法），或具生產性任務的領域（例如，嬰兒照護、電腦程式）的鄭重承諾。[18]雖然熱情與個人對於任職組織、同事、上司的滿意度具有潛在關聯，但兩者並不相同。[19]熱情是關於個人與實際職業領域的聯繫感與成就感。

雖然熱情似乎具有高度個人主義，也相當自我獨特，但從根本上仍根植於個人所處的結構位置與居住環境。我們的熱情是部分的自我概念（例如，自我認識），這些自我概念並非隨意萌生：我們的自我認知部分取決於自身在社會中的地位、經驗與所處環境。[20]透過這輩子在階級、性別、種族、性徵方面等社會習俗的社會化，經由這些先賦過程（ascriptive process）[21]，形塑出我們的自我概念，以及我們認為有趣、刺激、有意義的任務。因此，我們會對什麼充滿熱忱，並非隨機也並不全然出自個人獨特性。[22]

要對個人工作具有熱忱，需具備幾個相關聯的面向：心智連結（覺得工作有趣或極具魅力）、情緒與情感連結（在工作中感到興奮、找到樂趣或快樂）以及個人連結（適合自己特質）。例如，就讀史丹佛大學（Stanford University）主修數學的沙維爾（Xavier），解釋他對數學的情感與心智連結，以及數學與其個性的高度吻合。

作者：你先前曾用過充滿熱忱這個詞，你指的是什麼？

沙維爾：我指的就是數學，我熱愛數學。當你算出正確答案，你知道自己完全正確，因為你了解來龍去脈……我能解開一堆謎題，很酷的謎題。不只很有趣，我更覺得很有挑戰性……所以我認為，這就是我的熱情所在。我可以想像自己終其一生都在做這件事……我覺得這絕對就是我的個性。（中產階級白人與拉美裔男性）

一個人對於工作的熱情並非來自從事這份工作會蒙受的惡名或帶來的盛名，也並非出於自掏腰包的閒暇活動。熱情與為了自己而努力工作並不相同。對於自身的職涯領域充滿熱情，意謂著對這份工作有深刻的個人連結與真實感受。

從蒙大拿州立大學企業管理系畢業的威爾（Will），在訪談裡暗指出追求熱情隱含的道德價值。威爾解釋為何他拒絕與朋友一樣，尋求最多就業機會的職涯道路，反倒選擇自身熱愛的領域。

我有一個好朋友，他浪費了四年就讀電機工程。他痛恨這個科目。他一點也不想在畢業後從事相關工作。人們太常依據職涯或畢業後的就業機會，來決定自己的興趣、嗜好、這一生想做什麼。我不想這樣做，因為我才不會浪費自己四年或五年的錢跟時間，來學自己根本不鳥的事情……我絕對不會浪費四年在電機工程。我當然知道讀那個（指電機工程）可能會找到更好的工作，但我再也不想算數學了。（笑）我想做一些自己有熱忱也可以學到東西的事。（中產階級白人男性）

我訪談學生和有大學學歷的工作者，他們覺得面對職涯抉擇時，最重要的因素是什麼。在三所大學、一百位我訪談過的學生中，超過四分之三的受訪者解釋熱情應是職涯決策最主要的因素，僅分別有百分之九、百分之二十一的人分別認為是收入與就業機會。這些對工作充滿抱負的大學生並不孤單：我針對具大學學歷的美國勞工所做的調查中，超過百分之七十五的受訪者認為理論上而言，追求熱情對於好的職涯決策是重要的因素，超過三分之二的人認為好的職涯抉擇，出於熱情考量的重要性高過薪水與就業保障的重要性。

面對自己的職涯抉擇，對工作充滿抱負的人與工作者顯得更加務實。但還是有驚人數量的大學生與具大學學歷的工作者在選擇自身職業時，優先考量能自我實現、表現自我的工作，而非其他更有保障與／或更高薪的領域。許多人願意犧牲一點薪水，以換取更有意義的工作。

這些有工作抱負的人與工作者在抉擇自己的工作時，相當信服熱情原則，因為他們相信，這樣就能避免工作帶來的枯燥乏味。休士頓大學主修藥劑學的以賽亞（Isaiah）認為，擁有一份他可以「真正很愛」的工作相當重要。除非很愛自己的工作，否則他很怕會擁有不快樂的人生。

> 我從未真的喜歡過「時間就是金錢」的觀念，那就像是，okay，我唯一能賺到錢的方法就是去工作，如果我真的去上班，連做八小時，然後回家，只有固定的一點時間能陪伴家人，然後隔天就得重複同樣的過程。這件事我想了很久。除非我真的很愛我的工作，否則我不覺得自己會真的很開心。（上層階級黑人男性）

雖然追求熱情有時候得承擔財務不穩定的風險，但對工作有抱負的人往往相信犧牲是值得的。例如，休士頓大學學生布莉安娜（Brianna），她從會計系轉學到新聞系，以追求對於廣播新聞的熱情。

（當一名記者）一直都是我想做的事。小時候我常穿著我媽的套裝，假裝自己在播報新聞。一開始我在大學主修會計，因為我以為當上會計師就會賺很多錢……後來開始念了，才發現這不是我要的。我沒法想像自己接下來一輩子都做這行。所以我說，管他的，忘掉這一切吧。我要做我想做的。忘了要當會計師的念頭；去當一名記者吧。（上層階級黑人女性）

畢業之後，布莉安娜取得廣播新聞的碩士學位，並在美國中西部的一家小型電視台謀得一職。但其他轉換跑道追求理想的人們就不一定能如此幸運了。

相信熱情原則的人往往認為這項原則看來很正面、具有能動性（agentic）：它保證了長期自我表現與實現的機會，讓人從有償勞動可能的乏味生活裡解脫。然而，我接下來將會闡述，這項原則也可能具有黑暗的一面。

熱情原則的根據

雖然這本書闡明熱情原則受到重視是一種普遍存在的現象，但與工業、後工業資本主義雇用勞動的漫長歷史相比，熱情原則的流行還是相對近期的情形。從十九世紀後期到戰後時期，穩定與經濟保障是職涯抉擇最重要的考慮因素。[23]對於那些能獲得白領工作（通常是中產階級的白人男性）的人，理想工作的文化觀念是提供穩定長期雇用、舒適的工作條件、體面的薪水，甚至是一份養老金。[24]

此一理想反映在二十世紀中葉的職涯建議書籍裡。[25]像是，詹姆士·蓋茨（James Gates）與哈洛德·米勒（Harold Miller）於一九五八年出版的《因應職場的個人調整》（*Personal Adjustment to Business*），建議有工作抱負者面對職涯抉擇時，應經過深思熟慮，在個人技能與物質及經濟需求之間取得平衡：「這項決策應基於事業狂（careerist）所能夠取得的詳細資料與情況，而做出的研究分析……這項決策應符合邏輯，避免流於情緒化、偏見或根深柢固的思維。」[26]對於蓋茨與米勒而言，一項好的職涯決策最根本的基礎即是財務穩定，因為「工作穩定滿足了至關重要的心理需求。」[27]在正式上工前，不需對這份工作產生內在興趣，因為興趣是「幾乎任何工作都可以培養的，如果我們以足夠的好奇心去探索工作潛力的話。」[28]蓋茨與米勒告誡那些抱著不切實際夢想的人：「我們的社會特別青睞那些為自己選擇一條正當且踏實的職涯、大膽而堅定地投入所需準備的人。」[29]雖然「一份令人著迷又能賺錢」的工作會更好，但蓋茨與米勒認為擁有一份無趣的工作總比沒有工作的好。[30]

這項觀點與近幾十年來職涯抉擇建議書籍的主要論點形成鮮明對比。例如，奧倫·烏里斯（Auren Uris）於一九七四年出版的《感謝老天今天是禮拜一》（*Thank God It's Monday*）指出，

「在度過一個很棒的週末後，若隔天起床不管怎樣還是能很開心地說出：『感謝老天今天是禮拜一』，那麼這人就是擁有一份完美的工作。」[31]他在書中對比兩種截然不同類型的人，一種他稱之為「霍瑞修・愛爾傑人（Horatio Alger Man）」（1860-1945）與另一種則是「組織人（Organization Man）」（1945-1965）。前者是「自我實現的人」，追求自身的物質成功；後者陷在激烈的競爭裡，忠於公司高於一切。烏里斯闡明前一種人的信條：

> 我想在工作裡找尋成就感。
> 我不會為了一堆比索就出賣我的靈魂；再多的錢也無法抵銷挫折、停滯或無聊。
> 我不會繼續待在一份無法讓我感到快樂又滿意的工作。
> 我不會為了工作需求而犧牲個人價值觀或舒適自在。[32]

烏里斯建議人們應辭去無法帶來滿足感的工作，這項觀點與二十年前蓋茨與米勒的建議截然不同。

直到二〇一〇年代，強調自我實現一直是職涯建議書籍的標準內容。[33]例如，羅伯・史蒂芬・柯普朗（Robert Steven Kaplan）於二〇一三年出版的《領導最好的自己》（*What you're Really Meant to Do*）裡指出：「實現抱負的關鍵並不在於『取得成功』，而在於努力發揮自身獨特的潛力。」[34]他認為，一個人必須先考慮自身的熱情，而非像薪水或穩定性等實際的考量因素。晚點再來考慮務實問題就好。

了解自身的熱情可能會需要你暫時放下心中的恐懼與不安全感，更專注於自己的希望與夢想。你不需立刻決定要採取哪些行動，或評估自己的夢想實際與否……再說一次，允許自己在開始擔心**怎麼做**之前，先專注在**要**的是什麼……[35]如果你忠於自己的信念與原則，我知道你極有可能覺得達成了一項巨大的成就。最後這種感覺會改變一切。[36]

在柯普朗與其他類似的書裡，通常都沒有指出，能承擔這種風險想法的人，實際上已經享有最高限度的經濟、種族與性別特權。[37]

是哪些因素助長人們在職涯決策時愈來愈注重自我表現與自我實現呢？雖然針對熱情原則歷史演進的全面考察已超出本書範圍，但如同我在第二章以及以下提到的，在一九七〇年代與一九九〇年代出現了關鍵性的經濟與文化演變，使得熱情原則普遍成為職涯決策的準則。

第一項改變是美國工作結構產生很大的改變。過去四十年間，工作制度變得更加不穩固。雇主將更多企業所有權與盈利的風險推卸給員工。過去的年代裡，「勞資協議」或者組織與其長期（白領）員工彼此建立起的相互承諾與忠誠，是一種常態：組織期望員工能效忠於他們，如果員工既熟練又可靠，組織進而便會留任甚至提拔他們。[38]

如今，這種組織對於員工的義務承諾已經很罕見了，員工在同家公司效忠幾十年的情形也同樣少見。[39]聲勢浩大的市場自由化、全面性的技術變革、全球化與公司治理的轉變已削弱了工作者的力量，組織也不如以往對忠誠的員工負責。[40]因此，二十一世紀的工作特徵是「人人皆遭受不確定性」（equality of uncertanty）。[41]對於不具有大學學歷或沒有體面薪資的工作者，工作穩定從未是理所當然的事。而如今，即使是最具特權、受過良好教育的白領專業人士也可能面臨工作不穩定與財務方面的不安全感。[42]此外，對於這種不穩定的認知也相當普遍，工作者將愛莉森．普伊（Allison Pugh）所稱的「單向榮譽系統」（one-way horror system）視為理所當然，在這項制度中，員工預期會履行對雇主努力工作的道德義務，也被期望這麼做。但雇主並不會付出更多薪水作為回報。[43]

隨著過去四十年來工作者不穩定性（precarity）的增加，產生了劇烈的文化轉變。在政治領域上興起**新自由主義**，這是一種主張激進資本主義的政治與經濟意識形態，假定若減少政府監管、拒絕會限制自由市場的再分配過程，便能達到最完善的經濟與社會福祉。[44]新自由主義主張個人要對自身經濟與在社會中的成敗負全責，政府救濟與社會福利計畫讓人不思長進且沒有必要。[45]新自由主義關於個人擔負生計與職涯成敗責任的觀念，在一九八〇與一九九〇年代蔓延政界，幾乎席捲美國每個機構。

在美國與其他後工業國家，隨著個人主義與自我表現的文化期望急遽攀升，新自由主義政策與觀點也跟著遽增。個人主義長期以來是美國核心的價值觀，但在二次世界大戰後，特別是一九八〇與一九九〇年代，自我決策的需求幾乎擴展至生活的每個領域。[46]過去半世紀以來，高等教育普及化與課程的擴展反映了這一點，甚至有推波助瀾的作用。[47]不只是鞋子、車子和餐具，包括宗教信仰、居住環境、大學主修、職業的選擇，都應彰顯出我們的個體性。自我表現如今已是自我與他人的道德期望：不僅影響人們如何預期他人行為，也作為一種「感覺守則」（feeling rule），指導人們對自己與周遭環境的感受。[48]

社會理論家認為，這些因素與其他二十世紀後期的結構與文化變革帶給許多人一種深刻的存在不確定感（existential uncertainty）——不確定我們該成為什麼樣的人，該怎麼過自己的生活，能從哪裡尋得意義。不同於過去幾世紀的人們都從個人社群裡尋得意義，後工業公民往往在「自我反思志業」（reflexive project of the self）裡找到意義——這是一項不斷發展演進的個人敘事，關於我們是誰，該往哪裡去，窮極一生我們都會不斷探究這項命題。[49]對於許多身處於後工業社會的人、尤其對最具社會人口（sociodemographic）優勢的人而言，這項自我省思的課題成了最主要的生活目標。

所以，我們一方面對於個體化、自我表現的做法持有文化評價，另一方面，勞動市場的不確定性愈來愈高，卻仍要求人們秉持堅定不移的職業道德。在個人主義盛行、工作愈趨不穩定、專業工作者的工時比以往更長的情況下，現代的職涯有志之士與工作者如何確立自己的抉擇？正如我所論述，過去幾十年的歷史、經濟與文化上的歷史發展，正意謂著熱情原則對於那些背景條件夠資格的人而言，是種格外誘人的職涯決策方式。

熱情原則的領先地位

在這本書裡我解釋了何謂熱情原則、他們的信徒是誰、對個別職涯抱負者與工作者的意義為何，以及這項原則對於創造美好生活的存在意義所做出的貢獻。但熱情原則所帶來的後果，遠遠超出對個別職涯決策者的影響。我認為這項文化基模有更邪惡的一面。儘管熱情原則藉著鼓勵個別工作者在勞動市場裡找到能帶來成就感之處，就這點而言似乎是有益的。整體來看，實際上卻可能助長再製社會經濟不公與職業隔離（occupational segregation）的過程。並非人人皆握有經濟、教育或社會資源，能將自身熱情轉變為有報酬的工作。我發現，在社會經濟方面握有特權（privieged）的追求熱情者（passion-seekers）最終較有可能從事一份既高薪又穩定，且與其熱情相符的工作。但來自底層家庭、具大學學歷的追求熱情者卻可能從事與其熱情相去甚遠又不穩定的工作。此外，熱情原則會將職業隔離與不平等包裝成是個人尋求熱情的正面成效，並塑造像是賢能制意識形態（meritocratic ideology）與個人責任等說法信念，不考慮職業不平等的問題，並抵制有助於解決這種不平等的結構性解決方案。[50]最後，熱情原則的需求面表明了其有助於超時工作的文化，鼓勵充滿熱情的專業人士容忍臨時性且低薪的工作，允許雇主以盈虧之名剝削利用工作者的熱情。從廣義上來講，這本書不僅試圖將熱情原則作為形成個別職涯決策的基模來研究，同時也檢視這項原則如何導致社會不平等的結構與文化過程。

熱情原則的文化基模

這是一本關於文化基模的書。文化基模是用於「查看、過濾並評估目前所知現實」的共享文化框架。[51]我們透過社會化的終身經驗習得基模，藉以了解自我、自身經驗與更廣大的社會與制度過程。[52]基模並非只是理解現實的認知框架；也具有道德與情感面向。簡略而言，基模幫助我們理解複雜的社會世界（social world），並定向我們在當中的行動。[53]

本書前半部確立熱情原則為一種文化基模，並描述了這項原則在職涯有志之士與工作者之間的普遍性，後半部則檢視優先追求熱情會如何影響有抱負的人，並相互影響總體結構與文化過程。當熱情原則被職場有志者作為指導原則，且被工作者廣泛用於決策時，會如何助長延續社會人口不平等的過程？雖然針對追求熱情的文化評價似乎相當普遍，但在社會科學研究裡，尚未將這個概念做為社會再製的現場，進行系統性的檢驗。

部分學者認為，基模太不足信、缺乏說服力，在社會世界裡無法發揮任何實際作用。他們認為畢竟基模只是信念而已。尤其是與法律、制度與具體資源相比，社會科學中的傳統結構主義方法往往認為文化信仰與實踐無關緊要。[54]個人也許相當重視追求熱情，但他們終究還是受制於大環境的結構力量。部分文化學者更進一步認為，文化信念在人的腦中停留時間太短，不足以對其人生產生變化，此外，人們經常對同一事物持有相互矛盾的看法。[55]那麼，為什麼要寫一本關於文化基模的書呢？

個人能動性的確受到限制；如果不承認人們在學校與勞動市場所面臨的巨大結構性限制，就無法研究職涯抉擇。[56]況且勞動市場以及個體在其中的地位，對不同人而言的確具有相衝突的涵義。但關於好工作與良好職涯抉擇的文化基模仍可能具有影響力。[57]像是人們並非完全出自習慣，往往在經過漫長思考，深思熟慮後才做出職涯抉擇的情況下，文化涵義便可能影響他們做出覺得可行且理想的決策。[58]決策者通常都認為他們的世界觀是正確的；文化涵義則可以在人們試著實踐對自我與未來生活的願景時，影響他們的行為。[59]

我認為，在已有大量文獻討論結構限制與文化限制，除此之外，好的職涯與職涯決策的文化基模對於有抱負者與工作者的人生至關重要。這些基模會影響職涯決策者追求或排除機會、願意承擔的風險、升遷所需的經濟與文化資源，以及判斷成功或失敗的基準。除了這些個人層面的影響，職涯決策的主要基模可能讓整體社經不平等的過程更加牢固。這些基模可能預含著經濟、文化與社會資本的分布不均，因此依此做出的職涯抉擇會延續某些有工作抱負者的優勢，以及其他人的劣勢。關於良好職涯決策的道德化信念，也可能為勞動市場不平等的形式提供文化正當性（cultural legitimacy），從而廣泛影響對工作有抱負者與工作者對於同儕、雇主與勞動市場的期望。

雖然這份研究著重於美國，但其他國家也可能風靡熱情原則（特別是英語系與西歐國家），這些地方同樣崇尚個人主義的自我表現，且經過高等教育的擴張，新自由主義理念的勞動力參與型態，同樣占據主導地位。[60]在這些背景下，熱情原則可能會在受過大學教育的年輕人中找到穩固的立足點，並決定關於職涯決策更廣泛的文化敘事。

大學生與具大學學歷者的熱情

熱情原則存在於人生的許多不同階段，並具有不同程度的顯著性。可能在年輕人剛結束正規教育，要踏入職場時表現地最明顯，但這些對於好工作與良好職涯決策的文化考量卻可能貫穿整個生命歷程。可能在中小學課堂上討論到職業時，以及高中輔導員建議畢業後可能的就業途徑時，皆已先接觸過熱情原則的概念。也可能在大學入學申請文章中重複出現，且整個大學期間都不斷地想著這件事。一旦人們進入勞動市場，要換工作或轉換產業時（不論出於自願與否），熱情原則可能會再次躍上檯面。這項原則也許在白領工作者之間最為顯著，但也存在於某些藍領工作（像是「引領文化品味潮流」的調酒師、咖啡師，與理髮師）。[61]同時在二度就業，或在退休後找到自我實現工作的理想中，也存在著熱情原則。[62]

因為「追隨你的熱情」是一項文化上受到重視的人生目標與職涯目標，人們踏入社會前後的很長一段時間，這項原則都可能是自我省思的中心原則。當我們問孩子們長大後想做什麼工作時，我們的問句裡可能就已包含假設熱情原則的重要性與後果，甚至在「退休後生涯」的概念裡，也明顯存在著熱情原則，因為人們「終於」可以做他們一直以來想做的事。[63]

為了界定我的研究範圍，這本書著墨最多於受過大學教育的美國年輕人，在他們完成大學學業並踏入職場時，這個階段所秉持的熱情原則。我也關注擁有大學學歷的勞動力之中更廣泛的模式與影響。正如我在結論中所論證，熱情原則之所以成為如此具有共鳴的文化基模之一，是因為它相當吻合個人主義與自我省思的規範理想。因此，我也可以輕易地拿來檢視高中生對於決策的信念，或將要退休之人的意義製造與身分轉變。我想，前述這些因素能提供關於熱情原則的專業見解。

但很重要的是，唯有一小群具有特權優勢的年輕人得以就讀大學。美國目前僅三分之一的勞動人口具有大學學歷。過去三十年來，大學學雜費水漲船高，學貸債務也隨之激增。[64]如同我在書中呈現的，並非唯有具大學文憑者才信奉熱情原則，在職場中追求能帶來滿足感並符合自我感知意識（sense of self）的工作，普遍受到高度重視。然而，美國勞動市場當前的結構性事實，以及藍領與服務業工作日益不穩定，這也意謂著，愈來愈少不具大學學歷的工作者能擁有結構性職位，進而能優先考慮自我表現，而非穩定性與薪水。[65]

與其他人相比，有工作抱負的大學生更能彰顯出熱情原則對其職涯決策的重要地位。他們可說擁有最豐富的文化資源、結構性的機會與時間，以不同的方式落實「好工作」的概念，他們也擁有最大的彈性，能根據這些概念做出職涯抉擇。高等教育的制度化期望（institutionalized expectations）擁護這樣的自由與彈性，期待學生們花費數個月或數年琢磨自身的工作考量。[66]雖然藍領與服務業工作者也許會有相似的職涯決策基模，他們少有餘力能依據自身文化的優先考慮事項做出職涯抉擇。[67]此外，大學生早在進入研究所或工作場所前，就開始苦思未來的職業抉擇。這有助於區隔他們的評估是基於職涯決策的基模，還是對特定工作或雇主的評估。

雖然我的分析多局限於具有大學學歷的人，前述文化基模所帶來的後果並不僅局限於這群人。如同我主張的，當熱情原則用於規範性與詮釋性目的時，可能會淡化藍領與服務業工作者所面臨到的結構性挑戰，並將職場裡的不平等歸咎於個人在不公平的勞動市場裡所遭受的失敗。此外，許多大學教育的工作者擔任負責管理藍領與從事服務業的人，因此熱情原則之於這群人的顯著性，可能也意謂著他們會硬是期望服務生、保全人員、公車司機與自己的白人白領同事，皆必須展現出對自身工作的熱忱。在這樣的情況下，熱情原則是一種規範，甚至是種道德上的要求，壓在其他工作者的心頭，即使知道自己無法達成這樣的標準。[68]這部分將留待其他學者進一步研究，未來可探討熱情原則如何展現於其他行業的工作者，我懷疑在其他領域可能也有其顯著性。

對熱情原則投以批判性的眼光，尤其是對於那些有幸追隨熱情並找到滿意工作（或積極鼓勵他人也這樣做）的人而言，可能會令人不安。鼓勵一個年輕人「就去做吧」，去追求自身的熱情，會讓人覺得非常**正確**。除了過於老生常談，那些冒盡風險、追求自我熱情的敘事相當受歡迎。在工作裡優先考慮意義有什麼不好？質疑一種廣受重視（尤其在學術圈）的文化基模，勢必會挑戰到某些讀者一直以來視為理所當然的觀點。我的目標不是要挑釁這項基模。相反地，我更有興趣揭開這個萬人迷的真面目，揭示它可能只對某些人有利，以及這項基模如何掩蓋與協助再製其他人的劣勢。

資料來源

我借鑑了許多參考書目來研究熱情原則。慢慢累積而出這項研究的資料，每次蒐集資料的結果都能激發出下一次的靈感。作為一位方法論實用主義者（methodological pragmatist），我的首要實際目標是盡可能蒐集到最多的實用資訊，以了解本書範疇內的熱情原則的特定面向與後果。

與有工作抱負之人的訪談

這項研究計畫的想法起於我對史丹佛大學學生的訪談。當時我正在試行一項關於職涯決策的計畫，但很快就意識到當學生們泛泛地討論何謂好的職涯決策，以及更精確仔細談論自己的職涯抉擇時，自我表現與自我實現這兩項因素所占據的中心地位。從這些先導訪談中，我設計了一份分處三地的研究，樣本為就讀三所四年制綜合大學的一百名學生：包括史丹佛大學、蒙大拿州立大學與休士頓大學。這三所大學因地區、競爭力與學生組成皆有所區別。其中學生訪談樣本包括三十五名史丹佛學生、三十名休士頓大學學生與三十五名蒙州大學生。這些樣本中的有色人種比例過高（百分之十四是拉美裔、百分之二十五是黑人、百分之十四是亞洲人或亞裔美國人、百分之十一來自其他種族／族裔，百分之五十三是白人）；百分之五十二的受試者自我認同為女性、百分之四十八的人為男性。半數學生主修科技、技術、電機與數學（STEM）領域。百分之十九的學生來自勞工階級家庭，百分之五十來自中產階級、百分之三十一來自上層階級。[69]為了更清楚了解四年制大學學生的熱情原則，我透過亞馬遜的MTurk任務平台進行了一份共五百二十二名學生的補充性調查。這份調查結果摘錄於第一章與第二章，並記載於附錄B。

隨著這項分析持續展開，顯然我必須追蹤這些對工作有抱負的大學生，畢業之後的狀況。他們真的追隨自己的熱情了嗎？如果他們真的這麼做了，然後呢？我持續追蹤了其中三十五人，從他們畢業後兩年到五年不等的時間，試著了解他們大學後期、從學校步入職場的轉換期以及初期踏入職場的經驗。

我也額外進行了四項經驗研究：與職涯顧問與教練的訪談、一份美國具大學學歷勞工的調查、一項實驗性的調查，並對現有的全國代表性調查進行次級分析。在附錄A裡能找到每一項資料來源有關樣本與分析的詳細資料。

與職涯顧問與教練的訪談

職涯顧問與教練是屬於聲稱對於職涯建議具有管轄權的專業人士。[70]他們的建議與提供建議時所使用的文化框架，可能會深刻影響顧客的決策。為了了解職涯建議專業人士的觀點與方法如何放大熱情原則，或提供有別於熱情原則的替代方案，我訪談了二十四位不同背景的職涯顧問：七位為史丹佛大學、蒙州大、休士頓大學提供服務；七位為其他大學院所，包括密西根大學（University of Michigan）、萊斯大學（Rice University）與休士頓社區學院（Huston Community College）服務；以及十位私人職涯教練，於校外為大學生與上班族顧客服務。

美國勞工的調查數據

雖然我訪談的學生中，大多擁護基於熱情原則的職涯抉擇會帶來好處，職涯建議專家也一致唱和，但在擁有大學學歷的工作者之中是否普遍存在熱情原則，仍是個懸而未決的問題。因此，針對美國具大學學歷的勞工，我設計了一份比例代表性樣本（proportionally representative sample）調查。透過Qualtrics調查平台，我針對一千七百五十名受訪者（包括六百六十五名用人主管）實行熱情原則調查（Passion Principle Survey, PPS）。此樣本的性別、種族／族裔、年齡組別（age cohort）與十四類職業分布比例，按實際比例代表美國受過大學教育的勞動力。這項熱情原則調查所設計的問題，包括了針對工作者對於職涯決策與勞動參與的態度，讓我能夠以統計分析，三角驗證訪談資料所得出的模式。透過這些調查資料，能夠更了解熱情原則在美國具大學學歷工作者的普遍程度，還能了解這項原則在不同人口群體間的差異程度。

我在二〇二〇年十月進行這項熱情原則調查，當時處於新冠肺炎（COVID-19）期間經濟與政治不確定的時期。調查期間，美國國內部分經濟已從前一年的直線下滑中甦醒，但數百萬的美國人仍感到經濟壓力。[71]我先前曾在二〇一八年也做過熱情原則調查，那時的經濟與社會環境大不相同。我選擇於一個經濟不確定的時期進行熱情原則調查具有目的：假設在這樣不確定的時期，熱情原則於受過大學教育的工作者之間仍相當顯著，我認為這項原則在更「安定的」的時期也會繼續如此顯著。附錄A的圖A.1比較了二〇二〇年與二〇一八年我在書中使用的焦點方法調查。自二〇一八年以來，熱情原則的重要性幾乎沒有變化。這兩個時期結果的一致性凸顯了這項文化基模的黏性。

這項熱情原則調查有一個缺點，由於其抽樣策略，它無法完全代表美國受過大學教育的工作者。為了探究熱情原則在具大學學歷者與不具大學學歷者之間的普遍性，我分析了現有幾個全國代表性的調查數據：包括二〇〇八年全國勞動力變化調查（National Survey of the Changing Workforce, NSCW）、二〇一六年績效原則調查（Merit Principles Survey, MPS），以及一九八九年至二〇〇六年的社會概況調查（General Social Survey, GSS）。有關這些調查的詳細資料，請參見附錄A。

調查實驗

最後，我使用了一項二〇一八年的調查實驗資料，探討熱情原則可能的需求面。這項熱情原則實驗（Passion Principle Experiment, PPE）隨機分配受訪者審閱四份虛構的工作申請的其中一份，包括一家IT公司的會計工作與一家社區非營利組織的青年計畫管理職（4×2的實驗設計）。求職者的求職信略有差別，其中一封表達了對工作的熱情，另外三封則表示對其所在城市、組織或薪水有興趣。這樣的設計能測出具有熱忱的申請者是否比具其他動機因素的申請者更受歡迎，以及評估者的偏好是否與其對申請者格外努力工作的評估有關。

這樣的資料來源組合能夠從多個角度審視熱情原則：包括正進行職涯決策的大學生、指導年輕人的職涯顧問與教練、已就職的具大學學歷工作者，以及潛在雇主。訪談資料有助於詳細描繪出此種文化敘事的面貌，以及人們在面對自身決策時，如何解釋並使用熱情原則。書中使用的調查資料能系統性地檢視熱情原則在不同社會人口變項與工作人口中的普遍性。這項實驗數據則能聚焦檢視對於熱情原則需求面的一組特定論點。

章節摘要

第一章仔細描述了熱情原則的概念，以及這項原則在美國大學生與受過大學教育的工作者之間蔚為風潮。我藉由與大學生們的訪談，以及針對美國具大學學歷工作者的調查，檢視這項受訪者用以理解良好職涯決策的文化基模。我發現大多數的學生（像是克萊兒、沙維爾、布莉安娜）與多數具大學學歷工作者，皆以熱情為主要考量，來判定何謂好的職涯、好的職涯抉擇。他們同意薪水與工作穩定性是重要考慮因素，但大部分的人認為這些因素並不如有趣、帶來滿足感且有意義的工作來的優先。

不同人口群體也都普遍嚴守熱情原則。超過百分之七十、來自不同性別、種族／族裔與背景階級的學生都認為熱情應是職涯決策的核心考慮因素。在熱情原則調查數據中，我發現來自較富裕背景的具大學學歷工作者，比來自勞工家庭的工作者更可能強調追求熱情。與白人受訪者相比，亞裔與黑人工作者將熱情視為職涯決策重要因素的可能性也略低。[72]然而，對於追求熱情的評估，不同階級背景、最高學歷程度或受訪者是否出生於美國並不存有系統性差異。在這些受過大學教育的工作者之中，不同職業類別遵守熱情原則的程度也幾乎沒有差異。只有少數具大學學歷的工作者（百分之二十二）認為，他們認為一個好的職涯決策，金錢與就業保障等更實際的考慮因素比與熱情相關的因素更加重要。整體而言，雖然熱情原則只是受訪者能使用的眾多文化基模之一，但在他們認知何謂良好職涯抉擇的文化概念裡則非常突出。

這些研究結果顯示出受訪者關於良好職涯抉擇的抽象文化基模。那如果是自身的職涯道路，他們會優先考慮哪些因素呢？與某些社會科學文獻預期相反的是，熱情原則是許多學生的核心考量。多數學生選擇大學主修與畢業後計畫的主要考慮因素都與熱情有關。雖然大約三分之一的學生選擇主修科系和畢業後職涯規畫時，優先考慮高薪和／或穩定的工作，但其餘三分之二將找尋有意義、帶來成就感的工作列為首要任務，通常都高於薪水或就業保障的重要性。許多學生認為大學學歷能提供一個經濟底線（floor），只要高過這個底線，無論他們選擇哪個主修科目或職涯領域，都能保障他們領到能過著舒適生活的薪水。即使低於這個底線，他們也不可能會失敗。而且正如後面章節所提到的，這些有工作抱負的人，其中有許多在大學畢業後，在勞動市場裡尋求一席之地之際，仍繼續追求自己的熱情。

當受過大學教育的工作者在思考自身職業路徑時，尋求成就感與意義也是他們重要的考量因素。幾乎半數（百分之四十六）的熱情原則調查受訪者在考量是否接受一份新工作時，將有熱情相關的因素列為首位（相較百分之二十一的人首要考量是薪水、百分之十三的人是工作穩定度）。且自願更換工作跑道的具大學學歷工作者，近乎半數的人指出轉職原因與在工作中尋求更多的意義或成就感有關聯。

再來，代表全美國勞動力的全國勞動力變化調查數據分析指出，不具有大學學歷的人也跟具大學學歷的人一樣，考量是否換新工作時，同樣會考慮與熱情相關的因素（在此指「有意義的工作」）。然而，不具有大學學歷的工作者（往往在勞動市場裡無法取得最高薪、最穩定的工作）在考量是否換工作時，通常認為薪水與就業穩定的重要性高於與熱情相關的因素。

簡言之，第一章詳細描述熱情原則於受訪談的大學生以及全國性調查樣本的工作者之間的普遍性。但這項文化基模從何而來？這些追隨者為何認為這項原則如此令人信服？第二章提供熱情原則的歷史背景，特別是後工業經濟雇主的要求與普遍存在對於個人主義與自我實現的文化期望，這兩間之間的緊張情勢。[73]這章接著記載追隨者如此信服熱情原則的原因。

根據與大學生的訪談資料與熱情原則調查數據，我在這章描述受訪者認為熱情原則如此具有說服力的兩個原因。第一，多數追隨者認為熱情是職涯成功的要件。和金錢與工作穩定度不同。熱情被白領勞工認為是取得成功所需的長工時、辛勤工作的內在動機。受訪者比較由金錢所帶來的動力比不上由熱情驅使的動力。例如，一名主修生物與英語的休士頓大學學生表示：

如果除了錢以外，你沒有其他誘因，（那麼）……錢不會給你真正想要成功做到某件事的熱情或動機。你必須真的感受到它，你必須真的很渴望它，只想要錢的話……無法給你足夠的動力驅策你達到頂尖，成為最棒的你。（上層階級西亞裔〔West Asian〕女性）

對工作有抱負的人甚至堅稱尋求熱情不只帶來更好的工作，甚至會帶來更好的人生。他們表達了對於勞動市場的存在焦慮（existential anxiety），認為擁有一份自己熱愛的工作是免於在職場裡可能遇到苦差事的方法。例如，蒙州大一名主修化學工程的學生解釋了她認為如果人們「害怕」自己的工作，會產生健康問題。

如果你很擔心害怕某件事，這是一個你不應該長達二十五年都從事這份工作的跡象，因為你可能會害自己心臟病發作，或是危害健康，我是說。如果你很怕某件事，我會認為就去吧（追隨你的熱情）。改變你的人生。現在就去做，而不是等到十年後。（勞工階級白人女性）

這樣的推論不僅限於對工作有抱負的人：熱情原則調查數據顯示，受過大學教育的工作者將類似的好處歸因於去追求自己的熱情。

作為一項指導原則，追求熱情被視為讓對工作有抱負的大學生與工作者得以符合理想勞工的期望，同時降低他們認為在勞動參與中普遍存在的自我疏離（self-estrangement）的風險。因此，對個別的職場有志者而言，熱情原則似乎為資本主義勞動市場對理想勞工的需求，與自我表現的文化期望之間的緊張局勢提供了一項解決方案。

而對追求熱情持批評態度的少數受訪者則認為，若將熱情放在首要因素，可能就得犧牲薪水、就業保障與家庭時間。批評熱情原則的微弱聲量也只是說這項原則會促進極度的個人主義。對於有償工作應是一個人自我省思的課題核心，即使是抨擊熱情原則砲火最強烈的人，也對這樣的前提同樣不加思索。

第二章也討論了可能強化或質疑熱情原則的若干制度性與結構性因素。儘管有許多因素可能會影響有工作抱負的人採取熱情原則的基本假設，書中訪談揭露了三項背景因素，格外影響學生在做決策時，熱情原則的重要性：包括來自家庭的壓力、與同儕的互動以及職涯顧問與教練的指導。

來自富裕家庭與勞工階層的學生比他們中產階級同儕更可能表示，他們的父母鼓勵他們找工作時優先考慮穩定性。家庭富裕的學生被父母逼迫走上能維持目前生活水準的道路，許多勞工家庭背景與第一代大學生（譯按：指父母皆未擁有大學學歷）感受到來自家裡的壓力，追求穩定、高薪或有聲望的職業。但值得注意的是，許多學生原則上拒絕了家裡施加的壓力，主張這是他們的人生。不同於家庭壓力，他們的同儕多鼓勵他們以熱情為出發點思考。

雖然只有少部分大學生尋求職涯顧問與教練的建議，我訪談的這些職涯建議專家一再重申熱情原則，而非其他可行替代方案。一些專家甚至質疑優先考量薪水與就業穩定的客戶，鼓勵他們自問「究竟需要多少錢才能過活」。整體而言，在同儕之間與在大學校園內，這樣的社會氛圍更可能會更加深、而非挑戰職涯有志之士信奉熱情原則的程度。

前兩章將熱情原則作為一種文化基模來闡述，並解釋哪些文化與制度因素會讓有工作抱負的大學生與工作者將這項原則視為職涯決策的優先考慮因素。在本書的第二部分，我探討了熱情原則的黑暗面——追求熱情的方法與熱情原則的文化評價可能有助於延續社會人口不平等的情形。

第三章追蹤了三十五名先前訪談過的大學生，以了解熱情原則在他們畢業後踏入職場，所扮演的角色，以及追求熱情是否或多或少帶給部分畢業生不好的影響。與前幾章結果一致，我發現許多受訪者離開大學後，面對職涯決策仍秉持著追求熱情的原則：超過百分之七十五的人在初期找工作或是繼續學業時，同樣看重熱情與工作保障和／或薪水，或者前者更為重要，百分之六十的人表示他們所從事的工作或正研讀的研究所與其熱情一致。例如，來自上層階級、畢業於蒙州大的凱特琳（Katelyn），追隨自己的熱情任教高中；出身中產階級的德溫（Devon），畢業於蒙州大行銷系，追隨自身熱情於空軍服役；來自勞工家庭的露琵塔（Lupita）自休士頓大學社會學系畢業，同樣追隨自身熱情兼職社工工作。

這種對於熱情的追求免不了得犧牲時間、金錢與工作穩定性。有些人花了數月、甚至數年才找到符合自己興趣的工作；有些人接受了低薪、短期工作或約聘缺，以求之後能藉著這份工作踏上想要的職涯路徑；也有人放棄或拒絕高薪選項，反而選擇他們認為更有成就感的工作。

在探尋誰能成功踏入既有意義又能帶來經濟穩定的職涯道路時，我發現了其中的階級差異。來自社會經濟地位較高家庭的受訪者，往往擁有更堅固的財務**安全網**，他們因而得以應付追求熱情帶來的就業不穩定。他們也更有可能擁有**跳板**，包括文化、教育與社會資本，來幫助他們獲得具熱忱又穩定的工作。這些大學畢業生能獲得符合自身熱情的穩定工作或有前途的研究所入學資格，既非隨機也不是平均分配的。

這些調查結果也顯示出追求熱情與社經背景優勢的另一項關聯。不只是第一代與勞工家庭出身的大學生平均而言不太可能獲得有報酬又具熱忱的工作，此外，追求熱情更可能讓這些受訪者即使背負著數萬美元的學貸，仍然從事不穩定的工作。對於勞工階級與第一代大學生而言，畢業後追求熱情格外冒險，尤其是為了追求熱情而轉職的時候。例如，綺亞拉（Kiara）是來自勞工家庭的史丹佛畢業生，為了追隨對製作線上影片的熱情，放棄了醫學預科的獎學金計畫。儘管她在一家大型網路媒體公司完成了令人垂涎的六個月實習，但最後只拿到不定期的契約工作。相反的，她的大學同學茉莉（Jasmine），來自中上層家庭階層，畢業後同樣不確定自己的熱情，但她可以花上三年的時間去旅行、當志工和打零工（由她的父母提供金援），找尋心之所向。在家人指點下，她最後申請也錄取了著名的公衛碩士課程。

家庭背景較優勢的畢業生，試圖追隨自身熱情最後卻無法謀得一職的情況下，大多最後都獲得了高薪、穩定的工作。相比之下，那些設法在自身熱情裡謀職、來自勞工階層的畢業生，卻更常落得遠離夢想，屈就學非所用或不穩定的工作。

這些趨勢也反映在全國勞動力變化調查針對全美工作者的數據上：來自上層階級具大學學歷者比起來自勞工階層的同儕，更可能謀得十分符合自身熱情的穩定工作。相反地，來自勞工家庭的工作者從事非自身熱忱又不穩定工作的人數，是前者的兩倍。

儘管安全網與跳板對於有工作抱負的大學生很有價值，不論他們求職優先考量為何，但這些資源卻對追求熱情的人更為重要。與那些優先考慮財務保障或工作穩定且願意抓住經濟上可行的就業機會（即使這些工作並不怎麼帶來成就感）的人相比，堅持追求熱情的人在找到與熱情相符的穩定工作前，往往得忍受數月或數年從事學非所用或臨時性的工作。由於勞工階層的受訪者較少擁有能幫助他們撐過艱難時期的安全網或跳板，追求熱情對他們而言風險更大。

因此，第三章闡明並非每個人都同樣受益於追求熱情，部分原因來自於並非人人都擁有相同的安全網與跳板，得以確保工作既穩定又帶來成就感。儘管本章主要關注社經差異，這章也提及種族／族裔與性別不平等。因為女性居多的領域往往比傳統上由男性居多的領域更低薪且不穩定，追求熱情可能帶給女性比男性更大的財務風險。[74]此外，由於有色人種學生比白人學生更常出身於弱勢社經背景，這些模式可能會加劇大學畢業後，職涯結果當中種族／族裔之間不平等的懸殊。[75]

這些模式引出了關於潛在貶抑（devaluation）的重要問題——在高等教育裡優先考量薪水與工作穩定的職場有志之士受到潛在貶抑。這樣的貶抑不僅可能會阻礙許多低收入與第一代大學生的階級流動（mobility）；更減低了高教流動性目標的道德正當性，而高等教育據稱是在美國實現社會平等至為重要的關鍵之一。除此之外，本章更表明，若沒有足夠的財務支持，或勞工階層學生負擔得起的學費，高教提倡的追求熱情其實助長延續了階級不平等，無論是學生或畢業生。

前幾章都將熱情原則視為指導個人職涯抉擇的工具，第四章則更廣泛地將這項原則視為一種意義建構的敘事。我在這章探討了熱情原則可能建構正當性敘事的方式，這些敘事手法辯稱廣泛的職業不平等模式是個人選擇的良性結果。

具體來說，我在這章發問，除了作為個人職涯指南外，熱情原則是否也能作為人們認為勞動市場應當如何運作的規定？（也就是說，不論得做出什麼犧牲，人們都應當追隨熱情），也用以詮釋最初為何存在著職業隔離與不平等？藉由熱情原則調查數據與有工作抱負者的後續訪談，我探討了熱情原則如何與勞動市場的廣泛信念密不可分，特別是賢能制意識形態與新自由主義的個人責任說法——這些信念拒絕承認結構性劣勢的存在，反而怪罪於個人在勞動市場的不足之處。[76]我發現堅守熱情原則的人較可能相信勞動市場是公平運作的，也傾向將個人在社會中的地位視為個人責任。這些擁護者也更有可能相信，只要付出足夠的熱情與努力，就能克服勞動市場中的性別、種族／族裔與階級障礙。

從這些實證模式中，我認為熱情原則可能協助**洗選**（choicewash）出職業不平等的社會性模式，也就是說，這項原則將這些狀況解釋成在公平運作且機會豐富的社會裡，因為個人做出選擇所導致的良性結果。將職涯決策描述為個人追求熱情的個別結果，而非結構性與文化性衍生出的後果，且將個人成敗單單視為個人努力工作的成果，這些看法都可能有助於將長久以來職業不平等的模式，「洗選」成熱情原則帶來的正當、公平的結果。我認為，當公眾在論述是否有必要提倡旨在削弱職業不平等的政策與計畫時，這些模式具有重要的影響。

我在最後一章，也就是第五章裡提問，熱情原則是否具有**需求面**。許多不同社經背景的受訪者表示願意為了他們認為有意義的工作，犧牲薪水或工作穩定度。例如，有幾個大學生受訪者明白表示，若可以做自己熱愛的工作，他們預期甚至心甘情願工時很長，「吃泡麵」當晚餐，當「一個很窮的二十多歲青年」。此外，在調查資料中，我發現受過大學教育且對工作抱有熱忱的員工，較可能表示自己為雇用組織付出更多心力，也較不會想要離職。

這樣的現象點出了一個問題：雇主是否受惠於、偏好、甚至剝削員工的熱情？我做了一項調查實驗來探究這個可能性。受試者被隨機分配四份求職信裡的其中一份，總共有兩份虛構的工作，一個是ＩＴ公司的會計職缺，另一個是非營利組織的青年專案經理，每封求職信只應徵其中一種工作。信裡內容完全相同，除了裡頭一行字解釋求職者的應徵理由。其中一個版本裡，求職者對這份工作表達了熱忱。另外三個版本則對組織、工作所在的城市或薪資範圍有興趣。受試者也真的相信具有熱忱的那位求職者，會比其餘三名求職者更努力工作、負起額外的責任。然而這些面試官（包括在真實職場的確擁有聘僱權力的受試者）並未給予具有熱忱的那名求職者更高的薪水。而兩種不同性質的工作都反映出前述同樣的結果：包括非營利組織的青年專案經理（我們預期熱情會是決定聘僱的一個因素）以及會計工作（熱情對於雇人主管應該不那麼重要）。

這些模式也反映於針對美國勞工的全國勞動力變化調查數據。在人口統計數據與工作性質不變的情況下，對工作抱有熱忱的員工即使工作參與度更高，並不會比其他同事拿到更多薪水，且更可能自認為付出的心力多於工作要求。

總而言之，熱情原則也許具有需求面的優勢：雇主更喜歡具有熱忱的員工，而非對組織表示忠心或對薪資報酬感興趣的員工。這種偏好有部分的原因，是因為潛在雇主期望有熱忱的員工領同額薪水卻更努力工作。我在這一章解釋，這意指熱情原則的角色可能是職場剝削的一種機制。

本章結論討論了前幾章的研究意涵，針對三個領域：工作與勞動市場相關社會科學理論；為高教工作者、行政單位與政策制定者的行動；以及為職涯決策者所帶來的影響。

這本書提供了幾項社會學的見解，讓讀者能更加理解職涯過程裡一項很重要但很少被研究的因素：這項關於職涯決策的重要文化基模，坐落於兩者的交會之處——資本主義裡對於服從勞工的需求，以及社會普遍對於自我表現的文化期望。書中認為，熱情原則讓個別工作者解除了這樣的緊張情勢，卻迫使工作者更加遵守資本主義生產模式。此外，就這項基模的普遍度而言，熱情原則可能成了過勞與期望人人都成為理想工作者的推手。將追尋有意義的工作劃定為過勞與工作不穩定的藉口，藉由鼓勵人們投入有酬工作，熱情原則可能會導致職涯抱負者除了投注熱情，無法考量其他做法——例如，優先考慮一份能支持個人嗜好的工作、有更多時間與家人與朋友相聚的工作，或以社群需求為動力、而非個人興趣為主的工作。

從政策的角度來看，熱情原則可能會導致大學生與具大學學歷的工作者的社經與其他劣勢，繼續延續下去。我呼籲在高等教育中制定政策並提供資源，讓勞工階級與第一代大學生擁有同樣的謀職機會與工具（不論他們追求熱情與否），如同其他社會階級更高的同儕所享有的。此外，教育機構與職涯建議專家們，必須仔細思考他們傳達的訊息可能會貶低那些優先考慮薪水或以階級流動為目標、而非將熱情擺在首位的職涯有志者；同時，也可能將追求熱情視為職涯決策在道德上唯一可行的方法。

追求熱情對美國勞動市場的職涯有志者格外有風險，因為國內工作者能獲得的支持體系少得可憐。福利措施的刪減、缺乏全民醫療保險，以及最低薪資與宜居薪資之間的巨大差距，在在意謂著那些為工作而犧牲奉獻的人，在美國面臨的風險比後工業福利國家面臨的風險更大。[77]換句話說，追求熱情這麼危險，部分原因是那些沒有安全網與跳板幫助卻依舊追求熱情的人，愈來愈難獲得高薪且穩定的工作，針對他們的社會保護也愈來愈少。78

更廣泛地說，熱情原則是一個被視為理所當然、看似無害的文化信仰，但實質上卻可能是扶持資本主義的實證。追求熱情被吹捧為勞力市場中工作乏味與過勞的解方，似乎支撐起有工作抱負者尋求庇護的系統。追求熱情，作為一項從可能導致自我疏離的工作裡找尋意義的作法，雇主也從中受益。許多懷有熱忱的職場有志之士似乎覺得只要找到熱愛的工作，即使長工時或犧牲薪水也沒問題。且他們付出的心力多過組織的要求，卻未得到更多報酬。追求熱情並非是許多人所面臨的職場問題的共同解方；它是個人的解方——且與新自由主義個人責任的說法一致。

最後，質疑熱情原則，即是在挑戰一種常出現在專欄、雜誌文章、勵志研討會與自助書籍裡的流行論述。若透過批判性的觀點來看這項原則，本書提出了好的職業決策可能需具有更複雜的敘事。要充實這些敘事，我們得重新考慮熱情是否應成為我們衡量好工作的標準。其他種類的工作也能讓人們應付職場中可能的乏味與自我疏離：像是工時合理且提供穩定福利的工作、閒暇時間得以探索創造性的活動或志工服務的工作，以及能有許多時間陪伴家人與朋友的工作。後工業資本主義勞動市場需要服從、敬業、超時工作的勞工，但熱情並非面對這些要求的唯一途徑。

在結語裡，我沒有提供替代的職涯信條，反倒提出了一些指引性提問，幫助對工作有抱負的人、他們的家人、教育者與支持他們的機構，能夠鬆綁熱情原則對於想像一份好的職涯的限制，並考慮更全面性的決策點。我特別敦促對工作有抱負的大學生與工作者考慮這幾點：承認並反思熱情原則所利用且使其不斷延續的社會人口特權；在有償工作外，找尋其意義建構的多樣性，找到其他方式更進一步自我反思；並倡導共同而非個人的解決方法來應付有償勞動力的問題。

在調查何謂好工作，以及人們要如何調整人生以獲得這份工作的過程中，這本書遇上了棘手的道德與存在主義的問題。回歸所有問題的原點，這本書提出一個疑問，即在有償工作中追求熱情是否真的是一條普遍的理想途徑，能帶領人們通往好工作與好人生？逾半世紀之前，哲學家赫伯特·馬庫色（Herbert Marcuse）寫道，美國人常期望在消費汽車與廚具中「找到自己」[79]。但熱情原則的信徒們也期望在這些商品的生產過程裡找到自己——像是從汽車行銷或廚房用具的設計中。勞動市場參與者可能覺得熱愛自己的職業會讓工作不那麼像工作，但他們的身分依然還是工作者，同樣為資本主義經濟付出貢獻，如同和那些在工作裡不常有機會表現熱情的勞動者一樣，資本主義也同樣從他們的工作中受益。與其鼓勵有工作抱負的人追隨他們的熱情，以此容忍白領工作遇到的困難，我們也許會鼓吹他們投注於更具結構性與集體性的解決方案——因為這些做法更可能重組工作制度。

但熱情原則不只是一項影響職業決策的文化基模。它也關乎於一個有價值的人生所代表的深層文化意涵。對我們的工作充滿熱情既可以指引我們如何花費時間，也能延伸自我認同。對個人而言，「追隨你的熱情」為韋伯（Weber）長久以來的疑問提供了一個具文化價值的解答，他引用托爾斯泰的疑問，「我們應該做什麼？我們應該如何生活？」[80]熱情原則不僅能作為反思自我進步課題的向量（vector）；也為我們應成為怎麼樣的人，提供了一個答案。

我無意權衡這些問題。我能憑良心做的就是指出，這值得我們退後一步，明白熱情原則是要做出好的職涯決策時，其中一項可能的行為準則，而這項原則只成立於特定的社經條件，且有助於鞏固這些條件。藉由了解這項文化基模，我們能設想出更好的替代方案——不僅是為了我們的組織、為了教育機構，也為了我們自己。

第一章 熱情原則是什麼？

在思考一份新工作時……應該和你的心說說話。它應該會這樣說：好好把握這個機會。不要只當成是在找一份工作，你是在尋覓一個人生。一個更深刻的人生，一個勝利的人生，一個你引以為傲的人生。整個世界充滿了整個週間都在吶喊著「什麼時候才會到週末？」的工作者……他們的工作讓桌上有麵包，但……心靈卻因此枯竭了……這個世界不需要更多覺得工作無趣的人了。試著想像一下自己的夢想。大膽地想像自己的夢想。世上最可悲的建議之一是，「喔拜託——你要實際一點。」這世界最棒的部分可不是那些「實際」的人所創造的。

理查・N・博勒斯（Richard N. Bolles），

《你的降落傘是什麼顏色？》（*What Color is Your Parachute?*）

上面這段建議來自一本最暢銷的職涯建議書籍。《你的降落傘是什麼顏色？》全球售出一千萬冊，作者理查．博勒斯自一九七二年以來，每年都推出更新的版本。這本書自一九七〇年代以來一直是職涯自助書籍類別的台柱[1]，如今仍每個月銷售超過兩萬本。

勞動市場當然比博勒斯描繪地更加複雜。無論具備大學學歷與否的工作者，在各種產業中都面臨到不穩定、雇主忠誠度（employer loyalty）下降，與技術要求降低的情況。[2]他們遭遇更嚴重的收入不平等，被期望必須長時間工作，且不像過去幾十年以來享有像是健全的失業救濟金等保護措施。[3]在這一章，我向具工作抱負的大學生與具大學學歷的工作者提問，即使他們在職場裡都遭遇過前述這些困境，是否仍認同博勒斯的觀點？在決定職場方向時，他們真的會優先考慮自己的心願嗎？他們是否追求最「實際」、經濟上最可行或財務最穩定的職涯道路？或者他們會優先考量其他因素，像是閒暇時間或家庭？

為了檢視這些問題，我與大學生們進行了深度訪談，並使用針對美國勞工的熱情原則調查（PPS），以及全國勞動力變化調查的數據（NSCW），來探究對工作有抱負者與具大學學歷的工作者，對於好的職涯決策的抽象概念，以及他們真正在做職涯抉擇時的優先考量。

結果發現，許多人都讓他們降落傘的顏色擔綱領銜主演。儘管部分職涯抱負者致力取得個人經濟上最大程度的穩定與成功，並因此做出決策；然而熱情原則是更普遍的主導信念。許多對工作有抱負的人，將個人成就感與自我表達視為好的職涯決策的核心因素，且在考量自己大學科系與畢業後的職涯時，將與熱情相關的因素排在首位。有些人像博勒斯一樣，討厭薪水與保障等等的財務考量，甚至覺得追求這些因素在道德上有問題。這種對於追求熱情的推崇在受過大學教育的工作者之中也相當明顯，包括在想像何謂好的職涯抉擇，甚至是他們自己過去曾做過的職涯抉擇，都顯示出這種傾向。[4]

我在本章結尾提出，熱情原則除了有助於為個人職涯決策提供資訊外，在勞動市場的社會人口差異中，發揮了更廣泛的作用。追求熱情的文化價值不僅可能有助於延續性別和種族／族裔造成的職業隔離，也可能成為階級特權與階級劣勢再製的管道。

有工作抱負的人如何做出職涯抉擇？

紀錄資本主義勞動市場的變動影響，以及勞工在其中所面臨的不同利益與負擔，從一開始就是社會學作為一門學科的核心。然而，相對而言很少有學術研究像我一樣，直接調查對工作有抱負者關於職涯抉擇的**文化意義建構**。相反的，許多社會科學文獻都仰賴著學者對人們如何做出抉擇的假設，從社會層面的經濟模式或關於勞力市場如何運作的制度層面理論中，汲取出個人動機。

例如，社會學與經濟學的經典文獻通常假設資本主義經濟體的工作者，僅單方面優先考量他們手中能獲得最大經濟利益的職涯選項。[5]對馬克思（Marx）來說，勞工積極尋求最符合勞力效益的工作[6]。對韋伯而言，工作者對於提升經濟狀況的興趣往往影響了他們的職涯抉擇。[7]這種對於改善經濟狀況的追求與韋伯將基督新教倫理中的「天命」（Beruf）概念化有關，早期美國新教徒相信世俗經濟上的成功是精神救贖的徵兆。[8]雖然「天命」這個詞在今日普遍用語與熱情同義，但韋伯將這個詞概念化，更體現了個人為了自身利益投身工作，以及他們利用天賦為社群利益作出貢獻的道德責任。[9]

理性行為者（rational actor）與新古典經濟理論學家，特別是人力資本理論學家[10]認為，人們會根據理性的成本效益計算出職涯決策，計算出哪些教育與訓練投資將帶來最大的經濟效益。[11]這些學者假設有工作抱負的人本身就清楚知道自己擁有哪些職涯道路的選擇，在做決定時，優先考慮能將自身技能轉換成帶來最大經濟效益的工作。

討論社會階層流動的社會學研究進一步認為，經濟改善的機會與金錢考量是驅使職涯決策者作出決定的主要考量。這類研究特別關注工作者與原生家庭相比，能夠提升自身生活水準的能力。[12]社會流動的研究通常假設有志於工作的人，會根據他們的培訓與技能水準，盡其所能爬上社會經濟階層頂端。[13]例如，針對不同社經階層的學生，如何選擇大學科系的研究發現，勞工階層背景出身以及家中第一個唸大學的人（即「第一代」大學生）比同儕更看重畢業後是否能立即找到工作，因此更可能選擇就讀像是電機工程或護理等專業科系，而非像哲學一樣特定知識的領域。[14]

其他學者認為，有工作抱負的人為了維持或提升社會地位，可能會優先考慮工作聲望。例如，勞倫・里維拉（Lauren Rivera）研究的多所菁英專業服務公司，裡頭雇用了許多常春藤（Ivy League）學生，這些人當初會選擇這份工作，都是因為嚮往這些雄心壯志的公司所宣稱的「美好人生」願景。[15]艾倫・拉蒙特（Ellen Lamont）所訪談的具大學學歷者當中，有些人也想在舊金山區找份聲望高的高薪工作。[16]伊莉莎白・阿姆斯壯（Elizabeth Armstrong）與勞拉・哈密頓（Laura Hamilton）所調查撰寫的宿舍民族誌（ethnography）裡，部分女性希望未來在時尚圈、媒體業與運動產業裡擁有令人嚮往的工作。[17]對於這些職涯有志者，理想的職涯道路能幫助他們爬升社經階梯。

然而，正如伊萊・威爾森（Eli Wilson）所稱，「一項行業的吸引人之處，僅部分體現於其物質利益當中。」[18]除了經濟、流動性與地位考量，社會科學家認為，對工作有抱負的人選擇職涯時，會有意識地將自身的社會身分納入考量。部分學者認為，依照性別區分的家庭規畫可能會導致女性與男性以傳統的性別取向做出職涯抉擇。這些學者認為，未來將成為父親的男性，會尋求經濟上可行的「提供者」（provider）工作，而未來將成為母親的女性，則會尋求她們認為方便育兒、「彈性」的工作。[19]近來的研究卻質疑現代的職涯有志者還會依據家庭計畫與明顯性別取向的職涯考量來選擇工作，尤其是在職涯發展初期。[20]年輕的異性戀女性愈來愈希望她們的伴侶重視並鼓勵她們的工作抱負，並期望伴侶能分擔撫養孩子的責任，而男性則愈來愈疏遠傳統擔起養家糊口責任的期望。[21]然而，性別通常是職涯決策的一個隱藏因素。一旦進入勞動市場，有孩子的女性將面臨以性別區分的工作與家庭需求中，來自結構層面與文化層面的挑戰。即使是全職工作的母親們，在異性戀家庭裡仍擔起大部分的育兒工作，社會文化仍舊期待母親將養育子女的職責，看得比工作還重要。[22]因此，一旦有工作抱負的人進入勞動市場，依照性別區分的工作與生活平衡（work-life balance）因素就會成為職涯決策的核心考量，即使這些限制在工作剛起步時，仍並非職涯決策的考量。

職涯決策者也可能將自身種族與族裔身分納入考量。例如，非裔美國人與美洲原住民學生比白人同儕更可能看重且優先考慮在結構性受壓迫且資源不足的特定少數族群／族裔社區中，能夠促進機會與集體福祉的職涯道路。[23]這些有工作抱負的人可能會從社群與社會運動領袖那裡，了解促進社群福祉最需要的技能（例如，法律資歷、醫療照護訓練），並對應指引他們的職涯道路。[24]相比之下，白人求職者更常否認是結構性種族主義的影響，導致他們可能會避免選擇得細微體察到對特定社經群體的壓迫，或是必須挑戰種族成見（color-blind）意識形態的職涯（例如社會工作）道路。

除了在其職涯決策中明確或隱約透露出求職者社會身分的考量外，近來社會學家已探究出求職者如何透過似乎相當自我獨特的興趣與價值觀，將性別化、種族化與階級區別的優先考量隱含至自身職涯決策。[25]這些學者認為，由於自我（selves）是由社會制度塑造、發展出的社會觀，當職涯有志者在自我感知意識與職涯道路之間尋求一致性時，最終會不自覺地重現社會人口差異，例如性別隔離（gender segregation）。這也與職場心理學（vocational psychology）的運作吻合，這項學科檢視「人職匹配（person-vocation fit）」對於人們職涯抉擇的作用，或一個人的興趣與工作例行任務相符程度。[26]這項研究強調了以個人價值觀與興趣作為職涯決策動機的重要性，並主張我們不能忽略自我表現的目標也可能是職涯抉擇的因素。然而，職涯有志者與工作者會優先看重哪些職涯決策因素，卻幾乎找不出一致性。目前尚不清楚這些決策者如何決定自我表現（self-expression）與經濟、流動性或社會人口因素考量之間的前後排序，甚至不清楚這種自我表現的決策，是如何運作的。本章探究了有工作抱負的人與受過大學教育的工作者，對於「好」職涯的抽象概念，會優先考慮的因素，以及他們在決定自身職涯道路時如何考量這些因素。

為了了解這些求職者的決策過程，我與一百名來自史丹佛大學、休士頓大學與蒙州大大學的學生進行了深入訪談。這三所四年制綜合大學院校皆兼具地理與社會人口多元化特性。在附錄A裡能找到關於抽樣設計與數據分析的詳細資料。

接著，我使用熱情原則調查的量化數據，調查這些學生指出的優先考量因素，是否廣泛反映於受過大學教育的工作者之中。再以全國勞動力調查數據查看這些因素是否同樣反映於沒有特權能獲得白領工作、也未受過大學教育的工作者之中。關於此處熱情原則調查與全國勞動力調查數據的詳細資料請查看附錄A。

可以肯定的是，有工作抱負者與工作者針對好職涯決策的文化基模，並不是決定他們職涯道路最終將如何發展的唯一因素。並非每個人都能夠付諸實行自己的優先考量因素。要能走上穩定且高薪的職涯道路，相當程度得取決於個人與家庭網絡[27]，文化與社會資本[28]以及經濟資源。[29]針對性別、階級、性傾向以及其他方面的系統性歧視，同樣能決定誰會獲得哪些工作，以及錄取後的薪資。[30]儘管如此，這項研究重要的是調查具工作抱負者與工作者用於理解與優先排序其職涯決策的文化基模。像熱情原則的文化基模也許會為他們鋪出一條探索機會的道路，當中也包含了他們自願放棄的工作機會。正如我在本章結尾所論證，這些基模對於像是職業隔離與延續經濟優勢的求職者所享有的經濟特權等，也饒富意義。

什麼是「好的職涯決策」的優先文化考量

為了理解具工作抱負的大學生，在判斷何謂好的職涯決策時，究竟看重哪些因素，我向訪談計畫中的大學生們問了一連串廣泛且開放性的問題，像是「什麼是選擇大學科系的好理由？」「何謂不夠周全的考慮？」以及「你覺得做職涯決策時，何者為最重要、最不重要的考慮因素？」我沒有明確說明他們什麼能說或不能說什麼，讓他們自己定義何謂是「好的」。他們的答案往往很複雜且多面向，很仔細也很小心。在這項調查中，我感興趣的是他們對於職涯領域的評估，而非最適合就業的行業或公司，或者最適合當同事的人。

這些訪談顯示，受訪的大學生對於何謂好職涯決策的理解，其中一項顯著因素，是與其職涯領域的個人自我表現連結——我稱之為熱情原則。正式來說，熱情原則是一種文化基模，也是職涯決策中最有價值且道德合理的考量，得以提升自我表現並實現個人的特殊興趣與獨特的個人特質。[31]對於多數我訪談的大學生而言，熱情是構思一項好的職涯決策的先決條件。正如我下列所探討的，在學生的回答裡，的確提及財務與就業保障的考量，這些因素並沒有被忽略，只是並非他們最主要的考量。

一位就讀蒙州大人類學系的學生解釋，具有熱情的工作指的是「你很享受、很熱愛這份工作，你對這份工作感興趣，這份工作讓你的腦袋動個不停，想學得更多，想教育自己，而且常常思考。」她覺得那些還沒找到熱情的人很可憐，彷彿他們的人生缺少了什麼。

> 因為你很熱愛，所以才會（選擇一個職業領域）。（笑）就是這樣。而且我認為如果有人不認同這個想法，可能是因為他們還沒找到熱愛的事情。他們還沒找到自己的熱情。我覺得這是很難過的。（上層階級原住民與白人女性）

什麼是「熱情」？

熱情一詞在流行與學術術語裡有許多含義。在此，我將其定義為一個人對於職業領域（像是建築或顧問）或生產性任務領域（像是雕刻或專案物流）深切的個人承諾。我用「熱情」來表達這個想法，因為在流行文化裡這個詞代表個人與其職業或任務領域的聯繫，也因為在我與大學生的訪談裡，這個詞不斷重複出現。個人聯繫可以是感知的、情感的、道德的，或以上這些層面的組合。但要成為熱情，這種聯繫必須是真實且個人的感受。

當我要求學生解釋他們指的「熱情」是什麼，他們的回答通常像是這名蒙州大建築系學生。

> 這是個很好的問題……我對熱情的定義，我猜，代表著每天都對某件事覺得很滿足，也許不是每天都能在工作中得到滿足，但隨著時間推移，你對自己正在學習的或正在努力的東西，有種好奇心與一種進步的渴望。（上層階級白人男性）

同樣地，在導論中提到就讀史丹佛大學數學系的沙維爾，解釋他對數學的熱情與其興趣與個性密切相關。

> 它很有趣，但也帶給我很大的智力挑戰。這就是熱情。這是我能預見自己後半輩子都在做的事情……我覺得這無庸置疑就是我的個性。（中產階級白人與拉美裔男性）

受訪者將熱情描述為自己真實且獨特人格意識的延伸與表現。

熱情是一種源自並反映自我概念的自我表現特質。[32]這種自我概念是我們個性的核心：是我們以獨立個體，在非常強調個人主義的文化中，發展出關於自己的理論。[33]我們在人生歷程中逐漸形成自我概念，並隨著遭遇新的文化與制度環境改變而適應。像追求熱情這種自我表現行為是我們實踐個人主義的方式。

儘管自我概念從根本上看來深具個人獨特性，但其實深深受到我們身處環境以及他人生平的影響。我們的自我感知意識——我們認為自己是誰——是由這個社會所建構的。部分是由性別、種族、階級這種與生俱來的類別，並據此融入社會，也由我們的社會地位帶來的限制與可得資源，以建構出自我意識。[34]透過生命中的社會化過程，以及性別化、階級化與種族化的社會期望，我們發展出受這些先天因素影響的自我概念。[35]

此外，我們認為有趣或令人興奮的活動，很大程度上取決於我們的結構與文化環境。通常唯有透過長時間的接觸，且在旁人鼓勵與認可下，我們才會對這些主題產生興趣。[36]例如，若某人對芭蕾感到好奇，但沒有機會也不被鼓勵繼續鑽研，芭蕾不可能成為他的愛好。因此，我們所熱衷的事物既非隨機發生的，也並非完全具有個人獨特性。

在我訪談的學生中，熱情包括三種與職業或領域有關聯的自我表現。第一是與該領域知識內容的連結，覺得這些內容「很有趣」、「很吸引人」或「極具知性魅力」。一名就讀蒙州大機械工程科系的學生解釋，「我認為選擇一門學科的最佳理由是好奇心與玩耍，不管是什麼，只要是讓你想要動腦思考，想刺刺看、戳戳看你知道的事情。」（中產階級白人男性）

第二是情感聯繫，即一個人的工作任務會引起正面情緒反應，像是「興奮」、「快樂」與「歡樂」。如一名史丹佛資訊工程系學生所解釋，「你必須很享受這門學科。這就像是通關條件……這是必要的先決條件。」（上層階級亞裔男性）。好幾位受訪學生都用浪漫愛作為比喻，像是有名蒙州大商科學生指出，「你只是想選一份能讓你開心的工作……像是，做你熱愛的事情。我認為你應該盡可能多修點課，找出真的熱愛的事情，這跟約會有點類似。」（上層階級白人男性）

第三是一個人獨特經歷與人生塑造出的品味與價值，是否與其工作領域「匹配」。一名就讀蒙州大英語教育系的學生表示，「如果你覺得『你的職涯選擇』會和你很搭，你的理智跟你的心都這麼說，那這就是條正確的道路。」（中產階級白人女性）一名人類學系學生也對這意見表示贊同，她認為，「合適的選擇」會讓你產生一種命運感：「你內心深信這就是你該做的事，……這件事會讓你發揮自身最大的潛力。」（勞工階級白人女性）

這三個部分不斷出現在受訪學生的回答中。多數學生表達自己對於熱情的概念時，都會至少提到前述其中兩項特質。

重要的是，對工作的熱情不同於對特定任務或雇主的滿意度。例如，一名負責照顧新生兒的護士，可能對新生兒護理充滿熱情，但不喜歡他的同事，或對他任職的醫院感到挫敗。他可能會轉職到另一家醫院，擁有新的同事，但仍然對他的工作抱有熱忱。[37] 熱情也不同於一個人願意努力工作的美德，或是因為工作領域帶來的名聲、聲望或薪水，而付出努力。[38]

此外，受訪者通常以二分法理解何謂熱情：一個人若非對某個工作領域充滿熱情，就是完全沒有熱情。對工作有抱負的人假設人們就是「知道」自己的熱情所在，如同一個人就是「知道」他戀愛了，就像賈伯斯演講時所說，「當你找到了，你就會知道了。」[39]（但如我在後面章節所述，熱情的發展完全不是一個二分法的過程。）

學生們不會去評斷哪個領域最值得投入熱情。追求熱情並不必然代表選擇像是創意寫作或音樂之類，能將個人經驗與觀點明確地融入實質工作之中的領域。若有抱負的數學家（例如，沙維爾）能在數學計算所設計的優雅與邏輯中找到成就感，那麼像數學這樣高度形式化的領域，仍可被認為是讓人得以自我表達的領域。[40]

學生們對於熱情的概念也讓熱情投注對象有改變的餘地。他們所談論的不只是「找到」熱情，還包括了對於自身熱情「改變」或「轉移」到其他事物的理解。因此，追隨一個人的熱情不一定意謂著一生都追求同樣的職業。作為一種文化基模，熱情原則往往與熱情的主體無關。追隨熱情是職涯決策核心指導原則，追求自我表現、帶來成就感的職涯道路，不論對什麼主題抱持熱忱，也不論這份熱忱是否隨著時間而改變。

很顯然地，那些不知道自己熱情所在的學生，對於這項事實感到很痛苦。他們經常表示對未來職涯選擇覺得「壓力很大」、「不知所措」、「很焦慮」。例如，顏（Yan）就讀史丹佛大學藥學預科，卻不確定是否真的對這門科目有興趣。

> 我到了這所大學，想說，「喔，也許我想讀藥學預科」，但後來又聽到CS（資訊工程），又想，「喔，也許這會很酷。」所以這個學季我修了CS，但又覺得「呃，這很有趣沒錯，但我不確定這輩子是不是就做這一行。」所以，我想我現在會繼續讀藥學，但不確定自己會不會改變心意。我知道我喜歡科學。只是不確切知道自己想要做什麼……所以現在我對這件事有點不安。（中產階級亞裔女性）

顏的語氣急促且緊張，透露出她不知道自己未來想做什麼的焦慮。[41]

這些焦慮說明了熱情的文化重要性，反映且表現出一個人的自我概念。一個人若沒有明確的熱情，即使他並不將熱情排在職涯決策的優先考量因素，仍意謂著他無法觸及自我意識的核心

財務與就業相關指導原則

受訪的學生們談到兩項核心的職涯決策指導原則：財務考量與就業機會。約五分之一的學生（一百人之中有二十一人）認為就業考量，像是工作領域所能提供的就業機會與保障，應是職涯決策的優先考慮事項。[42] 一名就讀蒙州大電機系的學生解釋，就業穩定與福利應是職涯決策名單內最重要的考量因素：「我會說是保障與福利。你想找某種能長期任職的就業保障。而且因為我們把取得醫療服務或價格合理的醫療服務與就業綁在一起，所以你會想要找份穩定的工作。」（勞工家庭白人男性）

幾位受訪者（一百人內有九人）解釋，選擇職涯領域時，薪資應是首要考量。例如，一名就讀休士頓大學傳播學系的學生說，「很不幸地，你知道，你得把錢考慮進去，掂掂你在人生中的處境。你知道……一般人，不管他們喜不喜歡，都很重視金錢（中產階級西亞裔男性）。」另一名休士頓大學會計系學生同樣提及薪水的重要性，能夠維持自己的生計，且未來能撫養自己的家庭。

> 我的意思是，我猜其中一個主要的原因……是錢。像你得有辦法維持自己的生計。你得能夠照料自己的家庭。那些你想做的事情，都得花錢。我猜，特別是對我而言，更真實的

答案是，我想以不同的方式體驗人生。（中產階級亞裔與白人女性）

與先前的研究結果一樣，學生對於經濟因素的優先考量，存在著一些人口統計學的差異。與過去的文獻相呼應，亞裔學生比同儕更常面對父母要求得攻讀具有經濟效益的學位[43]，在這項研究內，有百分之二十九的亞裔學生將財務考量視為最重要的職涯決策因素。然而，如表1.1所示，每個人口統計類別中，凡考慮何謂令人滿意的科系與職涯決策選擇，至少百分之七十的學生都認為與熱情相關的因素最為重要。

和前述文獻相反的是，既有文獻推論有工作抱負的人會優先考慮經濟利益。但本書研究指出，與優先考慮經濟與就業的學生比例相比，有更高比例的學生很明顯不考慮將財務與就業考量視為應遵從的指導原則。我直接詢問他們，財務考慮在職涯決策裡應扮演什麼樣的角色，百分之六十一的學生表示，金錢是個很糟的指導原則，主要是因為金錢無法保證那種對熱情原則至關重要的自我實現機會。一名史丹佛大學經濟系學生解釋了只追求金錢的職涯，得承擔可能在工作裡找不到成就感的風險。

我覺得金錢不是做一份工作的好理由……你可以能會質疑自己的存在或是在之後的人生根本不認識你自己；而且，真的，我寧願每天回家能知道自己正做著樂在其中的事情……

我覺得只為了錢做某份工作是個很糟的理由。（中產階級白人男性）

其他學生則質疑根據就業機會選擇職涯的合理性。一名休士頓大學生物系學生指出，出於就業機會而選擇某項領域是沒有意義的，因為從來沒有辦法能保障你不會被解雇：「如果你對這份工作不感興趣，害怕要去上班，害怕要加班，讓你去上班的動力只有錢，然後你被解雇了，或是公司倒閉了，你就一無所有了，因為你從未追求過自己真正想做的事情。」（中產階級白人女性）對這個學生而言，即使是一名具有工作熱忱的工作者遭到解雇，至少這人仍保有這份熱情。

正如有人說的，那些批評他人優先考慮財務或就業機會的學生承認「我們顯然活在資本主義社會裡，所以你必須賺錢」，但這些考慮不應成為做出職涯決策的核心因素。一名就讀休士頓大學人類學系的學生解釋，「金錢不足以成為職涯抉擇的理由。」

我想錢是很重要……你知道，沒有錢沒辦法過活，……但我也覺得如果你真的熱愛某件事情，有時候你得為它作出財務方面的犧牲。（中產階級美國原住民與白人女性）

我在接下來的章節會討論學生們離開校園，進入職場後，是否真的願意做出這種犧牲。

本書訪談的樣本範圍相對廣泛，受訪學生就讀三所不同人口數與所在地區的大學。但這個樣本之外的大學生呢？正如我在附錄B裡討論的，我針對五百二十二名就讀美國不同類型的四年制大學的學生，進行了一項補充調查。在這些數據裡，我發現了非常類似的優先排序模式：百分之七十八的學生同意追求熱情應是選擇科系的主要因素，百分之七十七的學生同意熱情應是職涯抉擇的主要因素。當被問到何謂令人滿意的職涯決策，有百分之六十五的人認為熱情比財務與就業考量平均來講更為重要。與我的受訪者一樣，這份調查裡的亞裔學生與來自勞工家庭的學生評估職涯決策時，不太可能優先考慮追求自身的熱情。然而，除了這項差異之外，沒有其他顯著的人口統計學差異，就讀不同類型學校的學生之間，也沒有其他差異。

大學生以外的熱情原則

多數訪談樣本裡的大學生都認為，自我表現與成就感是他們職涯決策最重要的指導原則。那麼，不分年齡、階層背景、職業，且受過大學教育的工作者，也如此看重追求熱情嗎？也許學生們的文化承諾（cultural commitment）僅牢繫於身處的特定機構（高等教育）、生命歷程的特定階段（職涯剛起步時）或特定群體（千禧世代）。但大眾媒體普遍與熱情相關敘事的職涯決策報導[44]，像《你的降落傘是什麼顏色？》的自助書籍[45]，以及職涯諮詢與輔導[46]都表明了，像這樣看重熱情因素的職涯抉擇完全不局限於大學生。

為了更廣泛理解熱情原則的顯著性，我將焦點轉向針對美國受過大學教育的工作者為樣本的「熱情原則調查」。[47]我問了熱情原則調查的受訪者兩組問題，以了解他們要選出一個滿意的大學科系與職涯道路時，自身秉持什麼樣的文化信念。第一組問題假設他們要提供一名正要選科系的大學新鮮人一些建議：對他們而言，這門科系「很重要」、「對個人很有意義」或他們對什麼「很有熱情」，這樣的因素有多重要？第二組問題則問在選擇職涯領域時，某些因素的重要性。圖1.1的深色條即為這些問題的平均值。[48]綜合起來，這六道問題呈現出人與工作連結感的多種面向，以及與「熱情」更直接相關的概念。我平均加總這六個項目，建立出一項相當健全的熱情原則量表。[49]即為圖1.1從右邊數來第二條長條圖。

就像大學生一樣，這些受過大學教育的工作者普遍認同人們在選擇大學科系與職涯道路時，應該優先考慮與熱情相關的因素。受訪者給予熱情相關因素的平均分數介於「有點」與「非常」重要之間（熱情原則量表的平均值：四點四六分，滿分為五分）。

圖1.2按人口群體在熱情原則量表的平均值分列。這裡最明顯的模式是，各組皆堅信熱情原則的一致性。[50]所有人口統計組別的平均值都介於「有點」跟「非常重要」（四分與五分），且各平均值在五分制量表中，彼此的差異約四分之一。[51]補充的迴歸模型驗證了這些相似性。根據受訪者的性別、年齡、種族／族裔、社經背景、教育程度以及他們是否出生於美國，來預測受訪者在熱情原則量表得分的模型中，我發現信奉熱情原則的情形並無性別之分。[52]我也發現，受過大

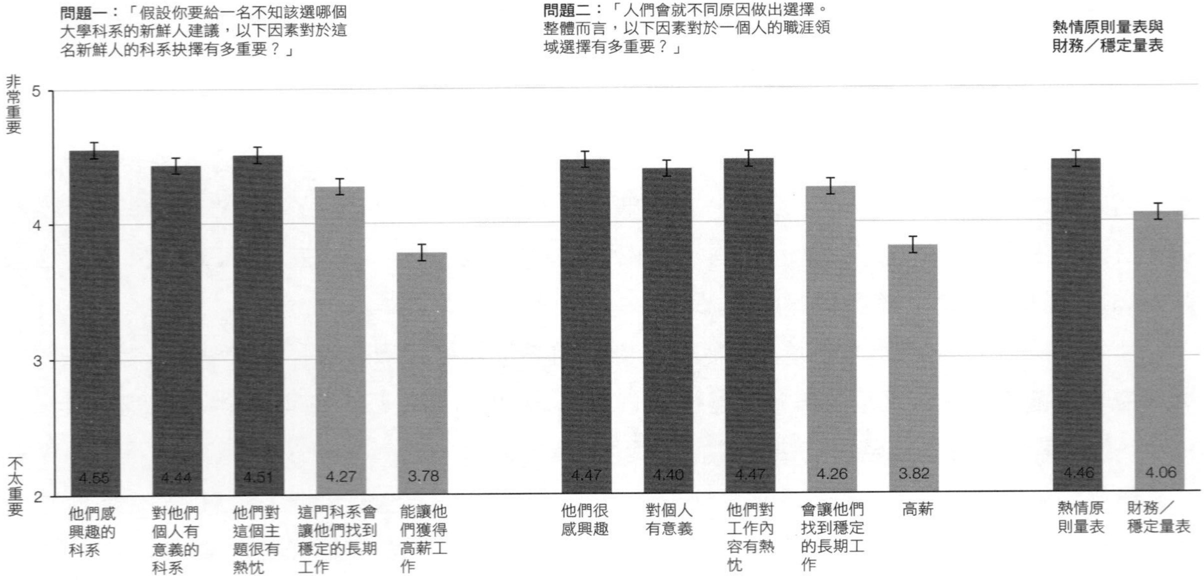

圖1.1　具大學學歷的工作者，對於合適的大學主修科系與職涯決策之看法，圖中呈現熱情相關（深色條）與財務及工作穩定度（淺色條）的平均重要性（熱情原則調查數據）。

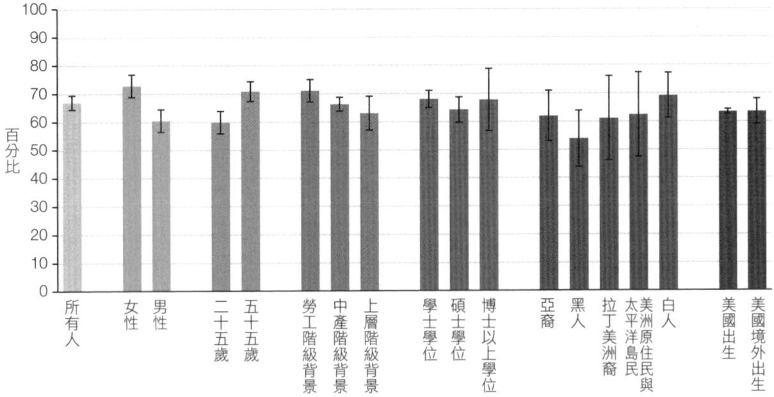

圖1.3 考量好的職涯決策時，評估熱情比薪資與工作穩定因素更重要的具大學學歷工作者比例（熱情原則調查數據）。

熱情原則調查的數據顯示出並非如此，受過大學教育的受訪者在評估能帶來「穩定的長期工作」或「高薪工作」的大學科系之重要性時，這些現實因素的平均得分明顯低於與熱情有關的重要性（見頁66，圖1.1）。當被問及一般職涯領域考量的重要性時，受過大學教育的工作者對熱情相關的考慮因素重要性評分，再度高過對工作保障或薪資考量的評分。

此外，在熱情原則調查受訪者自己的排名中，這些受過大學教育的工作者多數（百分之六十七）認為，與熱情相關的因素平均重要性高於工作穩定性與薪資的經濟考量。圖1.3顯示了每個人口統計類別中，評估何謂好的職涯決策時，給予熱情相關的考慮因素評分高於經濟因素的受訪者比例。[59]同樣地，人口統計的類別之間也存在一些差異。與白人工作者相比，受過大學教育的黑人工作者將熱情因素的重要性給分高於經濟考量的可能性更低，這與圖1.2呈現出的模式一致。另外，與女性相比，男性顯然給熱情因素的評分較不可能高於經濟考量，這可能是出於其陽剛特質，而這樣的情況可能會阻礙他們將對工作的情感連結置於財務考量之上。[60]

數據結果還顯示出另一項有趣的年齡差異：雖然年輕與年長的工作者可能同樣信奉熱情原則（見圖1.2），較年長的工作者更可能把熱情看得比經濟因素更重。年輕的受訪者可能因為職涯才剛起步，也剛建立起自己的家庭，會更看重經濟因素，相對地，年長的工作者則已在職場累積了數十載的經驗。[61]但這種因年齡而異的差異很小：在不同年齡組別中，對熱情原則的平均信奉比率僅相差百分之五。

除了這些差異點外，我發現受訪者給予熱情考量因素的評分高於經濟考量的情形，並未因社經地位、教育水平或移民身分有所差別。整體而言，每個人口統計類別中都有超過半數的受訪者，在評價何謂好的職涯決策時，給予熱情考量因素的評分高於經濟因素。

廣泛來說，這些熱情原則調查數據的結果與多數大學生對熱情相關的決策標準相呼應。熱情應該是職涯抉擇的核心，這一信念不只是得到某些社會人口群體成員、年齡組別或某些職業的工作者認可而已。多數受過大學教育的工作者，對於好職涯決策的文化概念都相當看重熱情考量因素。

熱情原則是否會影響個人的職涯決策？

「追隨你的熱情」是否只是一句空洞的陳腔濫調——這句話聽起來很棒，但有工作抱負的人與工作者身處在不穩定的勞動市場，真的要選擇自身的職涯道路時，現實或財務考量卻讓這句話蒙上了陰影？為了檢視這個問題，我得先回到與大學生們的訪談。他們在選擇大學科系與畢業後職涯計畫時，的確優先遵照熱情原則嗎？這群對工作有抱負的人對勞動市場並不天真；他們普遍都注意到了就業的不穩定性，與不同職業領域薪水待遇的極大差別。[62]多數受訪的大學生在經濟大衰退（Great Recession）期間都還在上高中，許多人都目睹過家人與鄰居因失業或房子遭法拍而苦苦掙扎的情況。[63]

儘管學生們在為未來做準備時，面臨到不穩定的勞動市場，但熱情原則不僅是多數學生認為要做出一項令人滿意的職涯決策最重要的因素，也通常是他們面對自身職涯道路做抉擇的首要原則。多數的受訪者（百分之八十）解釋，智識的魅力、就業機會與／或個人與職業領域的連結是他們選擇大學科系的核心因素。例如一名史丹佛大學學生解釋自己根據熱情所在選擇大學科系：「我想要真正享受其中，對它感興趣，而不是某件我得做的事情。我想我對心理學有這種感覺。我真的喜歡這門科目」（勞工階級拉美裔女性）。一名就讀休士頓大學的學生指出，他很難在數學與政治學之間做出決定，但最後選了後者，因為這門科目「滿足」了他。

入學的時候，我還不是很確切知道自己想主修什麼科系……政治學是我唯一感興趣的科目，還有數學。但我得做出選擇，我得到——我覺得讀政治學給我更多成就感，所以我選擇政治學。（勞工階級黑人男性）

另一名休士頓大學學生解釋熱情在她決定主修科系扮演的角色。

不坦誠面對自己是誰（是個問題）……不是每件事都適合每個人，就像……你知道的，不是每個人都能找到治療乳癌的方法。所以我認為工作應該是我想做的事……我覺得很多人都好像……不喜歡自己的工作，因為他們不快樂——他們工作只是為了賺錢，我需要這個，我需要那個，我需要——不，你不需要任何東西，你會沒事的。你只需要追隨自己的天性，自己的直覺……（那是）我學到的一課，我正試著追尋、要找到新的主修科系。（中產階級黑人女性）

有一些學生，像是雅娜（Yana），在選擇大學科系時，最看重就業保障。

作者：告訴我，對妳來說，主修科系最重要的是什麼？

雅娜：我想，是畢業後能找到一份工作，因為——如果我會投入一切心血與努力去獲得這個科系，我得確定會有某種，我不想說保障，但是……我的學位會真正幫我到達某處，而且有點什麼貢獻，而不是不知道將來要做什麼的不確定性。這是我也修了生物學的原因，因為主修英文……兩者機會是很不同的，我認為有了生物學學位……我一直都知道如果我這麼做了，那最後就會有份工作，而且我會……（知道）自己在這條路上有個目標。（上層階級西亞裔女性）

即使雅娜對英文充滿熱忱，她最後決定同時主修生物學，以增加畢業後穩定就職的機會。圖1.4呈現按照以性別、學校、種族／少數族裔身分與社經地位劃分的受訪者比例，他們在選擇大學科系時，分別優先考量與熱情、財務與就業相關的因素。如果在選擇科系時，認為兩種或多種因素同等重要，受訪者可自由提出多種優先考慮因素，約四分之一的受訪者的確這麼做了。每個人口統計類別的受訪者更常提出為何他們在選擇主修科系時，選擇與熱情相關的因素（圖1.4，A組）。因財務考量或就業機會考量選擇科系的受訪者分別為圖1.4的B組與C組。整體而言，優先考量熱情相關因素的受訪學生比例，在不同人口統計類別中的占比都很相似（約百分之八十）。[64]

我也問了學生對於畢業後的打算，最重要的考量因素為何。有近四分之三的受訪者解釋，與熱

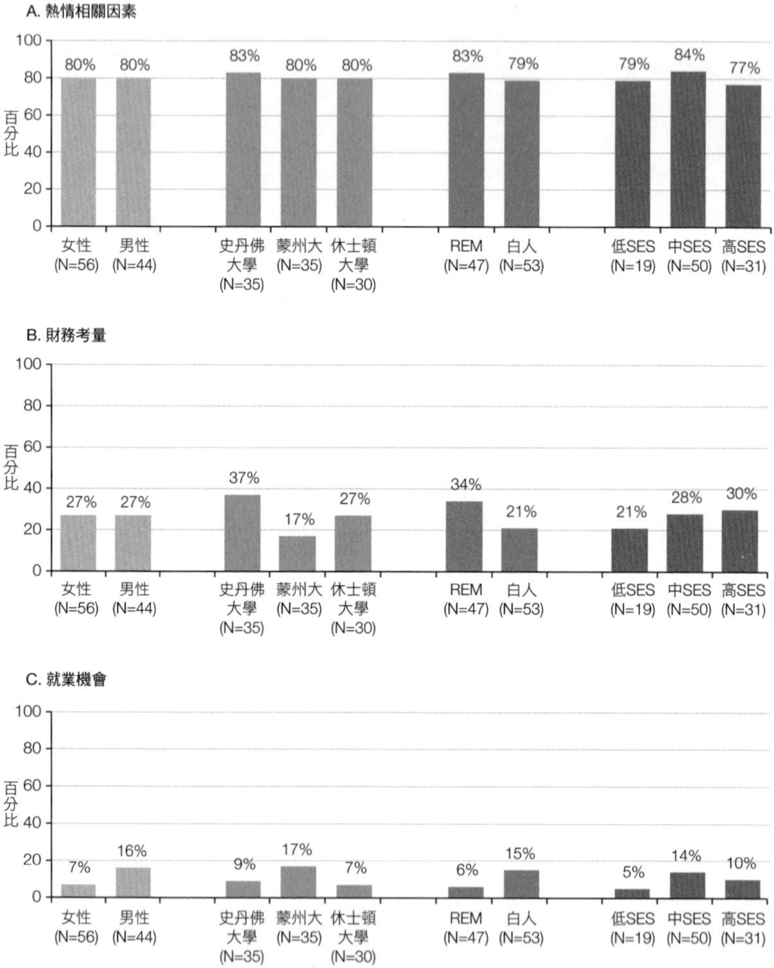

圖1.4　大學生在選擇主修科系的首要考量（訪談數據，N=100）。數字代表每個人口統計類別裡，該因素為決定科系首要原因的學生比例。如果最重要的決策因素不只一個，他們可以複選。部分學生提到這裡未列出的因素（例如，家庭計畫）。因此，每個人口統計組別三組因素加總比例可能大於或小於百分之百。REM是種族／少數族裔（racial/ethnic minority）；SES代表社會經濟地位。

情相關的因素是他們畢業後職涯規畫的首要考慮因素。一名史丹佛大學的電機系學生這樣表示：

我希望每天都對自己做的事感到興奮……我知道工作裡有些事會有點煩或有點乏味，但若整體而言我可以做某件讓我覺得這真的是我的事情……而且一切就會自然而然的，那這就是我真的想做的事。（上層階級黑人女性）

同樣的，一名蒙州大商科主修的學生不曉得除了熱情以外，還能怎麼回答這個問題。

作者：你覺得對於未來畢業後的規畫，什麼是最重要的？

受訪者：像是除了對於你所擁有的充滿熱情嗎？我猜，你就是（必須）有點喜歡你正在做的事情。除此之外，我真的不知道該如何回答這個問題。（中產階級白人男性）

與選擇科系的問題結果一樣，在畢業後職涯規畫優先考慮熱情相關因素的學生（百分之七十二），遠超過優先考慮薪資（百分之十五）或就業機會（百分之二十一）的學生。請見圖1.5的A、B、C組。整體而言，不論受訪者的性別、就讀學校、種族／少數族裔身分與階級背景，這些相對優先順序的模式都相當類似。

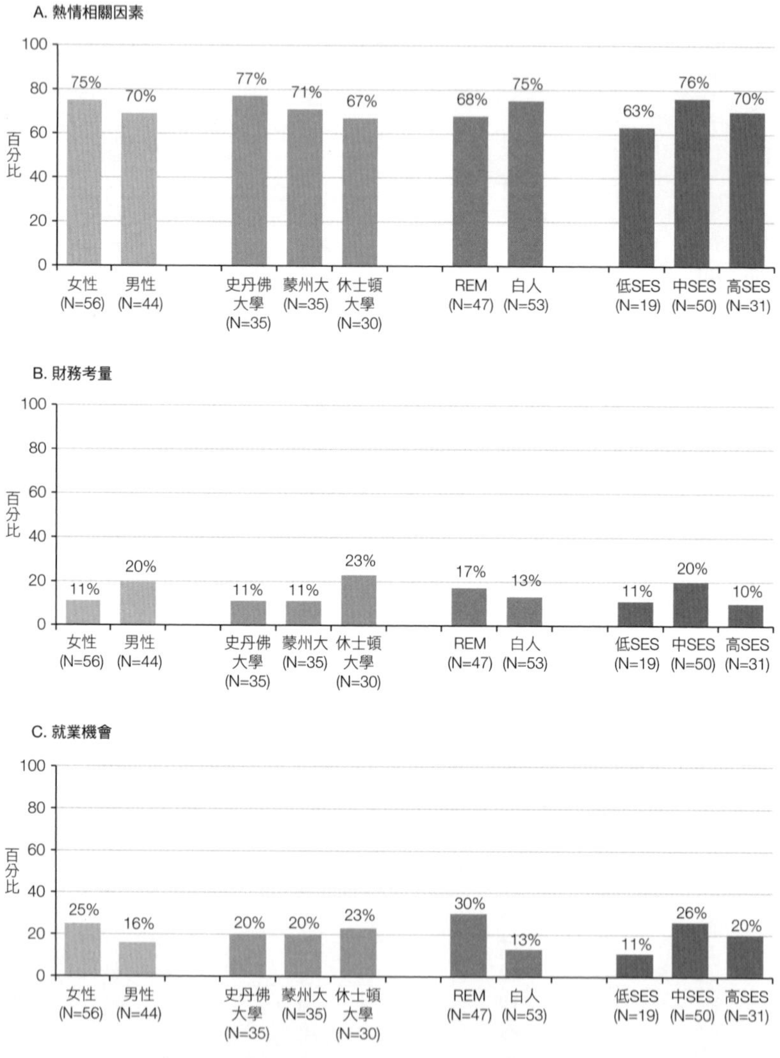

圖1.5 大學生在選擇職涯道路的首要考量（訪談數據，N=100）。數字代表每個人口統計類別裡，該因素為決定職涯道路首要因素的學生頻率。受訪學生可以提出一個以上的因素，部分學生提到這裡未列出的因素（例如，位置）。因此，每個人口統計組別三組因素加總比例可能大於或小於百分之百。REM是種族／少數族裔；SES代表社會經濟地位。

受訪學生們針對畢業後計畫的討論，反映出他們進入職場前做的準備。與選擇主修科系時相比，他們較有可能優先考慮財務與就業考量。[65]例如，一名蒙州大學生解釋說，「我認為畢業後有份穩定的工作很重要，這樣收入才能穩定什麼的。」（中產階級亞裔女性）就讀史丹佛大學生物工程系的史蒂分（Steven），尋求工作保障是他畢業後最優先、最重要的事。

我想，至少在畢業後我會立即制訂某種計畫，以便將來可以在某處獲得工作保障——我並不擔心會被解雇或職缺不足。所以我比較希望能回去攻讀碩士學位，這樣對公司會更有價值，我就可以在那裡想待多久就多久。（中產階級亞裔男性）

少數學生會被豪華氣派的車子與美好的假期誘惑，去找能提供這種奢華物質的工作。[66]但其他優先考慮財務因素的學生擁有更合適的財務目標——能夠養活自己或償還學生貸款。一些受訪者指出，薪資範圍與就業保障對他們而言特別重要，因為他們希望未來某個時間點扛得起養家的責任。就讀休士頓大學社會學系的亞當（Adam）解釋：

我一直都想擁有自己的家庭。我想要成為一個爸爸和丈夫，如果你想擔任這些角色，有些事情是你必須做的……我不想要有個得一直擔心錢的家庭，因為不應該是這樣的。我一直過著幸福的生活，從來不需擔心錢，因為我的父母一直都負責家中經濟，我想為我的孩子做同樣的事……。所以，家庭永遠都是我心中最重要的事情，我為自己訂定了這些目標，以及我覺得我可以做的事情，但這一切都是為了我的家人。（中產階級白人男性）

亞當計劃申請聯邦調查局（FBI）法醫分析師的職位，他相信他可以因此「每年賺到七萬美元。」[67]

其他學生則同樣看重經濟、穩定性以及熱情因素。像是蒙州大大學護理系的伊薇特（Yvette）所言。

作者：你覺得對於未來畢業後的規畫，什麼是最重要的？

伊薇特：也許是一些能夠發展自己事業的事，不一定要趕快去做我夢寐以求的工作，但是某件可能帶領我到達那裡的工作。所以，我的意思是，我當然不想找一份基礎護理職務，我不想一輩子只做這種工作，但也許透過這個最後能通往我一直以來想做的領域。所以這是對我最重要的事。（中產階級白人女性）

伊薇特將取得護理領域穩定工作的當前目標，視為邁向「夢寐以求的工作」這個長期目標的一步。面對同樣的問題，史丹佛大學的同儕則回答，他在畢業後職涯道路的首要考量是「在自己的興趣與未來的穩定性之間取得平衡。」

五名學生描述他們在選擇科系的多重步驟，先確定他們認為可以提供最大經濟保障的領域，再決定他們對其中哪些科系最感興趣。然而，更常見的是，在決定工作領域時，經濟與熱情的考量順序卻完全相反——先決定他們對哪些領域最感興趣，再從中挑選最能帶來經濟保障的道路。例如，一名就讀休士頓大學人體運動學（kinesiology）的學生，她對運動充滿熱忱，原本計劃未來要當教練，最後卻決定從事運動行政，因為她相信後者會帶來更高的薪水。

> 我想當一名教練……因為我喜歡運動還有跟運動有關的一切。當我入學的時候，本來是想走保健或運動與體適能，或者任何能成為一名教練的。但經過思考後——因為現在當老師跟教練，賺的錢沒那麼多，所以我決定未來想做運動行政。（勞工階級黑人女性）

區分學生們的職涯領域考量，以及他們在這些領域裡對特定組織或工作的偏好，是很重要的。當學生談論特定公司或行業裡的某個工作時，薪水與穩定性是最常見的考量。大部分受訪學生相信熱情相關的因素應該會促進職涯發展，且應該是晚點考量某個領域裡面的某個特定工作或組織時，再來考慮經濟與就業問題。

最後，半數的受訪者被問到選擇科系的原因時，只給出了熱情相關的理由，而至於什麼是他們計劃職涯道路最重要的核心因素，他們沒有主動提及就業或收入方面的考量。[68]

附錄B的大學生補充調查也呼應了這些優先順序的模式。在該樣本內，超過百分之七十的學生有點同意或非常同意「選擇大學科系時，追隨自己的個人興趣或熱情是最重要的因素。」如同訪談的結果，勞工階級背景的學生比起他們富裕的同儕，更傾向優先考量薪水與工作穩定。與白人同儕相比，亞裔學生較不可能面對職業決策時優先考慮自己的熱忱。我發現，在人口統計類別（性別、種族／族裔、階級背景、科系類型）裡，對於信奉熱情原則的情況並無顯著差異。

補充調查還詢問了那些在大學就讀期間轉換科系的學生（約占樣本三分之一），換科系的理由。百分之四十二的人選擇轉到「我更感興趣或熱衷的科目」，百分之二十二、百分之十七的學生則分別轉到他們認為會有更多工作機會或更高薪水潛力的科系。

作為經濟底線的大學學位

為什麼金錢與工作穩定性沒有成為更多學生選擇主修科系與畢業後職涯考量的主要因素呢？學生們對於勞動市場的結構性現實並不天真。他們明白，就業沒有保障，某些領域相比其他領域有更大的薪水潛力。但大多數人認為大學學位提供了一道經濟底線，他們不可能落到這道底線之下——無論他們追求什麼科系的學位或職涯道路，這個學位都能提供各種工作機會，為中產階級生活提供足夠的金錢與工作保障。許多受訪者解釋說，理論上「任何科系都是可以賺錢的」，而且可以為將來帶來舒適的生活。一位就讀休士頓大學政治學系的學生進一步闡述：「很多人跟我說，你應該選某個之後可以找到工作的科系，但這就像，他們什麼工作都能做，所以你也可能讀你想讀的（科系），然後之後再想辦法。」

先前在導論提及的克萊兒，很清楚自己想走的職涯道路能夠累積財富的機會非常渺茫（她的父母經常提醒她這點），但她說只要熱愛自己的工作就好。

作者：所以你認為錢在當中的地位是？

克萊兒：錢很重要。我父母總是跟我說我需要一份高薪的工作，但我寧願有一份我熱愛但薪水不怎麼高的工作。我曾在休士頓動物園跟著動物管理員當過一陣子的志工，他們很愛他們的工作。他們很愛自己照料的動物們。我們聊天的時候，他們說，……「我們的薪水不高。但足夠支付帳單、買食物、出去玩，」我聽了就覺得，「這實在太棒了。」我不習慣奢華的日子。我習慣足夠就好，所以這樣的生活對我來說絕對沒問題。人們想拿到這些學位，因為他們想賺進數百萬美元，但他們最後出賣了自己的靈魂，變得很空洞。（中產階級白人女性）

崔佛（Trevor）就讀休士頓大學人體運動學系，在訪談中被問起直接比較工作的意義以及「高薪」，兩者的重要性。他解釋，高薪與買得起「昂貴東西」的能力，沒有他喜歡自己的工作來得重要。

崔佛：我想做有意義的事，我很享受的事，但我也想賺大錢。

作者：你覺得這兩者哪個比較重要？

崔佛：嗯。我享受的事情。

作者：為什麼這件事比較重要？

崔佛：因為我會很長一段時間都做這件事。我不喜歡——那個，我喜歡昂貴的東西，但這對我來說沒那麼重要。我只想要過得舒適自在。我不想要擁有一堆很奢華的東西，我只想要能夠好好照顧我自己，其中一部分就是做你想做的事。我過去做過很多份工作，其中有我真正喜歡的工作，真的很棒。我知道享受自己在做的事很重要，因為我做過很討厭的工作，也做過我很喜歡的工作。（中產階級白人男性）

就讀蒙州大大學土木工程學系的AJ，也以類似的理由解釋，他很樂意犧牲更高的年薪，以換取讓他樂在其中的職涯領域。

> 我覺得金錢可能不是選擇（職涯領域）的好理由，我認為，如果你對某件事很感興趣或有點想做這件事，才是做決定的好理由……因為整體來說，我覺得一生中賺了多少錢，跟你會有多開心根本沒關係。對自己的職涯很滿意，可能比賺到五千美元或一萬美元更加重要。（中產階級白人男性）

呼應受訪學生的回應，補充調查裡的樣本有三分之二（百分之六十七）的大學生同意「任何（大學）學位都能找到足夠負擔得起舒適生活的工作。」（見附錄B）

當然，大學學位並不保證能提供財務穩定或安全，許多畢業生從事不穩定的工作，找不到工作、低度就業（underemployed），或在沒有福利待遇的合約或零工裡掙扎。[69]最可能擁護這個「經濟底線」理念的是勞工與中產階級家庭的學生；家庭背景更優渥的學生往往更清楚了解白領勞動市場。我會在第三章討論獲取文化資本的階級差異。

在這個樣本裡，肯定有優先考慮地位與財富累積的有志之士，而其他人則相信唯有特定的職涯領域才能帶來具一定水準的薪水與穩定的就業。[70]主流理論與既有的實證研究中認為有工作抱負的人面對職涯決策，會優先考慮經濟與就業因素，但這些訪談顯示，那些因素絕非唯一、也不是這些人作出決策的主要指導原則。[71]

將熱情原則應用於職場

隨著這些有工作抱負的人離開大學，熱情原則依然適用嗎？第三章將藉著這些人的後續訪談，描述他們從大學到職場的轉變。研究發現許多受訪者畢業後仍持續追求自己的熱情。在這裡提供幾個例子足以說明畢業後仍堅守熱情原則的情形。從蒙州大化學工程系畢業的安柏（Amber）生動地描述，對工作充滿熱情之於她的意義。

> 我對工作有關的所有事情都很有熱忱……我覺得自己每天都在做很棒的事……這幾乎就像是我的嗜好一樣。對於解決化學工程的難題，我樂在其中……我很享受談論自己的工作以及我們正在做的事情。我在家的時候肯定惹惱了我的未婚夫。我是說，這真的極具挑戰，但我認為……我找到了一項很棒、很值得投注熱忱的事。（勞工階級白人女性）

許多對工作充滿抱負的人願意對自身的職涯道路做出重大改變，也願意承擔付諸實行熱情原則，可能得犧牲的長期財務保障。阿莉亞（Aliyah）是一名舞蹈老師，我第一次見到她時，她是休士頓大學大學數學系學生，五年後她向我解釋，追隨自己的熱情意謂著「放下」她對於未來財務穩定性的擔憂。

人們總是跟我說，如果妳是一名藝術家，就不應該主修藝術，因為妳會成為一名挨餓的藝術家……所以這是我在做決定時，得去面對的問題……我那時心想，「現在我知道自己是名舞者。這就是我。」就此豁然開朗……關於未來要怎麼維生的擔憂，我得說……自己得放下這些念頭……我覺得如果你從工作裡得不到那種滿足感，能撐多久就是個未知數，尤其如果做的是自己的天職（calling），自己應該做的事……我不認為自己可以去做無法帶來快樂的工作。這一點意義也沒有。（中產階級黑人女性）

最後，阿莉亞說她「厭倦了追逐」財務穩定性的承諾，所以從數學轉向舞蹈。

熱情原則僅是正當化敘事嗎？

如果熱情原則對職涯決策是如此有價值的文化基模，會不會其實私底下更看重財務或穩定性因素的受訪者，只為了迎合社會期待或避免尷尬，在受訪時假造自己的回答？如果熱情原則被認為是一種在道德上獲得認可的決策方式，那麼受訪者可能會認為得淡化他們實際決策時優先考慮財務或就業保障的程度。雖然這種想法肯定會影響學生的受訪答案，但我使用了兩種策略以盡量減少這種可能性。首先，詢問他們的職涯決策時，我盡可能使用中性語言。例如，與其說「你如何選擇自己的主修科系？」我會說，「你最後是怎麼決定要主修這個科系的？」其次，如果受訪者沒有主動提及對於財務與就業保障的考量的話，我會明確發問。（在前述幾個摘錄的訪談中相當明顯。）換句話說，我替他們打開了表達替代熱情原則或是不優先考慮這項原則的大門。但很少人走進這扇門。整體而言，半數受訪學生談到自己職涯決策的優先因素時，根本沒提及財務考量或工作保障，是我後來才問他們的。[72]此外，從匿名線上學生調查（附錄B）與熱情原則調查數據中，這些受過大學教育的受訪者高度遵從熱情原則的情形來看，在這些受訪者之間普遍流行的熱情原則並非僅是為了面對面回答訪談時，要給出「正確的」答案。

但這點出了另一項問題：受訪者提到他們目前與未來對職涯規畫的優先考量都是以熱情原則為主，就算他們都誠實回答，但之所以使用與熱情相關的語彙來形容決策過程，會不會其實另有其他較不具文化優位的原因，所以才需以熱情原則作為正當化敘事（justificatory narrative）呢？雖然有些對工作有抱負的人似乎因為其他理由（例如，出於經濟考量或學業成績不佳）才走上目前的道路，可能會利用熱情原則，向他人正當化自己的職涯選擇，但我不認為這會是前述普遍圖像的主因。首先，本書有許多例子提到，有工作抱負的人面對大學科系與職涯的選擇，秉著自身的熱情做出決定，同時放棄了可以帶來更高薪、更有工作保障的道路。例如，回想一下布莉安娜，她最初想成為一名會計師，「只為了賺更多的錢」，後來卻決定，「我不認為往後的人生能一直做這件事」，因此轉而追求廣播新聞業。在這種情況下，有工作抱負的人為了追尋自身熱情，刻意犧牲財務穩定性。

再來，即使有工作抱負的人最初出於與熱情無關的緣故轉換跑道，但後來視目前的道路是他們「一直以來」的熱情（例如，他們無法考進醫學院，便認定其實對護理充滿熱忱），這仍說明熱情原則作為一種闡釋人生經歷的魅力。只要受訪者認為目前所處的新領域是熱忱所在，且行為舉止都崇尚這份熱情，那麼儘管這熱情部分可能是源於失去的機會，或一開始不被鼓舞，對於這裡的論點就不那麼重要了。雖然我不能排除社會期許與正當性在這些訪談裡可能帶來的影響，但如果受訪者將熱情視為社會期許的框架，到了他們會跟陌生人解釋這是他們決策原因的地步，那麼熱情原則普遍性的程度就比我認為的更加廣泛。

有大學學歷的工作者會更看重熱情嗎？

前述的熱情原則調查結果指出，受過大學教育的工作者就像受訪的大學生們，在抽象文化概念的層次上說明何謂良好職涯抉擇時，同樣會優先考慮熱情因素。但若是他們自己在人生中要做出職涯抉擇呢？

在熱情原則調查數據中有一組衡量標準是詢問受過大學教育的工作者，假設他們要接受一個新工作，請依序排名薪水、工作保障、福利、工作與生活平衡，以及對這份工作的熱忱，這

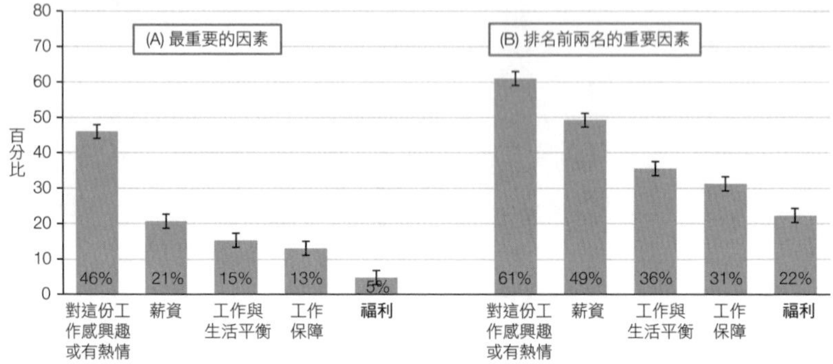

圖1.6　受過大學教育的受訪者考量未來決定是否接受一份新工作時，針對五項因素排名出重要性的百分比，（a）被排名為最重要的因素，（b）被排名為前兩大因素的其中一項。（熱情原則調查數據）

五項考量因素的重要性——從最重要到最不重要（見圖1.6）。[73]我發現幾乎半數的人（百分之四十六）首要考量的都是熱情，其次則是薪資與工作穩定，分別為百分之二十一與百分之十三。[74]圖1.6的B組橫條圖顯示，百分之六十一的受訪者將熱情列為前兩大考量因素，選擇薪水以及工作與生活的平衡為前兩大考量因素的比例則分別為百分之四十九與百分之三十六。雖然這項衡量標準是針對受訪者**會如何**考量決定接受新工作的推測評估，但結果反映出真實情況，因為這項調查是問受訪者**本身**的職涯道路，而非抽象地問他們認為面對職涯決策時最該看重的因素。

那如果是真正轉換工作跑道的工作者呢？是什麼讓他們決定要換跑道的？在這份熱情原則調查數據的受訪者有半數（百分之五十點二）都表示曾在某個時間點轉換職涯道路。這份調查接著再問這些受訪者轉行的理由。[75]百分之二十一的人因為被解雇、公司倒閉或身體／心理出狀況後被迫離開原本的工作。例如：「我原本擔任倉庫管理，但是公司倒閉了」；「因為身體狀況從工程領域退休；因為心智能力已經受損，（我）選擇從事不需心智能力的體力勞動工作。」其他百分之十六的受訪者解釋，他們為了取得更好的工作與生活平衡才換工作。例如，「為了和家人有更多的相處時間」；「父母生病了，我需要一份時間更彈性的工作與責任來照顧她。」只有超過四分之一（百分之二十六點五）的人解釋，他們換工作是為了更穩定的財務狀況或經濟機會：「為了將來需要一份更高薪的工作」；「我以前的職涯道路沒有替自己或家人帶來更穩定的收入。」

相反的，百分之四十二的人指出，他們離開原職是為了追求更有意義或更有成就感的工作：「我之前的工作沒有意義，我想找份自己享受的工作」；「看到了一個公園巡邏員的機會，這是我夢寐以求的工作，所以我就申請了。」換句話說，具大學學歷工作者為了追求更有意義的工作，選擇自願更換跑道的可能性，就跟追求更高薪、更穩定的經濟狀況或尋求工作與生活平衡的人一樣。雖然這些都是對於人們行為的回顧性描述，取決於他們目前想賦予這些行為意義的想法，但當中許多受訪者表示，為了尋求更有成就感的工作，他們放棄了已經上軌道的職涯道路。

這項熱情原則調查的數據很有幫助，因為當中的調查方法直接問到了與熱情原則相關的問題。但這並不能嚴格代表美國勞動力的整體情形。因此，我求助於具有全國代表性的全國勞動力變化調查數據，用以檢視職場中受過與未受過大學教育的工作者，其熱情相關與經濟考量的相對

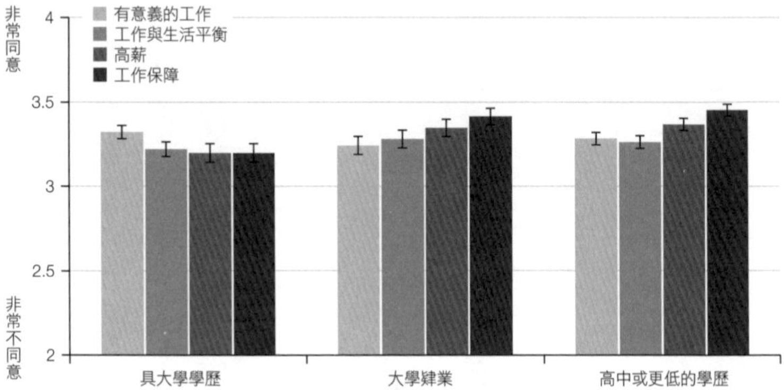

圖1.7　不同教育程度的美國勞工衡量是否接受新工作，四種考量因素對其重要性的預測平均值（NSCW數據，N=2,286）

顯著性。

全國勞動力變化調查向美國的工作者樣本詢問了幾個決定他們「是否未來要換新工作」的因素的重要性。這項調查結果證實了熱情原則調查的調查結論：這兩項調查裡，受過大學教育的工作者考慮是否接受一份新工作時，「有意義的工作」的平均評分高於「工作穩定」與「高薪」。[76]受過大學教育的全國勞動力變化調查受訪者對有意義的工作評分也高於「工作與生活的平衡」。請見圖1.7最左側的長條圖組。

重要的是，全國勞動力變化調查數據顯示不同教育程度所在乎的因素各有不同。平均而言，具高中或更低學歷的工作者（圖1.7最右邊的長條圖組）在考慮是否換工作時，薪資與工作保障比有意義的工作更加重要。對大學肄業的人（中間的長條圖組）而言，工作保障也比有意義的工作更重要。這可能也反映了沒有大學學位的工作者要確保有份穩定的工作與足夠維生的薪水的結構性困難。[77]不健全的社會福利供給，像是取決於雇主的醫療保險與逐漸減少的集體協商機會，意謂著在美國沒有大學學歷的工作者，即使他們擁有全職工作，落到貧窮線以下的風險更高了。[78]因此，未受過大學教育的工作者在起跑點就處於結構性劣勢，因為他們最一開始就未能獲得一份好薪水與提供合理就業保障的工作。

然而，沒有大學學位的受訪者仍覺得工作的意義很重要。在大學肄業者與具有大學學歷的人之中，有意義工作的重要性的平均值介於「有點重要」與「非常重要」之間，且在統計上，與具大學學歷者對有意義工作的重視程度無法區分。[79]雖然對於沒有大學學歷的人而言，工作保障與薪資的重要性明顯高於具大學學歷的人，但在不同教育程度的工作者之間，認同從事有意義工作的重要性並沒有顯著差異。[80]整體而言，在職場裡擁有一份有意義的工作，無論在大學生、大學畢業生，甚至未具大學學歷的人們之間，仍受到高度重視。但工作保障與薪資的重要性，則與工作者教育水準能獲得的高薪穩定工作多寡成反比。

特權者（才得以享有）的熱情？

接下來的章節我會特地著重在熱情原則——作為指導原則與規範性敘事——如何有助於延續不平等的結構與文化過程。本章的最後我將檢視追求熱情的文化價值普遍性本身如何延續有工作抱負者之間的社經差異。

在受訪的大學生之間，信奉熱情原則的人都普遍看不起職涯決策優先考慮就業機會與薪資的同儕。除了「金錢買不到快樂」的評估外，受訪者還經常認為基於經濟考量選擇職涯道路是「膚淺的」、「貪婪的」或「自私的」。史丹佛大學一名人類學系的學生解釋，為了保障而無視自己的熱忱所在無異於「背叛自己」。

> 我只是覺得如果人們就去做自己想做的事，這個社會會快樂一點。每次我們騙自己，然後說「我做這件事是因為對我有好處，或之後會帶來一份好工作。」，我們是在背叛自己，不管在哪都只是更難過而已。（中產階級白人女性）

相對的，受訪者往往對於有些勞工階級背景的同學，優先考慮經濟流動性的行徑不屑一顧。一位史丹佛大學經濟系的學生說：

> 如果（學生）……來自一個很貧困的家庭，那也許會有這種……要讀能賺大錢的科系的渴望……但在這個過程中，你會把自己累死。這整件事的意義在哪？應該要去享受上學生活。（中產階級黑人男性）

一名休士頓大學大學歷史系學生也對這些人的選擇不表認同。

我認為這社會與經濟綁得太緊，導致他們錯過了重要的事。就像，你真的需要賺到十萬美元才快樂嗎？真的假的？我可不這麼認為。但我認為，人們會（選擇賺錢的領域）只是因為他們想要那些錢，想要他們從未經歷過的那種令人驚歎的生活風格。我會這樣說只是因為身邊有這種人。所以我不認為這樣很好因為……他們這樣做只是為了錢……最後不會帶來快樂。（上層階級拉美裔女性）

面對這樣貶低的態度，那些來自勞工家庭、想利用大學學歷提升社會地位的學生，有時會覺得他們卡在力爭上游與追求熱情的主流期望之間動彈不得。例如，前面討論過一名就讀休士頓大學的學生，在主修會計系與政治系間苦苦掙扎。他原本選擇會計系是以為該系能帶來財務穩定。但後來他感覺到同學、教授與自己對於熱情原則的堅持，所帶來的壓力，因此轉系到政治系——這是他的熱情所在——雖然他也不確定這個學位能不能找到工作。同樣地，一名就讀蒙州大來自勞工家庭的學生也解釋，自己當初入學時對賺錢感興趣，但和同儕的來往讓她改變心意，現在金錢考量成了她優先順序的「最末位」。

我就讀大學才六週，但已經……我對未來的財務期望已經往下降了很多……當我進來（大學）的時候，想賺很多很多錢，但現在，這件事一點也不重要了……我不需要賺上一大筆錢才能開心。（勞工階級白人女性）

鼓勵第一代大學生與勞工階級背景的學生將經濟流動性與工作保障的重要性，排在追求熱情之後，可能會改變他們原先追求社會流動的計畫，繼續延續有工作抱負的人畢業後的劣勢。

儘管受訪學生當中，不論其社經背景，普遍都偏好熱情導向的工作，但出身勞工家庭、看重熱情的學生，卻在職場裡遭遇了享有特權的同儕所沒有的財務困境。這些學生比同學更可能在追隨自身熱情時受到阻礙。部分想在畢業後持續做自己熱愛的事，卻缺乏足夠資源的學生，會對未來大失所望。例如，一名休士頓大學社會學系的第一代大學生預期畢業後得先找份能償還學貸的工作，之後才能從事她熱愛的社會工作。

我一直以來都很擔心自己的學貸……這糟透了，因為我只想做一份會讓自己開心的工作，但我知道我有很多帳單要付、要償還，這有點嚇人。希望我能找到一份我喜歡、能支撐一段時間的工作……把我的學貸還完。（勞工階級拉美裔女性）

同樣地，一名就讀史丹佛大學心理學系的學生也解釋，為了幫助弟弟們念完大學，他可能得先暫緩追求想擔任一名小學教師的熱情。

嗯，會有一兩年的時間我可能會去做某種工作，（因為）……我弟弟們還在念書，他們可能需要錢才能念完大學，所以我可能會幫忙……如果能找到在國外教書或類似的工作會很棒……（但）我想不管哪裡能找到短期工作我都會去做。（勞工階級白人與拉美裔男性）

為了有穩定收入，學生們打算從事這些他們不熱愛的工作，在最後通往有意義的工作之前，暫時先繞個遠路。當然，這些遠路也可能根本不是暫時的。特別對於勞工家庭背景的學生，像是行政助理或顧問公司的臨時雇員這種職缺，可能會演變成長期工作，因為他們後來會發覺轉職很難。第三章追蹤了這些有工作抱負的學生，在畢業後的實際就業情形，以評估前述階級差異的程度。

誰對什麼有熱情？追求熱情與職業隔離

正如我在本章開頭所指出的，熱情從更廣泛的自我概念（self-conception）當中形成，部分是來自於一個人身處的文化與結構環境所形塑。因此，當人們依據似乎符合自身的自我感知意識來決定職涯，他們往往會遵循性別、種族／少數族裔與階級背景面向的職業隔離慣例。這種情況在性別方面格外顯著。過去半世紀以來，外界對於女性從事專業領域與擔任領導職的認可程度有長足進步。[81]她們的父母與伴侶比起過去任何時期，都更鼓勵她們滿懷熱情地從事自己選擇的職業。[82]然而女性與男性所認定的滿足感與自我表現，仍存在著相當大的性別差異，因為這種自我概念部分是來自於終生性別社會化的結果。在先前的研究中，我發現較具有傳統性別自我概念的女大學生與男大學生（例如，認為自己情緒化的女性，與認為自己極具邏輯的男性），更有可能走上傳統性別（女性占多數與男性占多數）的職涯道路。[83]換句話說，追求熱情也有助於複製這些性別類型的職業失衡，即使自我表現的追求熱情似乎本質上是性別中立的。[84]

其他的研究顯示，年輕人表現自我的方式，受到種族結構以類似的方式影響。[85]例如，瑪雅．比斯莉（Maya Beasley）針對非裔大學生的研究發現，許多學生尋求的道路與促進種族正義的個人承諾一致。[86]學生們往往因此被吸引到社會科學與政策導向的科系，而遠離了STEM領域。但後者卻正是能賺高薪，且提供最多穩定職缺機會的領域。

在階級隔離方面，年輕人會接觸到的職涯領域取決於他們所屬的階級環境：父母、鄰居、親戚、社群成員的工作。[87]要發展出對某種職涯領域的興趣至少要有與部分相關知識內容，以及與特有任務的接觸。[88]例如，馬穎毅指出，勞工階層與第一代大學生不太可能追求哲學與藝術史等領域，部分原因是因為他們在幼兒園到十二年級（K-12）教育階段接觸到這些領域的機會有限，因此能產生興趣的機會較少。[89]在階級不平等的情況下，能接觸到的文化與社會領域也不同，可能會影響人們認為「適合」他們個人興趣與價值觀的職業類型，導致階級差異的延續。[90]

雖然需要最多文化資本的研究領域（例如藝術史、國際關係）不一定是收入最高的，但這些職業可能會促進文化差異的發展，幫助家境富裕的學生複製個人的階級地位。[91]

因此，當有工作抱負的人選擇科系或追求與自我表現熱情一致的職涯道路時，他們通常會遵循一條反映出性別、種族／少數族裔與階級職業隔離的道路。[92]

未來展望

本章詢問了具有工作抱負的大學生如何將好工作、好的職業決策抽象地概念化，並在自身的職涯決策中整合這些概念[93]，以及這些概念是否在具大學學歷的工作者之間普遍獲得認同。我發現，有工作抱負者最常用以理解好職涯決策的指導原則——也就是熱情原則——將個人主義認同的表現、價值觀與興趣因素的地位，置於明確的經濟考量（像是最大化就業或薪酬潛力）之上。透過工作者的調查數據，我發現，熱情原則是美國職場一項普遍流行的文化基模，尤其在受過大學教育的人之間格外流行。這種基模的流行程度在不同階級、性別、種族／族裔與職業之間普遍一致。[94]

本章的調查結論有幾項較廣泛的理論意涵。首先，對熱情的文化評價，以及對於薪資與工作保障最大化的貶低，與聲稱有工作抱負的人更看重增加終生收入的潛力或就業保障的人力資本投資的經濟理論相矛盾。[95]這些發現也迥異於過去社會流動與地位成就（status attainment）文獻所稱，有工作抱負的人面對職涯決策時通常優先考慮財務與地位因素。[96]不僅多數有工作抱負的人不再強調大學學位可能有助於未來能位於經濟底線之上的這種考量，而且許多人也質疑這種以現實考量為主、明目張膽的職涯決策，是否具道德正當性。

其次，我認為熱情原則的普及性導致兩項不平等。第一，對於看重金錢與工作保障的大學生的道德貶低，導致致力達到社會階級翻轉的勞工家庭背景與第一代大學生被邊緣化並受到輕視，且可能會把他們推離了原本進入大學想達到的社會流動目標。此外，由於追求熱情免不了要將一個人的自我概念納入職涯決策，這些自我概念受到性別、種族／族裔、階級其他社會特性的影響，追求熱情往往會更鞏固這些職業隔離的模式。然而，追求熱情被認為是與生俱來且具有個人獨特性質，並沒有被視為階級化、性別化或種族化。因此，熱情原則可能會將長久以來的職業隔離模式偽裝成個人追求熱情的良性結果。

本書的其餘章節說明了熱情原則的其他幾種乍看對求職者有益的面向，它讓有工作抱負的人可以免於遭受職場可能存在的自我疏離風險，但整體上可能會複製不平等的文化機制。

第二章　為何熱情原則極具說服力？

我覺得你必須很熱愛、對（你的工作）很有熱忱，這樣才能下半輩子都做這份工作……這很重要，因為就像我說的，你的餘生都得從事這份工作，你也不想卡在一份你不喜歡或者每天都很不想去上班的工作……當你很熱愛某件事，你會很樂於去上班，這對你來說根本就不是工作了。

亞莉杭德拉（Alejandra），勞工階級拉美裔女性

就讀休士頓大學社會學系的亞莉杭德拉，闡述她認為擁有一份與熱情相符的工作所帶來的價值。如同她的同儕，她對於勞動市場的複雜性並不鄉愿，也對畢業後是否能找到一份社工工作感到焦慮。儘管如此，她仍強調以自身熱情為考量做出職涯決策的重要性。

在這一章裡，我將探討有工作抱負的大學生與受過大學教育的工作者為何面對不穩定的職

場，仍深受熱情原則所吸引。一開始我先將這項原則置於更廣泛的文化與歷史背景當中，我認為一九七〇年代掀起的經濟與社會變革正是熱情原則大肆流行的成熟時機。之後透過與大學生的訪談以及熱情原則調查結果，我再闡述熱情原則與受過大學教育的工作者、有工作抱負的人如何具體產生共鳴。追求熱情似乎消弭了後工業資本主義經濟中，白領員工在職場的主要壓力之一：員工在競爭激烈的職場環境中，得長時間努力工作的結構性需求，並符合外界的文化期望，必須過著具個人獨特性、自我表現的人生。崇尚熱情原則的人認為，熱情會激起職場成功所需的動力，也是讓工作產生意義的來源，否則就會導致數十年都做著疏離、無趣或沒有成就感的有償工作。

在具工作抱負的人之中，我發現熱情原則的重要性被學術機構的課程設計、為大學生與具大學學歷工作者提供服務的專業職涯顧問，以及透過學生們與同儕間的互動放大了。有些具有工作抱負的人被家裡施壓，找工作時得優先考慮經濟或就業因素，但許多人反對這股壓力，並視其為對他們個人獨特性的侮辱。

本章結尾針對那些質疑熱情原則是職涯決策指南的人，檢視了他們的觀點。在有工作抱負的人之間鮮少出現這種質疑。除了呼籲優先考量財務因素外，這番質疑也與主要的反敘事（counternarratives）不一致。熱情原則之所以會受到重視，部分是因為缺乏能夠替代這種能激勵努力工作且讓工作不乏味的文化基模。

我認為，雖然熱情原則能讓有工作抱負與受過大學教育的人克服職場參與的部分挑戰，但長期來看，這種決策方法可能會使得受僱者過勞的需求正當化，並加劇對白領階級的剝削。

熱情原則的歷史根基

不管員工對自己的工作是否感興趣或覺得有意義，資本主義勞動市場通常會要求員工為了雇主的利益與需求付出勞力。儘管過去半世紀以來，這種對有償工作的主要期望沒有變化，但自一九七〇年開始，政治、文化的轉變互相碰撞，改變了有償勞動力的結構與期望。[1]隨著時間流轉，工作變得更加不穩定，而工作者的權力，包括工作者與雇主談判以獲得更好的工作條件與薪酬的能力，則在過去四年間逐漸削弱。科技變革、政府控制減少、工會力量減弱等因素巨幅改變了雇用組織與雇員之間的關係。[2]此外，在全球後工業經濟中拓展生意的風險，也逐漸從組織所有者轉移到雇員身上。美國勞工因而遭遇了定期契約工作、無附帶福利的兼職工作以及其他形式的臨時工作（例如，汽車共享之類的「零工經濟」〔gig economy〕）大幅增加的情形。[3]

與此同時，美國自羅斯福新政（The New Deal）實施以來，保護失業者、低度就業與低薪勞工的程度也逐漸下降。新自由主義政策，像是有限政府（limited government）、公共財與服務的私有化成為常態，工作者被要求在多次不可預期的經濟繁榮與蕭條交替循環、外包，與企業合併等情況下自謀生路。[4]

這些經濟與立法的變革大幅改變組織雇用與管理員工的方式，也改變了員工們能期望從資方得到的待遇。自一九七〇年代以來，公司對員工們的忠誠度逐漸下降，另一方面，期待員工整個工作生涯都待在同一家公司或同一份工作的比例也逐漸降低。[5]如今，即使是受過大學教育的工作者之間，就業不穩定與不確定的情形也比預期的更普遍。[6]高等教育擴張意謂著後工業國家中，愈來愈多勞動人口擁有大學學歷，但大學學歷並不保證能獲得一份白領工作。[7]經濟大衰退與Covid-19疫情大流行所帶來的經濟復甦分布不均更加劇了這樣的趨勢；相反地，行政主管與高階主管收入的增加更擴大了國內所得最高百分之一者與其他人的財富距離。[8]不同行業的工作者都敏銳地意識到職場的不穩定性，並在日常生活裡勉強應付這種情形。[9]

儘管過去半世紀以來，就業情勢轉而對勞工們不利，但文化規範對於「理想工作者」的定義並沒有改變。[10]勞動市場裡所有行業的員工不論是不是上班時間，或者本身是否需要照料孩子或生病的家人，都應為雇主與工作犧牲奉獻。許多藍領與服務業工作者得隨時待命，準備在幾天（或幾小時）前才被告知要代班。[11]白領族定期得加班——工時長於合法全職每週工作時數，即使是夜晚與週末也要能隨時透過電子郵件或簡訊取得聯繫。[12]這種「單向榮譽制度」將員工的辛勤工作視為一種道德義務，而市場經濟的文化規範，甚至在員工之間也很少期望雇主會回報這種奉獻精神。[13]因此，專業與非專業的工作需要更長的工時，能提供的保障卻愈來愈少，且不論會否造成受僱者過勞、工作過度、得面對工作的不確定性或是無法提供一份得以維生的薪水，都更常要求他們得全然奉獻給自己的工作。[14]

這些結構性事實為現今懷有工作抱負者與工作者創造了複雜的決策環境。如前一章所述，多數社會科學研究都假設薪資潛力與就業能力是職涯決策最主要——如果不是唯一的——優先考慮因素。許多學者認為，工作者與有工作抱負的人面對就業結構時，或多或少會以經濟合理為考量方式，盡可能追求最高薪、最穩定的財務機會。[15]

然而，廣泛共享的文化基模可能會引導人們不再以這種經濟合理性的思考方式，做出職涯決策，因為他們希望為自己的人生找尋有意義的方向。人們時常根據文化價值觀與道德期望迴避經濟上的理性決策。[16]而在理論學家與學者眼中看起來不合理或荒謬的事情，若考慮個別決策者所處的文化與道德環境，可能就完全合理了。

美國文化最根深柢固的文化信仰之一，也特別與職涯決策背景相關的是「個人崇拜」（**cult of the individual**）。[17]過去這個世紀中以來，「個人」已成為人們主要的身分認同。[18]第二次世界大戰後的經濟成長，結構性的擴展了為更多人提供生存保障的能力，並將廣泛的文化關注點從身心穩定（食物、住所、教育）的生活目標，轉向了持續滿足個別需求的生活目標。[19]自一九五〇年代以來，自我表現的文化價值大幅上升，隨之而來的是，人們期望能擁有自主選擇生活方向與性質的一點空間。[20]幾乎在所有社會與生活領域，人們都要求能更大程度的自我表現自由與個人選擇。[21]對許多人而言，個人獨特的自我表現是安東尼·紀登斯（Anthony Giddens）所稱「反思志業」（reflexive project〔編按：reflexive另常譯為「反身性」〕概念）——人們一生中不斷培育、已臻完善、實踐的一種不斷演進的敘事。[22]許多美國人甚至利用這樣的自由，追求能夠肯定並促進個人反思志業的社會環境與消費意義。[23]

與自我表現機會系統性擴張特別有關的一個社會面向是，伴隨著二十世紀下半葉高等教育發展，課程選擇大幅增加。高等教育的大眾化使得非菁英族群首次得以接受進階職涯培訓。隨著學院與大學招收新生，也擴展了校內提供的學術科系數量，並鼓勵新生在這些專業科系之間，做出高度個人化的選擇（而非像其他多數國家一樣採用考試入學的模式）。[24]

高等教育擴張的同時，二十世紀末女性於教育與工作領域的權力逐漸開始發展。在《教育修正案第九條》與《平等權利法》施行後，女性大量湧入原先由男性主導的職業領域，像是法律、商業、醫學與部分科學領域。[25]過去四十年來，愈來愈多女性投入職場，社會風氣也逐漸改變，鼓勵女性從事並投入全職工作。[26]

同一時間，出生率下降，男女雙方結為伴侶並生育孩子的年紀跟著順延。對許多受過大學教育的年輕人而言，大學畢業、找工作、先建立自己的職涯再步入家庭，是一項可預期且理想的人生順序。[27]與過去幾代的人不同，人們普遍認為女性會根據未來的育兒責任做出職涯抉擇，或者男性會根據養家糊口的機會選擇職涯領域的時代已經結束了。[28]即使女性擁有全職工作，仍肩負著大部分的照料責任，但擁有大學學歷的年輕人通常期望並希望女性有機會能達到與男性同樣的職業成就高度。如今有工作抱負的人往往被鼓勵以個人喜好為出發點，而非囿於過去傳統性別化職業角色，做出職涯抉擇。

除了自我表現行動的價值逐漸增加以及制度上的改變，新自由主義自主性（self-sufficiency）準則的拓展，導致人們愈來愈注重個人選擇所推動的生命軌跡，而非聽命於集體或公共決策。[29]這些準則促進了教育與勞動市場機構裡以選擇為主的結構，並讓有工作抱負的人相信，若給予他們最大的自由決定自己的生命軌跡，他們便能發揮出自身最大的潛力。[30]

這些不斷增加的結構機會以及文化上想要更追求個人獨特性、自我表現的決策，似乎與不穩定的勞動市場中，長久以來期盼工作者做到盡職盡責的期望，形成緊張的局勢。工作者要如何同時達到既是理想的雇員、又能活出高度自主性、自我表現的人生？與就業能力或財富最大化的目標不同，熱情原則對於有工作抱負的人而言，可能是一種得以解決前述相互矛盾的方法。若一個人在自身工作裡找到成就感，那麼期望他們作為理想工作者的規範就不那麼自我疏離了。[31]某種程度的不穩定，甚至可能會讓人覺得為了一份能夠提升自我感知意識的工作，這樣的犧牲是必要的。因此，追求熱情對於那些崇尚熱情的人而言，似乎是合理的：這個概念提倡將有償工作融入反思志業當中，而非一輩子都做著與自我無關、甚至威脅到自我意識的工作。受訪者之所以受熱情原則吸引，正是出於以下的原因：多數人認為，對工作充滿熱忱，會讓他們符合理想工作者的準則，進而促成在職場上的成功，同時逐漸形成一個有意義、有成就感的人生。

熱情原則有多新穎？

上一章顯示熱情原則在一般受過大學教育的人之間也很流行，並不局限於受訪的大學生們。實際上，工作者獻身於一項職業的文化價值可追溯到數百年前。[32]這種觀念再度興起，達到如今的強度與民主化，可能得歸功於一九七〇年經濟變化與新自由主義政治和經濟政策興起，以及一九八〇年代與一九九〇年代對於自我表現與個人主義的文化期望加速盛行。[33]雖然關於熱情原則最初如何出現的詳細史實已超出本書範圍，但前述所回顧的文化、制度與經濟變化總總因素可能促使這項職涯決策的興起。無法仰賴雇主擁有一份穩定的工作，期待員工盡心盡力、工時更長，以及就讀大學人數增長帶起的職業個人化與專精化，伴隨著言論自由與個人主義的文化、社會價值不斷升高，加上後現代世界裡對於意義的追求，種種因素可能已為以熱情為主要職涯決策考量的普及化，創造了一場絕佳的風暴。

為了呈現這段期間社會上重視追求熱情的程度增長，我使用Google Ngrams追溯自一九五〇年以來曾提及追求熱情的出版書籍。圖2.1為一九五〇年至二〇〇八年內容提及「追隨你的熱情」這個字詞的書籍。[34]在一九八〇年代之前，這個詞被提及的次數較少；一九八〇年代、一九九〇年代與二〇〇〇年代初期被提及的次數成指數增長。相比之下，同期提及「賺更多錢」等經濟優先考量的次數則保持相對穩定。

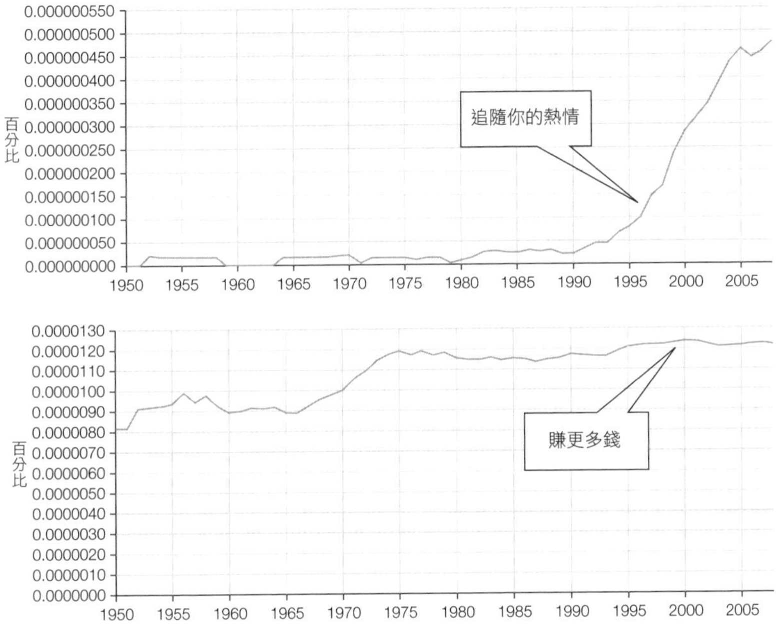

圖2.1　Google Ngrams 的數據代表了一九五〇年至二〇〇八年內容提及「追隨你的熱情」與「賺更多錢」兩個語句的出版書籍頻率。

「社會概況調查」（GSS）中的代表性樣本數據同樣表明，至少自一九八〇年代後期開始，熱情相關因素已是美國人文化觀念裡，判別工作好壞的一項普遍因素。儘管社會概況調查問的是工作方面、而非職涯領域方面的考慮因素，且只有一部與熱情有關，但這些數據仍讓我們得知，人們數十年來始終對這些信念深信不疑。具體而言，自一九八九年（首度有相關研究開始）至二〇一六年（見圖2.2的實線），美國人始終相當重視「有趣的工作」。在這二十七年間，工作有趣的平均重要性小幅上升（約百分之五），不同教育程度之間的重

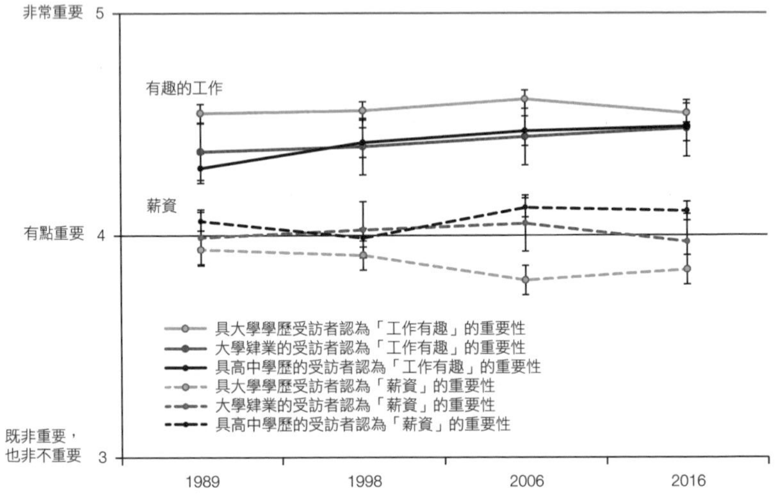

圖2.2　不同教育程度的美國勞工認為「工作有趣」、「薪資」的重要性（GSS數據，一九八九年、一九九八年、二〇〇六年、二〇一六年）。GSS調查問受訪者：「請就以下列出的工作面向，圈選出您個人認為在工作中的重要性：『一份有趣的工作』與『薪資』（1為非常不重要到5為非常重要）。」教育程度：大學或更高學歷（淺灰色線）、大學院校肄業（深灰色線）與高中或更低學歷（最深灰的線）。誤差值為百分之九十五信賴區間。

要性差異也逐漸縮小：直至二〇〇六年，具大學學歷的受訪者與教育程度較低的受訪者，看重工作有趣的程度不再存在統計差異（圖2.2淺色實線與深色實線對比）。在同一時期，不同教育程度的受訪者皆認為薪資的重要性低於工作有趣與否。這項結果與第一章全國勞動力變化調查數據裡教育水準呈現的模式相似（見96頁，圖1.7），二〇一六年薪資重要性的評分對於受過大學教育的工作者而言略低於「有點重要」，但相比之下，沒上過大學的人顯然給予更高的評分。雖然社會概況調查針對「有趣工作」重要性的調查僅涵蓋了部分熱情原則，但這項結果顯示，至少在過去三十年間，不論受過大學教育與否，個人對於工作感興趣與否始終是衡量工作好壞的重要因素。[35]

接下來會利用質性訪談與量性熱情原則調查數據，來了解為何有這麼多具工作抱負的人與工作者——尤其是受過大學教育的工作者——面對工作相關的決策時，如此看重熱情相關的因素。

追求熱情的吸引力

訪談資料顯示出，有兩個核心理由讓具工作抱負者認為熱情原則是職涯決策當中，一項令人信服的文化基模：（一）他們相信熱情能驅使他們努力工作，進而在職場裡取得成功；（二）他們相信擁有一份熱愛的工作是美好人生的關鍵要素。熱情原則調查結果顯示，具大學學歷的工作者同樣認同這兩項信念。

理由一：出於熱情努力工作

受訪者遵奉熱情原則的第一個原因是，他們將對工作充滿熱忱與成為一名優秀的職場參與者兩者連結在一起。許多受訪者假設充滿熱忱的工作者認真工作的動機，會高過那些出於金錢、聲望或升職而工作的人。他們認為，一個人與職涯領域於智識、情感與／或個人的連結，會促使他們投注現代職場生存必備的大把時間與精力。受訪學生們理所當然預期工時會很長，且認為熱情能讓他們更努力持久。如同一名休士頓大學社會系學生所言：

> 我認為，如果你想闖出名堂，對工作感興趣一直都是（選擇職涯）最重要的（因素），你會有內在動力驅使自己把工作做好……如果你對某事不感興趣，那你就不會有動力尋求好表現。（中產階級白人男性）

一名蒙州大商管系的學生提到，享受工作讓人們有動力將工作做好。

> 你必須享受自己在做的事情，而且那是——讓你每天早晨起床的動力，如果你熱愛自己在做的事，也會讓你在工作上不斷進步，你會不斷追求更多的工作表現，而不是……如果你每一天都在做無趣的工作，就會變得很糟。（中產階級白人男性）

學生們常常將比較出於工作熱情與想獲得高薪的渴望，並認為後者的動力不可能高於前者。一名休士頓大學生物系學生這樣解釋。

> 如果除了金錢因素你沒有其他動力，（那麼）……金錢不會讓你擁有能在工作裡出類拔萃的熱情或動機。你必須真的有所感受、真的很想要做到這件事，只是想要賺錢……這個理由不會讓你發揮最大的潛能，做到最好，而這正是你想要成功所需的要素。（上層階級西亞裔女性）

如果學生沒有直接提到財務穩定的議題，我會詢問他們在做出生涯決策時，經濟因素或熱情哪一個比較重要。一位尚未決定自己主修的休士頓大學學生，她的回答恰恰反映出類似她同學的典型回應，說到若一個人對自身工作擁有熱情，那麼收入就會順勢而來：「我認為這應該比經濟穩定還要有趣多了。如果妳對此有興趣，就不愁收入。」

熱情原則調查中具大學學歷的受訪者認同這項觀點。當他們被問到「金錢比個人興趣讓人更有動力努力工作」，超過半數的受訪者都不同意這項說法。為了找出受訪者意見的差異程度，我比較了最信奉熱情原則（例如，熱情原則的信眾）與最不崇尚熱情原則（例如，質疑這項原則的人）兩個群體的調查結果。如同在第一章裡解釋過的，我在調查中測量受試者選擇大學科系與職涯領域時，熱情原則對他們的重要性（見72頁，圖1.1）。[36]

圖2.3第一組長條圖顯示熱情原則信眾與熱情原則質疑者，針對前述問題的同意程度平均值[37]。在性別、種族／族裔、階級、教育程度與工作性質內容不變的情況下，信仰熱情原則的人

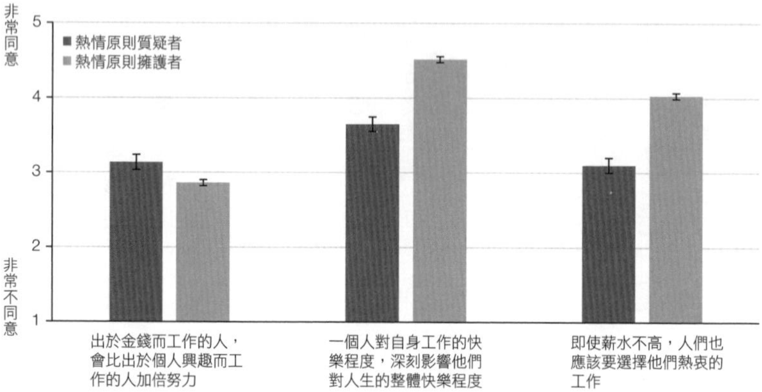

圖2.3　具有大學學歷的工作者對於職涯決策的信念，以信奉熱情原則的程度來區分（熱情原則調查數據）。

明顯較那些質疑熱情原則的人，更不相信一個人只出於金錢而工作，會比出於個人興趣而工作的人更加倍努力。[38]

但受訪者評估熱情所帶來的動力是否準確？在某種程度上，的確如此。如同第五章所呈現的，對工作抱著熱忱的員工的確更有可能表示自己對工作的付出超出公司要求。這與社會心理學針對動機的文獻研究結果一致，當人們出於個人興趣的內在動機工作，會比出於薪資或地位等外在條件的人，更加投入工作。[39]但正如我在第五章所呈現的，因為擁有熱忱的員工不一定會因額外付出而獲得回報，所以出於熱情而努力工作並不一定能帶來職場上的成功。

對於許多受訪者而言，熱情能促使人們努力工作的這項信念，似乎能降低白領族面對工作主要挑戰之一，也就是不負期望，成為一名敬業的理想工作者的困難度。[40]熱情原則的信徒往往認為努力工作與長久承諾皆源自於熱情，且人們對職涯投注心力便會自然湧出熱情。受訪者承認稱職的員工通常工時很長，且會對雇主相當忠誠，即使組織很少回報這樣的付出。[41]許多人認為熱情能有效延續這樣的努力。

理由二：追求熱情能帶來美好人生

熱情原則的擁護者認為這項原則相當令人信服的原因是，他們不只將其視為好工作的關鍵，同樣也是美好人生的關鍵因素。在訪談中，學生們對於畢業後等待著他們的數十年工作生涯，表達了深深的矛盾心理，他們很擔心會被困在自己討厭的工作中。受訪學生認為對於工作充滿熱忱能避免或至少減少這種自我疏離的可能性。[42]在導論裡曾出現的布莉安娜解釋：

> 你不會想要浪費時間，因為你不想四十歲了還每天都去上討人厭的班。你想要擁有一份職涯……這份工作讓你每天起床都很期待去上班，去做你想做的事。（上層階級黑人女性）

許多學生相信，如果一個人對自己工作內容不投入的話，長久下來將導致自我疏離。[43]一名蒙州大機械工程系學生分外悲痛地陳述，假若人生得做著導致自我疏離的工作：

簡短版本的答案是，我在這個星球上只能活一次。我到目前為止的人生都在教室裡度過了……為了將來的工作做準備。之後工作的地點會在……辦公室的小隔間、某個會議室、董事長會議室或生產樓層。然後得在那裡度過餘生。如果夠小心、夠幸運，我將會在離世的前四年退休，到時髖關節壞了，心臟受損、也聽不到了。這就是人生啊。如果我得玩這場遊戲的話，至少希望從事未來五十年都不會太乏味的工作。（勞工階級白人男性）

受訪者對於工作在人生角色的理解，其存在主義的基礎是很驚人的。他們劃出一道清晰的界線，絕不從事毫無熱忱的工作，絕不擁有一個不快樂的人生。因為這樣的工作不僅在於可能是日復一日「可怕的」日常生活，且有可能背叛一個人對自我的感知意識。

學生們通常認為以自我表現的理由選擇一項職涯是很合理的，因為這樣一來就能避免有償工作裡可能的乏味與導致的自我疏離。例如，一名就讀休士頓大學音樂創作系的學生解釋，出於其他考量而選擇職涯道路會危害一個人長期的幸福與健康。

（一個很糟的職涯領域是）你對那一點也不感興趣，但覺得未來可能會帶來一份好工作。你的餘生都會很悲慘。你在大學裡會很悲慘，你在該領域裡會很悲慘……我無法想像工作六十個小時，現在是每週工作六十個小時，「哎」（她皺了皺臉，聳聳肩，皺起眉頭。）

> 希望你有足夠的酒精來看清你的人生……活得快樂（是最重要的因素）：白天起床，做你真正想做的事。也許不是真的整天都在工作，但我可不想一天八小時都過得很悲慘，然後靠賭博或酒精來過活。你應該要工作得很快樂。我們就活在這世界上這點時間。到底為什麼你要做不開心的工作？（中產階級拉美裔女性）

兩名就讀休士頓大學的同學，一人讀人體運動學系、另一人讀社會系，他們指出，如果不論如何就是得賺錢，至少應該選擇會帶來快樂的領域。

> 你得確定那是你想做的事，因為當你畢業、離開學校後，外頭等著你的是真實世界，好長一陣子都得做那份工作，如果你做的是你不愛的工作，你會很難過、很憂鬱。然後為了錢還是得繼續做下去。（勞工階級黑人女性）
>
> 你應該要熱愛自己在做的事，或者應該去找件每天做起來都很享受的事，因為如果整天都做不喜歡的事，人生會很悲慘。對我來說，那就不像是你會想過的人生。所以，能喜歡自己主修的科系，就像我喜歡閱讀社會學實驗與社會學家的書籍資料，以及他們的研究發現一樣。這對我來說很有趣。我覺得人們應該要對他們主修的科系很感興趣。（上層階級白人男性）

因為有工作抱負的人極看重工作的成就感，他們願意犧牲薪資與財務穩定，只為了能做一份能提供長期自我實現機會的工作，即使他們已經曉得追求熱情可能會導致工作或收入不穩定。[44]

重要的是，擁有工作熱情的人，不一定都從事白領工作。受試者並沒有在需要與不需要大學學歷的職涯道路之間畫出一條道德界線。美國學者理查・歐賽霍（Richard Ocejo）在他針對引領文化潮流的人，像是調酒師、美髮師、蒸餾師、從事屠宰業者等的民族誌研究發現，許多人都擁有大學學歷，卻刻意放棄白領階級的工作，只為了在自己喜歡的領域尋求成就感：「對他們來說，從事這些引領潮流的藍領工作，是在找尋工作的意義……也是安頓自己人生，帶來人生意義的一份職業。」[45]

我訪談過的學生與歐賽霍研究的這些引領潮流的人並非個案。熱情原則調查裡的具大學學歷工作者，其中絕大多數擁護熱情原則的人（百分之八十六）都同意「就算薪水並不高，人們仍應該選擇熱衷的工作」（見118頁，圖2.3）。相比之下，質疑熱情原則的人當中，僅百分之四十二的人同意，為了自己熱愛的工作，人們應當做好犧牲薪水的準備。

雖然多數勞工階級學生和家境優渥的同儕同樣付諸心血，追求對他們而言有意義的工作（見第一章），但許多人辯稱自己如此努力，是為了避免與父母走上同樣的路，一生都做著枯燥乏味的工作。例如，一名休士頓大學社會系學生解釋，每個禮拜看著爸媽前往德州南部的草莓田工作，讓她更明白，做自己喜歡的工作有多重要。

（我的父母）出於非自願的理由從事這份工作……他們從墨西哥移民到美國，在田裡工作……是他們唯一找得到的工作。這不像做自己喜歡的事那麼充實……我這才意識到，如果你不能做自己感興趣且全心享受的事，生活品質就會跟著低落……我覺得，如果我犧牲了這麼多才能上學，我父母也為了能讓我上學做出如此犧牲，那對我跟我父母來說，我理當要做自己熱愛的工作。（勞工階級拉美裔女性）

同樣地，一名蒙州大數學系的學生解釋，看著他父親長期忍受在工廠從事勞力活的枯燥乏味，讓他逐漸明白有份有意義的工作的重要性：「（他）在納貝斯克（Nabisco）食品公司工作了三十年，就只是在烤箱旁工作……我不覺得那是他想過的人生。」（勞工階級白人男性）

簡言之，多數受訪者都認為，在可預見的未來，工作將占去他們大半醒著的時間。例如，一名蒙州大物理系學生說，「你從週一到週五早上八點工作到下午五點，大部分的人都這樣，工時都會那麼長」，且大多數成年人「至少有一半的人生都在做著有償工作」（上層階級白人男性）。為了避免未來一覺醒來也成為這樣「悲慘」的中年人，許多有工作抱負的人相當重視也努力尋求他們認為有意義的職涯道路。[46]

熱情原則調查內具大學學歷的工作者，同樣提及有成就感的工作與美好人生之間的關聯性。這些受訪者被問及對於「一個人對工作的滿意度，深深影響他們對整體人生的滿意度」這句話的同意程度。熱情原則擁護者比熱情原則質疑者更可能會同意，人們如果對自己的工作抱有熱忱，能過上更美好的人生（見圖2.3）。

熱愛自己的工作真的會有較好的人生嗎？一方面來說，研究結果顯示，在工時與工作內容相同的情況下，熱愛這份工作的人健康與心理狀態都優於不喜歡這份工作的人。[47]檢視全國勞動力變化調查數據時，我發現相似的結果，聲稱「我的工作對我而言有意義」的人，自稱壓力較低，擁有憂鬱症狀的可能性較低，與同儕相比睡眠問題也較少。[48]然而，這些存在於工作與健康之間的聯繫，並未解決像是一開始誰有辦法能拿到這些工作的潛在問題；或是比較這兩者：一週花在自己熱愛的工作上，多達六十個或七十個小時，跟擁有一份沒有熱情的工作，一週工作四十個小時，但足以支持工作以外的付出與興趣，前者真的比較好、比較健康嗎？我在本書結論裡闡述了以上這些考量。

喬該怎麼做？

我使用了一個更具體的例子，來了解具大學學歷工作者的職涯決策邏輯。我讓熱情原則調查受訪者評估一名正面臨職涯決策關頭的白領工作者。受訪者在讀了下列這篇短文後，將提出給「朋友喬（Joe）」的建議。

您的朋友喬目前是一家資訊科技公司的專業人員。他對這份工作相當熟練，而且賺了很多錢。喬不喜歡這份IT工作——他覺得這工作好無聊、沒有成就感，很多時候都不想去上班。喬的朋友在城裡開了一家新餐廳，邀請他來當餐廳經理。喬一直很想管理一家餐廳——這對他來說這很有趣也很刺激。但這份餐廳經理職缺開出的薪水比他原本的IT工作少了兩成，且無法保證餐廳能成功渡過第一年。

基於以上的資訊，您會提供給喬哪些建議？

- 待在原本的IT工作。
- 離開原本的IT工作，成為餐廳經理。

前述問題要求受訪者在兩條道路之間做出判斷——一條（留在IT工作）很穩定，也很熟悉工作內容，但無法帶來成就感，另一條（離開IT工作，擔任餐廳經理）得犧牲穩定性與薪水，但提供了自我實現的機會。[49]大多數受過大學教育的熱情原則調查受訪者（百分之六十六）建議喬離開IT工作，並藉此機會成為餐廳經理。即使是現實生活中擁有聘僱權力的受訪者，多數（百分之五十九）也提出同樣建議。與熱情原則的基模一致，在熱情原則擁護者與質疑者之間，建議喬離開IT工作的受訪者比例差異極大。超過三分之二（百分之七十點一）的熱情原則擁護者建議喬離開原本的工作，但只有一半（百分之四十八點七）的熱情原則質疑者提出相同建議。在受訪者性別、種族／族裔、階級背景、教育程度、職業或其他人口統計因素方面，會建議喬離開ＩＴ工作的可能性則沒有差異。[50]

我要求受訪者在開放式的後續問題裡，解釋他們為何如此建議。表2.1彙整了受訪者建議喬離開ＩＴ工作，投入餐廳經理一職的主要原因（左欄），以及建議他留在原職的主要原因（右欄）。在主題下方的引言是來自受訪者的舉例。如同前述受訪的具有工作抱負的大學生，追隨熱情與未來能擁有「美好」生活的關聯性正是當中許多受訪者的核心理由。那些建議喬應該離開ＩＴ工作的人之中，百分之七十一的人理由是追尋熱情對於喬的生活品質的重要性（左欄，主題一），例如，「人生苦短，不應每天都浪費在毫無熱忱的事情上，除非那是義務。如果他能接受減薪，那麼何樂而不為呢。」又例如，那些建議喬應該追隨自身熱情的人，有百分之十八的人肯定努力工作加上熱情，會讓喬成為一名成功的餐廳經理，「如果你喜歡你的工作，你會做得更好」（左欄，主題二）。

而建議喬應留在原職的受訪者（占全數樣本的百分之三十四）當中，半數的人認為喬離職的工作保障風險太大，例如，「餐廳很有可能經營的第一年就倒閉了」（右欄，主題一）。約三分之一的人則表示，建議他留在原職，避免離開ＩＴ工作將遭受的財務損失（右欄，主題二）。[51]

總之，針對這個具體案例的開放性調查，證實了前述訪談與調查結果中，對於理想職涯決策

表2.1　受訪者建議喬離職或留在原職IT工作的建議主題與理由舉例

喬應當辭掉原本的IT工作 （占樣本總數百分之六十六）	喬應當留任原本的IT工作 （占樣本總數百分之三十四）
追尋熱情能通往美好的人生（百分之七十一） •「你應該下半輩子都很開心地做著目前的工作。」 •「人生苦短，不應每天都浪費在毫無熱愛的事情上，除非那是義務。如果他能接受減薪，那麼何樂而不為呢。」 •「人生苦短，花這麼多時間在一個你不喜歡的工作上，簡直就是浪費時間。我會告訴喬去追尋他的熱情。」 •「如果喬多數的日子都想去上班，他應該試試看其他能帶給他成就感的工作。」 **喜歡一個人的工作＝工作表現良好（百分之十八）** •「工作不開心對你的公司跟健康都不好。這家餐廳會讓喬了解那是否是他想做的事，給他一個發展新技能與發揮自己的機會。」 •「喬最終會在自己熱愛的工作中，獲得更大的成功。」 •「如果他對現在的工作不開心，他不會有好表現。如果他對新職涯道路很感興趣，那就去吧。」 **金錢不足以作為留下的好理由（百分之十一）** •「人生不光只是錢而已。如果你工作得不開心，那到底哪裡好。」 •「做你很熱愛但錢少的工作，好過從事你很討厭卻錢多的工作。」 •「讓你開心的工作比錢重要多了。」 •「如果喬對目前的工作不滿意，那麼即使會被減薪，他也應該要追尋自己的熱情。他總有辦法改變生活型態來因應少掉的那些薪水。」	**工作保障很重要，餐廳的風險太大了（百分之五十二）** •「IT跟餐廳經營是完全兩碼子事。跟IT一樣，你得學習當一名餐廳經理。這對喬與他的朋友都太冒險了。這是個很糟的主意。」 •「我會建議喬留在原職，直到存夠了錢，有足夠的財務保障能夠冒險嘗試無法保證成功的情況。在這個例子中，喬仰賴朋友的財務成功，以冀能尋求自身的成功。充其量是樁冒險的生意。」 •「他沒有經營餐廳的經驗。這家餐廳也許無法存活下去。人們通常都不喜歡自己的工作。」 **金錢很重要（百分之三十三）** •「除非他已經有被減薪的預期心理，也能接受人生裡有些不穩定，否則我不推薦他接下這個餐廳工作邀約。」 •「有份穩定、高薪的工作，強過在街上一整年都沒收入的好。」 •「不確定他的財務狀況是否能支應減薪。」 **尋求其他餐廳經理工作（百分之十五）** •「大部分的餐廳都會倒。如果真的想當餐廳經理，我會找一家已經上了軌道的餐廳來學習這份工作。」 •「在辭掉IT工作前，先在那家餐廳兼職工作。」 •「比較負責任的做法是留在原職。做原本的工作的同時找另一份工作。」

的抽象概念。多數受訪者贊同喬應追隨自我熱情，即使會造成可觀的財務損失與工作不穩定。他們的理由與受訪的大學生相同：喬應該追求他的熱情，因為這麼做會帶來更好的人生，熱情會激勵他努力投入餐廳經理的工作。而那些建議喬應留在IT工作的人，則主要出於擔心他未來經濟狀況不穩定。[52]

質疑或強調熱情原則的背景環境

前述我關注的是受訪者本身職涯決策的文化邏輯。然而，這群對工作有抱負的人身處於社會與制度性的背景環境中，包括家庭、學校與社群，而這些環境皆可能會假設、鼓勵或質疑某些特定的求職模式。其中某些環境會放大熱情原則的好處；其他則會提供取代熱情原則的方案或質疑這項原則。有數百種可能的背景因素會影響受訪者崇尚熱情原則的程度，從媒體、宗教習俗到地理區域，這超出了本書的討論範圍。我著重本次訪談資料中最顯著的背景影響因素：家庭壓力、同儕與課程結構，以及職涯諮詢專業人士。[53]

家庭壓力

有工作抱負的人主要從家裡獲得職涯決策建議。部分大學生的家庭容忍甚至鼓勵他們追求熱情。其他家庭則強烈建議他們追求能提供最大經濟保障的職涯領域。社會學家珍妮佛・席爾瓦（Jennifer Silva）與凱薩・斯內爾曼（Kaisa Snellman）訪談大學生的父母時發現，許多父母對於孩子未來的財務狀況表示憂慮。[54]在我樣本中的大學生，也描述了來自父母不同程度的壓力。多數中產階級家庭的學生，他們的父母就像席爾瓦與斯內爾曼研究裡的父母一樣，將大學學位視為防止孩子社會階層向下流動的安全網。與瑪格麗特・尼爾森（Margaret Nelson）與愛莉森・普伊（Allison Pugh）關於白領父母鼓勵孩子在職涯道路上尋找意義的研究結果一致，我訪談的中產階級學生通常指出，父母鼓勵他們依照興趣選擇主修科系，只要他們有完成學業就好。[55]這些學生的父母促使他們儘早自我發現（self-discovery）[56]，因此他們甚至在進入大學且選擇科系之前，就已經對自己的興趣有強烈意識。

與中產階級背景的學生相比，來自勞工階層與上層階級家庭的學生更有可能在訪談裡提到父母施壓，希望他們優先考慮經濟保障——但兩者原因大不相同。後者收到隱晦的訊息，希望他們選擇的科系，能夠保持原先的階級地位且繼續過著「舒適」的生活方式。例如，一名蒙州大化學工程系的學生解釋，他聽從了父母的建議就讀目前的科系，很大程度上是因為他相信這個科系有助於未來經濟上能維持一定的生活水準：「我對此感到有些內疚，但是……我相當看重自己生活的舒適度……你在畢業後六個月找到一份工作，（且）擁有經濟上的舒適度。對我來說，不管怎樣，都有足夠的薪水能過著舒適的生活。」（中上階層白人男性）

就讀休士頓大學大學藥學系的以賽亞，明確按照父母的意願選了一項能賺錢的領域，但這並非他的興趣所在。

> 我的父母來自奈及利亞，他們出身都很窮。所以他們擺脫貧窮的唯一出路就是變得有錢，且成為有地位的人……我不一定想成為一名藥劑師，但是……我選擇就讀藥學系是為了讓我父母開心……我可以過著很棒的生活且擁有許多東西，尤其是為了取悅我媽媽。（上層階級黑人男性）

來自勞工階層家庭與第一代大學生比同儕更常被鼓舞，選擇有助於「流動計畫（mobility project）」的領域——透過大學學位——藉由中產階級的薪水與穩定的工作，達到向上的社經流動目標。[57]例如，一名史丹佛大學國際關係系的學生解釋自己受到來自自身勞工階級移民家庭的壓力，得選擇一個穩定的職涯。

我想我的背景跟許多人的背景都不一樣。像是，我媽……她是一名移民……她知道醫生、律師這些行業……如果她聽到其他她不知道的職業，她會說，所以你做這個要幹嘛？……她絕對希望我從事一些穩定的工作，而且是能賺很多錢的。（勞工階級黑人男性）

約逾半數的勞工階層與第一代大學生都表示，這樣的家庭壓力確保他們步入職場時，不會陷入財務困境。其他半數的學生則解釋，家裡支持他們選擇任何科系，只要最後有拿到大學學位就好。如同一名休士頓大學社會系學生所言，「他們單純很高興我可以讀大學，然後即將從大學畢業——因為你知道，這可是件大事。」（勞工階級拉美裔女性）

儘管家庭壓力著重在收入與穩定性，大多數第一代大學生與勞工階級的學生——如同其家境更優渥的同儕——重視能找到一條帶來成就感的職涯道路（見圖1.4與1.5）。就讀史丹佛大學人體生物學系的賽琳娜（Selena）解釋，她母親「對於什麼才是可接受的科系，有著相當明確的看法」，她希望賽琳娜能成為一名醫生。但賽琳娜決定投身於公共衛生領域。她演練了屆時向母親告知這項計畫，打算要說的話。

我會跟她說我還是想從事公衛領域……我就是不想當醫師……我也會跟她說，這個科系有很多可能性——我絕對可以養活我自己。這項科系受人景仰，而且很有趣，我對公衛領

域很投入而且充滿熱忱，這是我真的、真的、真的想做的事。（勞工階級黑人女性）

公衛工作的收入與聲望通常都和醫師不在同一檔次，但賽琳娜計劃向母親保證，儘管如此，她仍能養活自己。她的理由凸顯出以個人興趣作為決策基礎的熱情原則。[58]

雖然對於許多勞工階級與第一代大學生而言，取得大學學位已經代表了社經流動，所以許多人的主要動力並非來自於要盡可能發展這項學位的流動潛力——即使他們的父母比其他中產階級的父母更鼓勵他們這麼做。第一代大學生比經濟條件更優越的同儕更有可能擁有流動計畫，但多數人（十九人之中的十人）認為任何領域的學位都足以實現這種流動目標。

為什麼熱情原則的擁護者通常會抵制父母的壓力？多數人將來自家庭成員的施壓視為對其個人主義的侵犯：雖然這些壓力出於好意，但父母「不曉得什麼對你才是好的」，默許了家人的期望就等於「過著別人的生活。」例如，一名史丹佛大學學生解釋，她要「追隨（她的）心」從事創意寫作，雖然她母親希望她找一份「穩定的工作」。她表示，她母親「已經接受了她可能不會賺很多錢的事實，所以不得不擔心自己的（退休）計畫，因為我可能幫不上忙」（中產階級亞裔女性）。許多人拒絕家庭壓力成為自己職涯抉擇的準則，且經常抵制家人的施壓。

這些來自於特定階級父母的壓力也體現於熱情原則調查的數據中。我請這些具大學學歷的工作者，回憶當初如何選擇大學科系，從父母那裡得到哪些關於科系領域的建議。與受訪的大學生一樣，來自上層與勞工階級背景的受訪者，較中產階級家庭的同儕，更可能受到家人鼓勵優先考量未來薪資與就業穩定性。具體而言，來自上層與中上層家庭的受訪者比來自弱勢家庭的受訪者更常感受到父母給予的壓力，要求他們「選擇一個能賺很多錢的職涯領域」，這「將帶來工作機會」，或者「有名望的職涯」。[59] 同樣地，與其他階層的受訪者相比，來自勞工家庭的受訪者更常在做抉擇時，考量自己在經濟上資助父母或其他家庭成員的能力。與來自富裕家庭的同儕相比，來自勞工家庭的熱情原則調查受訪者更不可能受到父母鼓舞「不管薪資與聲望如何，儘管追求（他們的）利益。」[60]

這項調查也發現種族／族裔以及移民身分在家庭壓力因素的差異。熱情原則調查數據中的亞裔受訪者比白人同儕更常受到父母施壓，要求得選擇有機會獲得高薪與聲望的領域，且在選擇職業時，他們的父母不太可能會鼓勵他們追隨自身興趣。

亞裔與不在美國出生的受訪者在訪談中比同儕更常提及，自己能否在財務上資助家庭成員，會影響自身的職涯決策。[61] 這項結果與既有社會科學及高等教育的相關研究一致，在選擇未來職業時，亞裔與移民學生比他們的同儕有更大的壓力得優先考量財務穩定與家庭資助因素。[62] 儘管不同社會階級的父母壓力程度不一，熱情原則調查數據中多數亞裔受訪者非常重視追尋自己的熱情，且其中超過半數考量合適的職涯決策時，認為追尋熱情比經濟因素更加重要（見圖1.2與1.3）。[63]

但就像受訪的大學生一樣，熱情原則調查受訪者回憶當初父母曾施壓，要求得優先考量財務與穩定性，但這對他們堅持熱情原則的影響不大。具體而言，無論種族／族裔與社經背景（以及其他人口統計因素）為何，熱情原則調查裡那些受過大學教育且父母鼓勵他們優先考量就業機會、薪資與聲望的工作者，擁護熱情原則的程度並不亞於其他同儕。換言之，受過大學教育的工作者對這項原則相當堅持，即使父母親在他們求學時極力強調財務穩定的重要性，他們似乎並未受到父母影響。[64]無論如何，曾表示父母在他們選擇主修科系時，鼓勵他們遵循自身興趣的具大學學歷工作者，比起同儕更有可能擁護熱情原則。[65]

課程與同儕影響

大學的課程結構以及學生們與同儕的互動，對於熱情原則的接受度也有顯著影響。首先，一般而言，休士頓大學、蒙州大與史丹佛大學的課程結構讓學生們更得以追求自己的熱情。這三所大學都允許學生在決定主修科系之前，有兩年或更長的時間探索不同的學術科目。每所學校皆提供五十多個不同的科系，若學生的個人興趣與既定課程不完全符合，也有正式課程能幫助他們制定自己的學習道路。這些學校並非個案。學術機構不停擴增校內的主修、副修科系以及證書的數量，讓學生能更靈活地根據自身興趣與優先考量，規劃並量身制定學術訓練。[66]

其次，這些學校的錄取程序也傾向選擇那些抱有熱忱的學生。就像許多美國大學，這三所學校申請文件中的小論文要求學生們描述自己與未來計畫。[67] 這些錄取條件可能有利於能以最大程度的說服力來表達自我熱情、並闡述學校能如何幫助他們追求這份熱情的學生。

此外，學生們之間的日常互動往往更加強了追求熱情的價值。學生們在訪談中回憶，他們與朋友們、室友們討論到未來職業時，往往不斷重複熱情原則：同學互相探討彼此的興趣與價值觀，並一起集思廣益，討論哪些職涯道路最適合朋友獨特的偏好與自我理解。一名尚未決定科系的史丹佛大學學生，比較了她與爸媽關於科系的對話，以及她與同學們的對話。

> 我去探望爸媽的時候，我說「喔，我想讀CS」，他們說「妳讀CS能幹嘛？」跟我的朋友們聊天的時候，我說「喔，這很有趣耶。」他們會說「那就去念啊。」……（我父母）想確保未來他們不必擔心我沒有一份穩定的工作。但我的朋友們比較像是「嗯，確定那是妳想做、而且妳的後半輩子不會很悲慘的工作。」（中產階級西亞裔女性）

同樣地，一位擔任宿舍顧問的大四生談到指導大學新生的主修科系時表示，「我和幾名新生談過，我認為多數情況下他們選擇的都是自己真正感興趣且喜歡的東西。……聽到他們對於自己想學習的內容充滿熱情，真是令人興奮」（中產階級多種族女性）。大學生們往往在課堂裡以及與朋友們的互動中，理所當然地接觸到熱情的概念。

但同時，部分史丹佛大學的學生也描述了與熱情原則有所衝突的名譽期望。不同於蒙州大、休士頓大學大學的受訪者，某些史丹佛大學的學生指出，他們感受到來自外界的壓力，期許他們擁有「光鮮亮麗的重要職位……像是新創公司的創辦人或在華爾街工作」，才不負「史丹佛之名」。研究學者針對對商業與法律有興趣的常春藤盟校學生所做的研究，記載了對聲望的類似期望。[68]定期於史丹佛進行校園徵才的菁英公司（像是麥肯錫、谷歌）反映出學生們對於高聲望工作的期望。例如，一名史丹佛大學設計系學生解釋，她想要的工作是「覺得自己好像在顛覆什麼……在這裡別人認為我很重要……最後因著我做的事得到認可」（中產階級白人與亞裔女性）。在史丹佛這樣的菁英學校，職務性質是菁英專業服務（elite professional service, EPS〔編按：提供專業知識服務的菁英公司，例如法律會計事務所、管理顧問或新創公司等〕）的公司照例會透過奢華的活動與密集舉辦的徵才展會，吸引學生們加入他們公司，從事入門級的工作。例如，在哈佛大學，百分之三十一的應屆畢業生被這些公司美妙的歌聲所誘，加入他們的行列。[69]然而，社會學家勞倫·里維拉發現，從事這些工作的學生大多並不將這份工作作為他們職涯的最終目標。相反地，他們將其視為未來職涯道路的「黃金門擋」。里維拉解釋，那些「還不知道自己熱情所在，或如何實現工作目標的」具有工作抱負的大學生們，「把先在菁專公司工作作為一種延緩決策的方法」或只是在這段期間把學貸還完，再去追求較低薪但較有熱忱的工作。[70]

菁英專業服務公司多半被視為菁英學生的「精修學校（finishing school）」，而非他們長期職涯的終點。

相較而言，我訪談的那些志不在法商的史丹佛大學學生，較不受聲望的期望以及菁專公司誘惑的影響。例如一名生物系學生說，「我的感受不像有些對商科感興趣的朋友一樣直接……因為我的研究領域比較偏向健康，所以不太適合這種情況」（上層白人女性）。在極卓越的公司裡工作同時得承受壓力與擁有機會，專屬於史丹佛大學這樣的菁英學校。蒙州大或休士頓大學的學生要承擔的壓力很難相提並論，他們也沒有史丹佛學生擁有的制度化特權（institutional privilege）與血統，能獲得相同的黃金門擋機會。

正如我在前一章所言，儘管有組織上的差異，熱情原則在這些學校的學生間受歡迎的程度具高度一致性。[71]史丹佛大學的學生和其他兩校學生一樣，都可能表明熱情是他們決定職涯的優先考量因素，這也表明了，熱情原則在不分哪所學校都是職涯決策的主要框架，雖然制度背景的差異相當重要，但在這樣的情形下也相形失色了。[72]

職涯顧問與教練

多數大學都有專門的職涯諮詢人員，他們為學生選擇主修科系與規劃大學畢業的職涯道路提供建議。本書研究的三所大學都設有資金充沛的職涯諮詢中心，協助學生「定義自己的專業職涯道路，並追尋自己的興趣與抱負」（語出自蒙州大職涯諮詢中心網站）。這些學校的職涯諮詢辦公室能提供學生與就業機會的直接聯繫資源多寡不一。與其他兩校相比，史丹佛大學擁有更完善的職涯指導以及與校友、高聲望的潛在雇主之間更綿密的聯繫網絡。這三校所提供的職涯諮詢，其著重熱情的主題也各異。根據休士頓大學職涯諮詢中心網站，該中心著重工作申請的機制，但仍提供數項計畫能幫助「確定（學生的）職業興趣、個人喜好以及理想的工作環境。」而史丹佛大學的職涯諮詢中心網站，則明確闡述了該校以「有意義的工作」的重要性為主的熱情原則。

歡迎來到BEAM，史丹佛職涯教育！

什麼是有意義的工作？

我們的職涯教育模式核心是有意義的工作。「有意義的工作」對每個人的意義不同。這樣的工作能為人生增加價值、重要性與目的。既獨特也能量身打造，符合每個人的真實興趣、價值觀以及所擁有的技術。有意義的工作可能包括：

- 能帶來積極自我感知意識的工作

- 有吸引力且令人興奮的工作
- 帶著平衡感的工作[73]

史丹佛的學生並未忘記這項觀點，部分學生明確指出他們學校對於熱情的重視。但這三所大學的職涯諮詢核心目標與訊息基本上是一致的。

如果學生們在這些職涯諮詢中心尋求建議，他們會聽到哪些文化觀點？儘管只有少數美國大學生會求助職涯顧問，這些專家對於職涯決策的觀點，無論實質上與象徵意義上都很重要。[74]在美國，第一代與勞工階層的學生比來自優渥家庭的同儕們，更可能尋求專業建議。[75]因此，職涯顧問提供的建議可能會對這些學生格外重要。除了這些大學內部的職涯諮詢中心，如今有愈來愈多的私人職涯顧問公司，專屬客群為大學生（尤其是富裕家庭的學生）以及已經在職場工作的客戶。

這些職涯諮詢專家皆通過特殊認證或獲得該領域的學位。[76]他們的職業使命是指導有工作抱負的人以及工作者，確立職業目標，並有系統地朝著這些目標前進。熱情原則如何影響職涯諮詢專業人士對於職涯決策的看法，以及他們指導客戶的方式？

為了探討這個問題，我訪談了二十四位職涯顧問與教練，七人任職於我訪談的三所大學、七人與其他高教機構有合作，其他十位在休士頓與底特律地區從事私人執業，客群是大學生以及受過大學教育的工作者（見附錄A）。儘管他們與不同類型的客戶合作，且立足於不同地區的勞動市場，但他們的觀點與建議之中，有幾個重點主題。

如同那些接受他們建議的有工作抱負的人，多數職涯建議專家都強調有意義且得以自我表現的工作極其重要。文斯（Vince）是休士頓地區的職涯教練，針對大學生與職場人士提供諮詢，他解釋從客戶追求熱衷所看到的價值。

> 我相信你對目前的工作充滿熱忱的話，會較有成就感。如果說，我投入參與某件事每個人都說這具有深遠影響力的事，比如在非洲為弱勢族群建造水井，……這項服務的價值顯而易見，但就工作本身真的是我所熱愛的嗎？也許不是，我不是一個建設者類型的人。我認為熱情關乎充分表現並實踐個人特質……我相信，如果透過工作，你能夠更充分、更真實地完整表達自己，那就代表你對某件事充滿熱忱。（白人男性，三十五歲上下）

許多職涯諮詢專家在洽談新客戶的標準程序中，以及他們對於合適的職涯決策的價值取向，都明顯強調追求熱情的重要性。多數我訪談的專業人士都針對新客戶使用某種類型的評估工具，例如斯創興趣量表（Strong Interest Inventory）或是蓋洛普優勢評估工具（Gallup's StrengthsFinder Tool）。[77]雖然每個評估工具都不盡相同，但都使用同種基本方法：來談者回答一組評估某組性格特徵是否「符合」自己的多選題，輸出結果會建議特定領域（例如，管理、數據分析），或者根據相同領域工作者資料的演算法，建議「符合」客戶自我概念的特定職業。例如，一名大學職涯顧問指出，這些評估工具為她與客戶提供了對話的開端。

> （評估工具）**不完全**代表就是事實，但可能是**部分**事實，我們再從中了解**他們的**真相是什麼。所以熱情與興趣在心理測量上是可靠的，（評估）所做的是辨別出，嘿，如果有擁有相同熱情與興趣的人正從事XYZ工作，……你也許想考慮一下（這些工作）。（黑人女性，四十多歲）

實際上，這些評估工作試圖量化受訪者的自我表現興趣，再連結到已存在的職涯道路。很少有評估會考慮其他因素，像是風險承受度、嗜好、學貸、人際關係或家庭優先考慮因素。即使職涯顧問不全然將這些評估工具視為「事實」，最初他們與新客戶建立諮詢關係時，便將熱情相關的因素置於最中心的位置。

除了這些評估工具外，多數職涯諮詢專家皆高度看重追尋熱情，並將其作為職涯決策的指導原則，甚至部分專家直接鼓勵客戶將自身熱情置於財務考量之上。例如，在密西根州東南部擔任私人職涯教練的法蘭西斯（Frances）解釋，如果輔導的大學生優先考量金錢或薪資因素，她有時會明確要求他們重新考慮。

追隨你真正熱衷的事物……我有些從事高薪工作的學生，從一開始就知道那不是他們真正喜歡的工作，但出於有貸款要支付等理由，他們覺得那筆錢能彌補其他的東西。所以我會跟他們說，「錢是買不到快樂的。」毫無疑問，金錢是快樂的必要因素，但這還不夠。如果你只有錢……你會追逐更多更多的錢，或者這是一個無底洞，人們會想說「好，如果我再賺一百萬，我就會真的很快樂，因為我可以在蔚藍海岸買第五間房」，但這些人並不真的快樂。（白人女性，五十五歲上下）

我接著問法蘭西斯，在這些抉擇中，學生們對於財務與保障的考量應扮演哪些角色。

作者：那金錢或工作保障呢？這些東西什麼時候會取代熱情？

法蘭西斯：嗯，我是個樂觀主義者。我相信，如果某人正追求自己的熱情，且充分表現自我，或做著能充分表現自我的工作……那錢就會自己來，只要你對需要賺幾倍的錢沒有太膚淺的想法……以成就感、影響力以及快樂來衡量生活，而不是光累積財富而已。如果你從這個觀點來看金錢，我不認為它是熱情或追求熱情的競爭對手。有時候你得讓人們擺脫這個思維模式。

休士頓大學的職涯顧問達莉雅（Dalia）也以同樣思維解釋了她的觀點，她認為，當學生面臨職涯決策時，經濟狀況與這方面的工作機會應次於「內在因素」。

作者：（學生面對職涯決策時）妳覺得哪些因素不太適合被納入考量？

達莉雅：我覺得是經濟因素。這對人們而言是項很重要的因素……喔，經濟，現在景氣很糟。但不管怎樣，永遠都不會是個好時機。但你只需要一份工作，不需要一百份工作……（而且）你父母跟你說哪些事該做——我覺得這很糟。我不認為外在因素比內在因素重要……我知道現在每個人都試著要進入STEM領域工作……好，但你得先搞清楚自己跟STEM領域的關聯。哪些STEM領域對你來說會最有成就感。我覺得考慮STEM領域本身沒有問題，但得先考慮內在因素。（白人女性，三十出頭）

許多職涯諮詢專家，如同前述有工作抱負的人，認為追求熱情是職涯決策最有用處的指導原則，因為充滿熱忱的員工最終工作表現會最出色。例如，一名休士頓地區的職涯教練解釋：

當你從事有意義的工作，你會更快樂，你會成為一名更棒的員工。即使你沒有獲得想要的報酬，即使你不喜歡工作環境，如果工作對我而言是有意義的，這就是最關鍵的核心。如果你做的事是有意義的，就可以容忍很多其他的事……如果你能做到這一點，就會更努力工作，謀求更高的職位或賺更多錢，而不是上頭交辦你該怎麼做，或者沒有經過思慮就去做了。（白人女性，四十多歲）

此外，同樣跟前述有工作抱負的人一樣，多數的職涯諮詢專家（二十四位中的十八位）將從事有熱忱的工作之重要性直接聯繫到美好生活的概念。例如，蒙州大大學職涯顧問海瑟（Heather）明確表示，學生們為了金錢而做出職涯決定絕對是錯誤的。在她看來，只要薪資能與吃住「基本開銷」打平，他們不應光為了薪水多寡而追求高薪。

作者：妳覺得有哪些職涯決策的理由不太合適？

海瑟：金錢。

作者：為什麼？

海瑟：我舉個例，就像一個剛從生化（工程）系畢業的學生，最後進入一家製藥公司工作……如果你一直都知道自己的熱情所在，卻選了一個高薪的工作，你習慣了這樣

> 的生活方式，接著做的決定都是為了維持這個生活方式……我不否認你應該做出決定，你必須要能夠支付基本開銷的帳單、要吃飯、要擁有一間房子或之類的住處。所以，沒錯，如果妳討論的像是馬斯洛（Maslow）的理論，我們是得達到基本需求（輕笑）……但為了追逐美元而做出職涯決定，除非這是你最看重的價值，否則這不盡然是最好的決定。我可以告訴妳，當一名職涯顧問不是賺大錢的管道（大笑）……但我熱愛我做的事……當你滿足了基本需求，只為了錢工作不完全是做出職涯決策最好的方式。（白人女性，四十五歲上下）

一名住在休士頓的職涯顧問，客戶包含大學生與職業人士。她解釋為何鼓勵客戶追求自己的熱情是她自身工作熱情的一部分。

> 我可以告訴妳，我非常熱衷（於職涯諮詢）。我真的覺得這是我的使命——人們不應該待在不開心的工作，因為工作可以是帶來快樂最簡單的方法，因為工作具有一切的潛力。這是一項能夠完全達到自我實現與快樂的活動……嗯，想像一下，我有足夠的影響力去改變這麼多人的想法！（白人移民女性，四十五歲上下）

前述專業職涯顧問的看法，呼應了本章開頭提及的許多學生：熱情因素應優於金錢與工作保障考量因素，面對職涯決策，熱情是一項很好的指導原則，部分原因是在工作裡投入熱情與心力，將會帶動職場成功以及足以生存的薪水。這些受訪者的諸多意見中，隱含著一項觀念，即大學畢業後的不確定性與工作不穩定是職涯發展過程中很正常的部分。一名隸屬於史丹佛大學的職涯顧問解釋，大學剛畢業這段時間應該用於探索個人有連結的工作。

> 找工作跟去上學不一樣。所以我要強調、而且我也相信的是，假設自己會在二十一歲左右大學畢業，二十幾歲這個年紀是用來探索的。所以你不會想要這麼定義，「我一定要現在得到這份（工作），如果我不這麼做的話，就是我有問題。」不是這樣的！你現在正在探索，這是你的探索時間。好好利用這段時間。（輕笑）因為你沒辦法永遠都在探索。而且人們會說，「我不確定自己該往哪裡走。」太棒了！開始多和人們接觸……（並且）和同樣這麼做的人坐下來聊聊。（白人女性，六十五歲上下）

我將在下一章討論常用來承受探索時期不穩定狀態的安全網與跳板。

另外，訪談中好幾位職涯顧問與教練都強調了追求熱情的替代方案。其中兩人提到，金錢方面的考量也很重要。例如，一名任職於休士頓大學的職涯顧問指出，雖然她過去常向學生們強調熱情的重要性，但她現在認為財務穩定是職涯決策的重要一環。

是的，在我的職業生涯初期……我（和客戶）的目標是找出某件讓你每天起床都很興奮，想從事這份工作的事。（現在）我認為，就我目前的觀點，因為我現在和丈夫正嘗試共同購屋，我意識到有時錢對工作價值也是很重要的。（白人女性，三十多歲）

其他顧問則鼓勵客戶追求熱情以外的替代道路，例如轉而從工作以外的事尋求成就感。住在底特律地區的職涯顧問柯琳（Corrine）解釋，她幫助對藝術感興趣的客戶，在全職投入自身熱情與完全放棄藝術、從事不同類別工作之間，找到一個妥協的方案。

有些人……想做他們擅長的事，但沒人會買單。這就是藝術家的宿命。我有過藝術家的客戶，通常我會跟他們說，「你應該要繼續創作，但同時也需要一份有償工作，因為不能光指望你的藝術。有一天，也許會價值連城，但（在那之前）……他們覺得這個建議也是個選擇。他們不是選擇從事藝術，像是音樂或雕塑，就是單純接受一份注定不快樂的工作。即使在日常工作中，他們也能找到一份合得來的工作。通常如果他們的工作受到讚揚，並且與同事處得很好，那他們（就會做得很好）。（白人移民女性，五十五歲上下）

同樣地，被問到如果某個客戶無法靠著自身熱情維生時，位於休士頓地區的職涯教練莎埃爾（Shae）解釋，她會鼓勵客戶策略性地規劃他們想走的職涯道路，考量能帶來多少可能的收入，特別是如果他們有家庭的話。

> 作者：如果有一個人真的很想當廚師，但有點拿不定主意，而且還有家庭要扶養，不確定能否靠著（當一名廚師）的收入，給家人想要的生活。妳會怎麼建議這個人？
>
> 莎埃爾：嗯，有什麼辦法可以讓你兼職當廚師嗎？……因為我不希望你無法做自己這麼喜歡的事，但同時，你也得餵飽家人。你辦得到嗎？你願意這麼做嗎？找一份可以支付帳單的工作，另一份工作則是你的興趣。如果你沒有家庭的話，可以兩者兼得。但你有孩子嗎？你有家庭嗎？……如果你有家庭的話，你得餵飽他們。你得面對自己的責任。（黑人女性，五十歲上下）

一名受僱於密西根大學的職涯顧問也同樣鼓勵客戶，追求職涯道路時，要「設定實際可行的期望」。

> 許多人相信「他們的職涯道路」一定得是自己的熱忱所在，我不太信服這個概念……

工作與生活的平衡很重要。我認為這真的取決於他們想要擁有的生活型態與生活方式。這份工作能幫你達到這些目標嗎？……它能幫你發揮自我優勢與技能嗎？如果這份工作無法滿足你的熱情，那能讓你在工作之餘騰出時間實現自我熱情，不只是畫給家人與朋友，而是你真的很擅長繪畫。這份工作能讓你有時間做這件事嗎？你會很有壓力嗎？所以我想，這就像……這個職業是否能幫助你實現在職涯方面以及（工作）以外，可能擁有的目標？（拉美裔女性，二十多歲）

在二十四位職涯專業顧問中，有六位的觀點緩和了追求熱情的道德重要性。他們有時會敦促客戶做全面性的考量，例如財務穩定性、家庭責任，甚至職涯道路可能會帶來的壓力程度。然而，我訪談的職涯顧問與教練中，僅有一部分的人提供了追求熱情的替代方案。雖然這不是職涯諮詢專家的系統性樣本，但結果說明了職涯顧問與教練可能會向客戶強化了追求熱情的價值。大多數的人向客戶宣揚追求能夠自我實現的工作相當重要，有些人甚至公開鼓勵客戶為了追尋自我熱情，做出經濟上的犧牲或承受工作不穩定的狀況。

熱情原則調查數據也呈現相同情形。光看四十歲以下具大學學歷的工作者（因為職涯諮詢專業在過去二十五年間，出現極大的改變）[78]，我發現這些曾在大學裡進行過職涯諮詢的工作者，比未在大學裡做過職涯諮詢的工作者更可能是熱情原則的擁護者。[79]雖然這並不代表職涯顧問就是讓他們擁有這項信念的根源，但這指出，徵詢過職涯諮詢協助的人比起沒有過的人，較不可能對熱情原則產生懷疑。

對於熱情原則的批評

為了更加了解對於熱情原則這種文化基模的共鳴，有必要考慮熱情原則質疑者所持的觀點。在訪談有工作抱負者的過程中，按照慣例我會提出像是工作穩定性、薪資考量、技能以及工作與家庭平衡等與熱情因素無關的對比觀點。這麼做的用意在於，受訪者能藉此批評以追求熱情作為找工作的準則，或是提供替代熱情優先的可能性。即使如此，只有少數的受訪者真的照做。[80]在我總共訪談的一百名大學生中，即使是要求他們直接比較追求自身熱情與其他優先考慮的因素，仍只有十一位含蓄地批評了追求熱情這項作法。而在有工作抱負的受訪者當中，公開批評熱情原則的情況更為罕見。

對於這項原則的批評主要有四點。首先，最常見的批評是，他們反對對另一個人提出任何指教的行為。這些受訪者相信，人們對於自身的職涯可以自己做主，哪些因素最為重要——不論是熱情、薪資或閒暇時間。一名就讀蒙州大電機工程系的學生解釋了他的看法。

如果你想成家，想安定下來然後結婚，就會想要選擇一個能夠支持這個夢想的職涯，像是一個有好收入、有穩定性、有足夠收入能養家的工作……我堅決認為你要搞清楚自己的目標是什麼，我不認為每個目標都是可行的。所以，假如你的目標是致富，那你就要去華爾街或類似的地方上班，如果你的目標是幫助貧困的人，那你可以去非營利組織工作。（上層階級白人男性）

再來，部分受訪者認為，追求熱情這項概念被誇大了，有工作抱負的人應優先考慮財務穩定性與工作機會，因為醫療照護與物質舒適度等重要福利與工作息息相關。一名休士頓大學大學社會系學生告訴我：

我認為，出於工作穩定而選擇主修科系，就跟出於想要學什麼來選擇科系一樣有趣。如果別人說「喔，你真的在做自己熱衷的事。」這聽起來很棒也很浪漫，但人們總是得工作，所以……有些工作就是得有人去做，這些工作最終對我也有某方面的好處……所以我不認為這是個壞理由。我覺得這一切都是有關聯性的，也許你父母逼你做（那行），但我覺得那跟你因為想學某件事所以去選某個科系是一樣的……這些都是很好的理由。（勞工階級西亞裔女性）

這些批評與部分批評熱情原則的職涯顧問，以及那些不同意喬應該離開IT公司、接下餐廳工作的受訪者，他們的論點之間有多處共鳴。他們主張，這些抱有熱忱的人，為了熱情實在做出太多犧牲，之後可能會發現自己處於經濟不穩定的困境，這比擁有不穩定的工作還糟。受訪者指稱，對生活滿意度而言，經濟不穩定就跟不喜歡的工作一樣糟，或者還要更糟。

第三種對於熱情原則的批評是，受訪者質疑從事有熱忱的工作可能工時會很長，無法與家人或朋友共度這段時間。這樣的批評並不常見，但很有意義：他們反對工作應當占去人生這麼多時間。三名學生指出，一個人與他人的關係比起任何工作都重要。例如，蒙州大大學主修商業的泰勒（Tyler）解釋：

> 那些認為工作幾乎就能代表自己的人，或者是在尋找一個能夠滿足某種意識形態工作的人……（職涯抉擇）方法論太過縱容而且是有害的，因為這套方法不准人們在（工作）與其他事情之間取得平衡，像是個人生活、家庭、朋友、可支配所得這些事情等等……人生與工作無關。或者說，人生不光只有收入……而是你建立起的關係……就像上大學也是一樣，如果我只在乎要在這四年半裡畢業，我就不會那麼享受這段時光……即使是在學校，我就是喜歡和人們共度時光，建立關係。他們有些是我最好的朋友，也會是我這一生永遠的朋友。（中產階級白人男性）

他的同學、就讀蒙州大英文系的約瑟夫（Joseph）也提出了理由，說明為何將工作視為生活重心可能會有害人際關係的品質。

我很高興在大學交到一生的摯友，這比拿到GPA（學業成績平均點數）四分還開心……這跟工作的方式有點像。我不想要一週工作六、七十個，或是多少個小時，然後十五年、二十年後回望現在卻說「哇喔，我有妻子和一個八歲的孩子，但根本不知道他有哪些朋友。」這些東西對我來說非常重要。（中產階級白人男性）

對約瑟夫與泰勒來說，鼓勵過度投入工作的指導方針，尤其是「老是把工作帶回家」的原則，與能否和家人、朋友維持長期且深刻的關係，兩者相互競爭。

最後，兩名學生提出了一個更激進的批評，關乎熱情原則自我表現的核心目標：他們相信「工作不應是代表一個人身分的核心。」就讀休士頓大學會計系的莎拉（Sara）解釋，人應該不只是工作而已。她工作是為了生活，而不是活著是為了工作。

我認識許多同齡的人，我相信他們對工作的（付出）遠多於我，因為他們在上班時間做好做滿，他們會自行加班。一天結束的時候，我就會提醒自己，這只是一份工作。我活著不為工作，我是為了生活而工作。不論何時只要工作完成了，就可以直接回家沒有關係……工作會滲透到我生活的其他部分……因工作而產生的消極態度會滲透到我個人生活的其他方面。我只是確保平衡並面面俱到，因為這對我而言很重要，我只是想要繼續當那個面面俱到的人。（中產階級白人與亞裔女性）

莎拉質疑人們所從事的有償工作代表了一個人的身分；她的目標是要成為一個面面俱到的人。

在這些對熱情原則批評裡，有三種值得注意的模式。第一，這些批評數量驚人地少。許多對工作有抱負的人認為，薪資與就業保障等因素比追求熱情更加重要，但卻極少有人會質疑熱情原則的前提。更有趣的是，對大多數熱情原則擁護者而言，追求熱情是孤注一擲的努力，幾乎沒有妥協的空間，例如選擇兼職——在工作之餘的時間就能做喜歡的事。

其次，這些批評仍完全符合職場參與裡，過度個人主義（hyper-individualistic）、新自由主義的概念——在目前經濟結構中，每個人仍有自我決定的自由，且不論他們最看重的是什麼因素，都得自己承擔後果。即使熱情原則質疑者不同意該原則是做出職涯抉擇最好的方法，他們在受訪時也認為，在職場裡確立方向是個人責任。很少人會要求雇主或組織擔負起支援工作者的責任，像是減少不同職涯道路之間的經濟不平等，消弭過度工作的需求或提供家庭照顧假與看護條款。

從頭到尾，只有兩人提到在工作裡「找到自我」可能存在著某些問題。

第三，這些受訪者當中，沒人提出明確或有力的說法反對追求熱情；也沒有能與優先考量熱情相媲美，在文化上也可行的替代方案。即使是在自身職涯道路上優先考慮薪資與就業保障的人也承認，自己偏離了所謂追求熱情的規範（見第一章）。當然，職場的實際情況提供了許多反例，許多人最終還是優先選擇了財務穩定、家庭責任等，而非堅持熱情——這些有工作抱負的人在職場不平等的制度結構中確立方向時，總會學到教訓。而且如同我下一章所呈現的，批評最熾的是曾經依循這項原則去做，最後卻失敗了的人們。然而，對熱情原則的批評卻並非是價值中立的，抨擊這項原則就等於在對抗美國個人主義、自我表現與工作倫理的理想這股強風。追求熱情的魅力，加上缺乏連貫性的反敘事，都表明了具大學學歷的工作者在想像「好工作」時，難以想像出能夠替代熱情原則的其他因素。[81]

追求熱情的吸引力之涵義

這一章檢視了為何許多有工作抱負的人與受過大學教育的工作者會認為熱情原則極具說服力，也檢視了會限制或強化這項原則的結構性與文化背景（家庭壓力、同儕互動、課程結構以及專業的職涯顧問）。這些研究結果有幾項重要涵義。第一，熱情原則被視為職涯決策有力的指導方針，有兩大原因（努力工作的動機，以及美好生活的本質），也因為如此，這項原則成了受訪者認為未來在白領職場遭遇困難的解方，且足以抵擋成為理想工作者的期望所帶來的壓力。受訪者經常對未來可能會困在讓人自我疏離的工作而感到焦慮。他們清楚批判了資本主義職場要求雇員過度工作以及自我疏離的可能性，並承認勞動市場不穩定的風險。藉著對工作內容展現自我的投入，追求熱情保證能讓人避免在工作中「迷失」自我的可能。熱情原則的擁護者承認所有工作都會有無聊或乏味的任務，但他們相信，如果他們對工作抱有熱忱，大部分的工時都能花在「適合」與「讓他們感到滿足」的事情上。

受訪者對於終生有償工作的擔憂，就像本章開頭引用亞莉杭德拉的擔憂一樣，並非毫無根據。在過去的幾十年間，對於工作者長工時與奉獻精神的要求與日俱增，工作也擴大占據了我們的生活。[82]

然而，追求熱情只是在個人層面上，聊以解決有償勞動的結構性問題。「熱愛你的工作」可能會讓人們有更大的動力為了達到職場上的成功，長時間辛勤工作，並在工作中找尋意義，讓工作中的某些部分不那麼乏味無聊。但白領工作的整體結構——也就是要求理想勞工長時間工作、且可能會導致自我疏離的結構，並未因這些行動而改變。相反地，追求熱情與熱情原則的文化評價其實可能有助於延續白領工作的剝削文化與結構。熱情原則似乎平息了受訪者對於白領工作不穩定且過度工作的批評，轉而認為低薪、工時長與工作不穩定是可以忍受的，甚至認為要從事一份與熱情相符的工作，這些都是必要的交換條件。熱情原則在有工作抱負的人之間的普及性，可能會讓更多敬業的新人加入職場，這些新員工認真投入工作，並願意滿足公司希望他們過度工作的期望，這正是白領工作者最常遭受的剝削。熱情原則不僅未讓工作者與勞動過程保持恰當的距離，反倒讓他們更牢牢地待在職場，達到對理想工作者的要求。

矛盾的是，這項原則一方面作為後工業白領資本主義工作文化的壓艙石，但同時也滿足了個人主義自我表現機會的文化需求。藉著將追求有成就感的工作，視為一種能夠解決職場問題的理想解方，且讓個人自行負責在職場裡找到自我表現的位置，熱情原則消弭了有工作抱負的人對資本主義工作結構的批評——在其他情況下，這些負面批評可能會引起勞工們集體要求資方縮短工時、更公平的薪酬，或工作與生活之間取得更好的平衡。[83]熱情原則崇高的地位可能也會排除掉其他參與勞動市場的方式，例如選擇的工作能夠維持表現自我的嗜好，有更多時間與家人及朋友相處，以及／或者出於社群，而非個人興趣而從事的工作。簡言之，考量到有工作抱負者與工作者所處的結構與文化背景，他們對於熱情原則的喜好並不荒謬。但這項個人層面對於職場的解決方案看似理想，卻可能反而助長了他們急欲避免的職場問題。

第三章
熱情的特權？
職涯有志之士追求熱情與社經不平等的情形

啊，我正在度假
每一天都是假期，因為我熱愛我的工作
啊，我正在度假
每一天，每一天都是假期
如果你不喜歡你的人生，那你就應該做出改變
……
努力工作是有回報的
我樂在工作還有錢拿
我熱愛我的生活，享受沿途旅程

「我以好好過生活維生」沒錯，這就是我說的

……

我勤勞無比熱愛每天做的鳥事

每天都做著我愛的鳥事

每個人都去實現你的白日夢吧

骯髒頭顱，《假期》

十月的某個早晨，我和修讀工作社會學班上的學生，正討論著熱情原則研究的初期成果。一名學生舉手說道，「嘿，妳知道骯髒頭顱有首歌就是在講妳說的那種熱情嗎？」我上網找了這首歌，和全班學生一起搖頭笑著《假期（*Vacation*）》這首歌的ＭＶ。熱情原則似乎甚至在斯卡曲風的另類雷鬼音樂界也找到了出路。

我在這一章再度聯繫了那些具工作抱負的大學生，在他們畢業後，他們「愛（自己的）工作嗎」？他們是否堅定地走在自我表現與充滿成就感的職涯道路上，還是因為遭遇職場現實而優先考慮更實際的因素，像是就業機會，或是財務穩定性呢？在大學畢業後追求自己的熱情是什麼樣的情況？人們在熱情中找到穩定工作的可能性是公平分配嗎？

我的目標是想了解學生們是否只在大學期間全心信奉熱情原則，卻在畢業後就拋棄了這項理想價值，或是這項原則真的有助於他們制定之後的職涯行動策略。在這個階段，有工作抱負的人需要做出許多決定，包括要追求哪些選項、排除哪些機會、在穩定、成就感與／或高薪工作之間，他們願意做出哪些權衡，以及前述這些考量要如何與學貸、人際關係等因素取得平衡。我追蹤了受訪學生從大學時期規劃熱情，到畢業後可能追求熱情的轉變，以及促成與限制這項轉變的因素。

我與三十五名原先受訪的大學生，在他們畢業後的三年至五年間，進行了後續訪談（詳情見附錄A）。這些訪談讓我得以查明這些學生在畢業後是否仍遵循熱情原則，或者已經不再信奉這項原則，以及他們追求熱情時，如何顧及其他重要考量因素。[1]我一開始很驚訝地發現，大多數人進到職場後，仍然最看重帶來成就感與能夠表達自我的工作。[2]幾乎四分之三的後續訪談者，在職涯道路上仍最看重熱情相關的因素，超過半數（三十五人中的二十一人，或是百分之六十）做著與其熱情相符的工作，或就讀他們有熱忱的研究所。

但畢業後仍最看重自己的熱情，通常得付出代價。追求熱情往往得忍受延遲就業以及工作不穩定。僅部分追求熱情的人（三十五人中的十三人，或是百分之三十七）能夠從事與熱情相符的穩定工作或者就讀大有可為的研究所課程。其中最為成功的受訪者通常來自富裕家庭或中產階級背景。家庭社經地位較高的學生擁有較多的資源，即使追求熱情時遭遇挑戰也能找到出路：他們的父母在財務資助方面，提供更健全的安全網，以及文化、教育、社會資本形式的跳板，幫助他們到達職涯的下一階段。因此，他們有辦法能夠找到與熱情相符的工作或是就讀有前途的研究所課程，並非隨機發生，學生們之間也並不享有均等的機會。

這些訪談顯示，對於勞工階級與第一代大學畢業生而言，要追求熱情，尤其需要轉換跑道或犧牲工作穩定性或薪水的情況下，可能格外冒險。這兩個群體不僅較難從事與熱情相符的工作或就讀自己喜歡的研究所，追求熱情往往也導致工作不穩定的後果，而且通常他們還得同時應付數萬美元的學貸債務。這些來自勞工家庭的學生，與家境優渥的同儕同樣為自己的熱情打拚，卻缺乏中產階級與上層階級能使用的安全網與跳板，他們的職涯成果往往因此相差甚遠。

家庭較為富裕的學生們即使在追求熱情的道路上失敗了，也多半能在不感興趣的領域獲得高薪且穩定的職位。但勞工階級或第一代大學生若在這條路上失敗了，卻更常淪為低度就業、做著不穩定工作。雖然不管具工作抱負者最看重哪些職涯因素，擁有安全網與跳板都對他們有利，我在這章指出，追求熱情常帶來的就業延遲、財務上的犧牲、工作不穩定（相對接受一份穩定與／或高薪工作卻與熱情不符的工作）特別對社經劣勢的群體影響最大。

本章結尾討論這些結果可能帶來的影響。追求熱情不僅是大學生的白日夢；多數有職涯抱負的人都嘗試走上一條能帶來成就感的職涯道路，即使過程中可能得犧牲更高的薪水或就業穩定度。但家庭富裕或來自中產階級的受訪者通常在職涯初期便能做著有熱情的穩定工作，出身勞工階級與第一代大學生的受訪者則往往從事不穩定、沒有熱情或不符教育程度，或三項前述特質兼具的工作。

儘管本章呈現的經驗性研究結果偏重社經差異，但也涉及了種族與性別不平等。社經資本（不論是教育、社會、文化或經濟的）是特權的來源。但種族與性別結構也提供了不同的管道，讓某些求職者能獲得穩定的工作與錢多、事少的爽缺。[3]雖然我的研究資料無法證實這種模式，但白人生理男性的身分可能會作為一種跳板，加深了富裕的白人男性求職者的社經特權，並使得勞工家庭背景的女性與有色人種更難找到穩定且具有熱忱的工作。[4]

總之，本章指出追求熱情理想較邪惡的一面——能夠在那些尋求意義、自我表現工作的求職者之間，更加鞏固社經不平等的現況。我將會在本書結論裡討論這些研究發現，對高教與其他領域的教育工作者與政策制定者具有哪些更廣泛的意涵。

大學畢業後持續追求熱情

如同第一章所顯示，多數第一輪受訪的大學生面對職涯抉擇，最看重的因素是熱情，也計劃畢業後要找與熱情相符的工作。許多人認為不論大學主修科系為何，只要擁有大學文憑就能帶來基本的經濟穩定。且多數學生在想像何謂好的職涯決策，以及自己畢業後的職涯規畫時，都認為熱情相關的因素比起盡可能獲得最高薪或者工作穩定度更重要。

這些受訪者即使步入職場，仍最看重有意義的、帶來成就感的職涯道路；大多數我再度訪談的學生們，畢業後面對職涯決策，依然最看重熱情因素。近三分之二的人在大學畢業後積極追求以熱情為導向的道路。[5]許多人成功地步上這條道路：超過半數的人在大學畢業後，二到五年之間從事於（具有不同程度的財務穩定性）或積極追求自己有熱忱的工作。

瑪莉亞（Maria）、德溫、戴夫（Dave）與克萊兒的職涯歷程，即是從大學時便抱有追求熱忱的計畫，畢業後也繼續在職場追求熱情的例子。雖然四人的興趣與際遇不同，但他們在學時期與畢業後，面對職涯決策都非常看重熱情因素。瑪莉亞是第一代大學生，就讀休士頓大學社會學系時，她表示熱情是她未來個人職涯計畫的核心因素。

> 我想去追求自己很感興趣、在學科上很擅長，又能在職場運用的東西。我知道我一直都很喜歡與人合作，並透過社會學了解人們，這確實一直以來都激勵著我繼續前進。（中產階級拉美裔女性）

學生時代受訪時，瑪莉亞描述了自己的計畫：「我想要回老家從事非營利組織工作或是在宗教性質的非營利組織上班……也許是公共服務部（Department of Human Service）或孩童保護服務（Child Protective Services，CPS）之類的。」

如同瑪莉亞期望的，她從休士頓大學畢業兩年後，取得了社工所碩士學位，之後在南德州一間非營利組織工。在後續訪談裡，我問她是否覺得追隨了自己的熱情。她解釋：

是啊，的確……這份工作薪水不多，福利或回饋也通常不會公開。你不會獲得許多肯定……但（當一名客戶在）危急的狀況，然後他們跟你說，「我從來沒跟任何人提過這件事」或「非常謝謝你聽我說話」……這些事會讓你覺得自己真的提供了很有價值的服務……我覺得，是的……我正在做我非常熱衷的事。（中產階級拉美裔女性）

雖然她工作的薪水不高（年薪約三萬九千美元），且沒有給予許多正式的肯定，瑪莉亞很感激這份工作帶給她成就感。

第一次訪談德溫時，他正就讀蒙州大企管系，他也同樣打算要在畢業後追尋自己的熱情。

對我來說最重要的應該就是（在工作中）持續自己的熱情，每天提醒自己為什麼在這裡……熱情很重要，因為當你在做一份工作，如果這是你不喜歡的工作，你的表現就不會那麼好，因為你只是……想趕快把這件事做完。（中產階級拉美裔男性）

德溫在大二時，已經計畫未來要先加入空軍，再於一家國際公司從事市場行銷工作。我們進行後續訪談時，他的確已在空軍任職。雖然飛行訓練比他預期的多，他很滿意自己的職涯發展，也依然計劃空軍任期期滿後，要按照原本的計畫進入一家私人公司從事行銷工作。

我對商業充滿熱情，但我也在此處為國家效力，我真的很喜歡這份空軍職務。所以即使我決定六年任務期滿後，之後要進入商業職涯領域……我首要的熱情是創造改變——效力於自己的國家，並且創造改變。所以空軍這份工作絕對滿足了這點……現在，一旦我邁入商業職涯，是的，我還是在創造改變，但那時我會覺得自己已為國家盡力……若是比較小一點的熱情，就是行銷。我目前的職涯領域仍未滿足這項小小的熱情。這也是為何我正打算進修線上MBA行銷課程，在任職空軍的同時，這份對行銷的熱情讓我的頭腦抱持清醒。

德溫把在空軍工作與創造的改變，描述為自己「較大的」熱情，而行銷則是他「微小的」熱情，並即將透過線上MBA課程投入這項熱情。

我在史丹佛大學初次見到戴夫時，他還是一名地質學系學生。與德溫一樣，戴夫也說自己的職涯優先事項是「我很喜歡、我會想要學習更多的事，而非起床時想著『我得去辦公室修理某個東西。』」大學畢業後，戴夫在印度事務局與能源部做過幾份與地質相關的臨時工作。後來他搬到科羅拉多就讀地質學研究所。雖然他對研究所獎學金的金額感到沮喪，但還是很高興自己決定讀研究所，因為這個學位讓他可以在大學教書：「我決定總有一天要去教書，而我需要一個博士學位才能這麼做。」（中產階級美洲原住民與拉美裔男性）

最後，導論裡曾提及的克萊兒曾在休士頓大學雙主修歷史系與人類學系。她當時解釋，熱情是她未來職涯道路最重要的考量。

> 如果你不是很有熱情，擔心要去上班也擔心會加班或什麼的，你只為了金錢而工作，然後你被裁員或者甚至公司破產了，你就什麼都沒了，因為你根本就沒追尋過自己真正想要的東西。（中產階級白人女性）

克萊兒在畢業後，找到一份與熱情相符的工作，她任職於休士頓一座主要的自然歷史博物館。當被問到為何想做這份工作，她回答：

> 我想要追求某件我真正在乎而且覺得非常有趣，同時可以從中學習的工作。我不想只是挑中某個受歡迎或是能帶來許多就業機會的領域……我覺得如果我必須選擇一份工作，就只是因為那是份工作，後來就會變得很無聊，我也不會表現得很突出，因為我對那毫無熱忱。

即使她只是在這間博物館擔任兼職工作，沒有福利，年薪少於一萬八千美元，克萊兒還是很喜歡這份工作。她解釋，自己對目前的薪資並不特別擔心：「我在財務管理上很負責任，所以我在想，只要收入不亞於目前的數目，就能維持目前的生活方式。」如同下述，來自父母的金援也有助她維持這種生活。

瑪莉亞、德溫、戴夫與克萊兒的道路代表了規劃熱情以及大學畢業後追求熱情的理想形式。四人在學期間都將熱情視為職涯最重要的因素，也真的在畢業後找到與熱情相符的工作。大學畢業後追求熱情的過程可能是線性的，也可能是曲折的。有些具有工作抱負的人很早就發現了自己的熱情所在，從高中、大學、到職場都追尋著這份熱情，例如，就讀蒙州大的凱特琳，希望能成為一名小學老師。取得教育學學位後，她在蒙大拿北部一座小鎮擔任高中老師。在我們第二次訪談時，她這樣反思自己的道路：

知道自己存在於這個世界上的方式，我真的很開心。我認為自己為學生提供了一些東西，幫助他們愈變愈好，這是我所僅能要求的，在他們的生命裡協助他們。這是一種很酷的感覺。知道自己正在創造改變，這感覺真的很棒，真的很開心……我依然每天起床都覺得有美好的事將要發生。（上層階級白人女性）

與凱特琳的直線路徑相反，部分受訪者對某件事最初抱有熱忱，但在大學或畢業後才發現這根本不適合自己。[6]例如，畢業於休士頓大學的羅漢（Rohan）解釋，他原本就讀工程系，後來發現自己對這門科系沒有太大興趣，他先轉到商學系，再轉到營建管理。

> 上次我們訪談的時候，我那時就讀的是工程系……我讀了一年還兩年，然後我真的無法想像自己能坐在桌前畫圖畫整天……我比較喜歡其中商業的部分。所以我轉到商學系，但後來又覺得自己一點也不喜歡這科系，因為我覺得自己並不感興趣……我在學校課堂間迷失了，直到找到營建管理……這門科系完美的融合了兩者。它結合了許多商學，加上一點工程、一點建築。非常有趣。我看著這門科系的介紹，說真的，這是個很突然的決定。我退選了所有的商學課程，修了所有我能上的營建課程，並從這裡起步。（上層階級西亞裔男性）

第二次訪談的時候，羅漢任職於休士頓當地一間營建公司，對於自己的工作既興奮也很感興趣。雖然他的熱情所在曾有所改變，但看重有趣的工作這一點倒是始終一致。

畢業於史丹佛大學的德蕾莎（Theresa）同樣不確定自己想做什麼工作，所以她先於紐約一家管理顧問公司上班。但後來發現這份工作對她而言，「不特別具任何意義」，所以她想轉職。

> 我覺得其中一個最大的動機是，我左顧右盼，沒看到任何人是我想在五年後、十年後想成為的那種人……另一方面是工作本身。我沒什麼感覺，這份工作對我而言沒什麼意義。（上層階級亞裔女性）

經過一年尋尋覓覓，加上密集經營人際網絡，德蕾莎在一家位於芝加哥的教育軟體新創公司找到一份薪水較低的工作。她覺得這份新職務帶來更多成就感。不論這些追求熱情的人職涯路徑是直線或曲折，他們的確兌現了當初的承諾，在畢業後優先尋找有意義的工作。

與前述這幾位受訪者不同的是，有幾位我再次訪談的受訪者（三十五位裡的五位），在大學畢業後優先看重的是經濟穩定與工作機會因素。例如，就讀物理治療學校的休士頓大學畢業生崔佛表示，物理治療並非他真正的興趣，但他在服完兵役後，得以透過《美國軍人權利法案》（*GI Bill*），支付研究所的訓練經費。他視物理治療為通往穩定就業的「安全路徑」。

> 很不幸的，不是，（物理治療不是我的熱情所在。）並不是……我真的很佩服自己開業或透過其他方法追隨自身熱情的人。物理治療很吸引我，我也尊重這項專業。但這並非我的熱情所在，從各方面來看都不是……我一直都對金錢非常謹慎、保守。這也是為何我會選擇一條安全的道路，而非，喔，我想開一家純素雜貨店，或做我真正感興趣的事。（中產階

級白人男性）

少數對工作有抱負的大學生畢業後最看重的因素不再是大學聲稱的熱情因素，轉而追求財務與就業穩定因素。例如，史丹佛大學資訊科學系畢業的張（Zhang），原先在學時最看重熱情，最後卻任職擁有就業前景與高薪的程式工作，讓她能夠「在經濟上過著想要的生活方式」，而非攻讀自己有興趣的博士學位。

> 你得能夠預見這個產業需要多少人才，長期的工作前景如何，因為我認為，金錢並不是一切，但你絕對必須考慮這項因素。這個領域有多令人嚮往、薪水有多高，對我而言是其中一項至關重要的因素。另外一項也很重要的是，我至少要有意願去學習、對這工作感興趣，而非只為了錢工作。我需要有某種動機，不然的話很難表現得好。（中產階級亞裔女性）

即使擁有一份好薪水是張的核心考量因素，她表示，至少她得對工作內容有點興趣，才會考慮接受這份工作。

三十五名受訪者中的兩人解釋，他們進入職場後，家庭以及工作與生活的平衡成了最重要的考量。畢業於休士頓大學、目前擔任會計師的莎拉選擇會計是為了讓她有時間與資源去追求「課外活動」。作為一名受僱於公司的會計師，她認為自己是捍衛自身工作與生活平衡的「鬥士」。

儘管在學業與工作上，（會計）對我都不是太有趣或很有挑戰性的領域……我知道如果我很擅長這件事，也表現得很出色，就能有大把的時間從事其他課外活動或追求其他熱情……這非常適合我的性格也符合我其他的長程目標……就像我說的，我捍衛自己的工作與生活平衡。（中產階級白人與亞裔女性）

她解釋，自己常常與上司和同事溝通希望能減少週末與晚上加班時間，好能從事自己的嗜好與志工工作。

畢業於蒙州大商業金融系的泰勒，在大二受訪時表示，自己的職涯抉擇首重熱情。但大學最後一年他的想法改變了。畢業後他決定要著重於「自我成長」與「（自己）人生裡的關係」，而非一頭栽入工作裡。畢業後他四處旅行了一年，最後停留在紐西蘭，靠著打零工養活自己。

學校讓我了解到工作與生活平衡的重要性。我不想生活裡只有工作。我想將時間真正花在那些在我生命中的人……我很高興自己沒有栽入朝九晚五的生活，或者類似的事，因為本來工作會更快將我消磨殆盡。（中產階級白人男性）

泰勒不曉得下一步要去哪裡，但他很感激現在擁有能夠投注在家人與朋友身上的時間與精力。

另一方面，一些在學時期將財務安全與穩定性作為職涯決策優先考量的受訪者，開始後悔沒有追隨自己的熱情。例如，第二章提及就讀藥學預科的以賽亞，遵從父母的心願選了一份高薪又受人尊敬的職涯道路，擔任一名藥劑師（即使他本身認同人們應當追隨自己的熱情），卻有了不同的想法。

> 儘管藥學系對我敞開了大門，我還是沒有從中找到「熱情」。我總是聽人們說，「你得對自己的工作充滿熱忱。」……我對藥學始終都缺乏熱忱。這只是某種讓我畢業後會有一份穩定工作的東西……直到我真正被藥學系錄取後，我才意識到自己某種意義上已經陷得太深。我不能就這樣逃走……我覺得我不能就……離開藥學院。我不是在說藥學有多糟，但我一直覺得自己有種創業家精神。（上層階級黑人男性）

以賽亞一直在尋求創業的機會，但接受訪談時，他覺得短期內都會被困在藥學領域內。

總而言之，受訪的大學生對於追求熱情的承諾與其在學時的觀點相呼應，有些人看重薪水、穩定性或工作與生活的平衡，但對許多人而言，大學時是規劃自己的熱情，進入職場變成追求熱情。

追求熱情的挑戰

對許多受訪者而言，雖然追求有成就感、能夠實現自我、有意義的工作，是他們職涯決策的首重考量，但實際執行起來，卻常伴隨著挑戰與犧牲。首先，追求熱情往往得**忍受不穩定**：許多畢業生在找一份符合自身興趣的工作時，都遭遇了數月甚至數年就業不穩定的情形，像是先做兼職或低薪工作或確立熱情所在後，才申請與自身熱情相符的研究所。

自休士頓大學新聞系畢業的布莉安娜在一家手機店擔任業務助理兩年，才覺得自己準備好了可以去申請新聞研究所：「我的確有設一個最後期限（大學畢業後多久之內要邁出下一步）。一開始是三個月，後來變成六個月。然後變成一年，因為我知道（廣播新聞）一直都是我想從事的領域（上層階級黑人女性）。布莉安娜最後獲得一家知名的新聞研究所錄取，開心地「追隨（自己的）夢想。」跟她一樣，其他受訪者做過像是咖啡師、共享乘車司機或汽車銷售員等兼職工作，因為他們在自己喜歡的職業道路上尋求可能的途徑。

第二，追求熱情可能會導致**延遲**了很長的時間才開始從事**全職工作**——長達數月或數年的時間，有工作抱負的人都陷於要「搞清楚」哪些職涯道路最符合自身熱情，或等待合適工作出現的困境裡。來自中上階級家庭、畢業於史丹佛大學人類生物學系的茉莉，花了三年的時間「等待」，直到她確定下一步職涯發展方向。

> 我花了一段時間才弄清楚自己在職涯方面的熱情。……我的心態是，「如果（一份工作）不是我現在想做的，那我就不想做。」所以我畢業後覺得，「喔，也許之後會出現某件事，所以現在我不想做其他可能會阻礙未來我真正志向的事。」我畢業後沒有立即找份工作的其中一個理由是，我還不確定。我不知道那份工作會長什麼樣子……我那時認為（會）出現一份工作更完美符合我想做的事。（拉美裔與白人女性）

茉莉畢業後刻意不去找工作，避免得做自己沒有熱情的工作。旅行了六個月，又在社區健康計畫擔任志工服務了兩年後，她確定自己對社區心理健康領域充滿熱忱，最後申請並註冊就讀了公共衛生碩士課程。

布莉安娜從休士頓大學新聞所畢業後，同樣也遭遇了數個月不穩定且失業的日子。

> 我在（新聞所）畢業前就開始找工作，申請了好幾個工作。收到好幾個面試通知，但都沒有下文。最後搬回休士頓繼續找工作。一直到四個月後才終於找到工作……搬回老家後我的全職工作就是找工作。我每天都上網寄履歷、在不同網站填申請表。四個月後才找到工作。我想過要先當一名製片，再試著往鏡頭前播報的路邁進，但我知道，我只有一個人生。我想做會讓自己開心的事……所以就繼續努力嘗試。因為自己的意志力實在太堅定了，所

以很難這麼輕易就放棄。（上層階級黑人女性）

布莉安娜指出，找個廣播新聞製作方面的工作對她而言會簡單許多，但她「下定決心」要從事螢幕前的播報工作。最後在中西部一家地方電視台找到一份新聞播音員的工作。前面提到的地質學家戴夫，在申請研究所之前也做過幾份短期工作。像布莉安娜與戴夫這樣延遲就業的情況，有時包含了服務業的兼職、低薪工作，或根本就沒有就業。

第三，追求熱情有時候代表著為了走上與熱情相符的道路，得將經濟發展的重要性擱一邊。受訪者清楚意識到，自己為追隨熱情所做出的財務犧牲。例如，史丹佛大學畢業生莎曼莎（Samantha）曾是一家科技新創公司的員工，她解釋，自己擔任的創造性角色比未來能賺取高薪更加重要。

作者：（有意義的工作）內容與薪水，妳會怎麼排名？

莎曼莎：也許是創造內容的部分……薪水是很重要，但我覺得自己有足夠的錢——我很年輕，有時間能慢慢爬到高薪職位，我也願意從基礎學起，逐漸成長。我覺得創造性的部分，是比較重要的角色。（中產階級亞裔女性）

從休士頓大學畢業成為社工的瑪莉亞也呼應這項說法，她指出，薪水不會是她下一階段職涯的立即優先考量：「社工大多數的時間都不會賺很多錢——我知道很多同事都在抱怨這件事。但我不會抱怨這件事。」（中產階級拉美裔女性）[7]而德蕾莎離開了原本顧問公司的工作，就為了一份她認為更有意義、更有成就感、但年薪少了兩萬美元的工作。

第一章顯示，擁護熱情原則的大學生往往貶低看重財務考量與經濟穩定性的同儕。同樣地，後續的訪談中，受試者也不認同追求高薪而非成就感的同學們。從休士頓大學畢業、目前擔任營造經歷的羅漢，對於為了高薪而轉職的朋友，提出了自己的看法。

> 我認識一些人會為了比現職多出幾千塊（美金）的薪水而轉職，但當他們換到新公司之後，他們會說「天啊，我真的很恨這份工作……我不喜歡我做的事情或我不喜歡一起工作的人。」我覺得錢是一回事，但你的快樂、對工作的滿意程度或整體人生更重要。所以，如果你賺得比較少但比較快樂，我不覺得你應該為了更高的薪水換工作。（上層階級西亞裔男性）

當然，並非只有追求熱情的人才會遭遇工作不穩定與延遲就業的情形；尋求穩定工作或高薪的職涯有志之士在尋找符合這些標準的工作時，也可能會遭遇同樣的情況。但看重就業機會與／

或薪水，而不是工作成就感的人，他們畢業後的職涯路徑卻和前述情況有極大的不同。優先考量經濟穩定的職涯有志之士，即使獲得的工作機會與自身熱情不符，仍會善加利用。例如，畢業於蒙州大會計系的琳恩（Lynn），在她曾實習過的大型商場總部擔任會計師。她對這個公司或工作本身都不特別感興趣，但還是接受了這份工作邀約，沒有再另外找其他職缺。她說，這是因為「畢業後難找到工作」（勞工階級白人女性）。會計與她的熱情相去甚遠，她喜歡和年幼的孩子一起工作：「我在媽媽以前開的幼兒園幫忙過，我喜歡看著孩子成長，還有他們完成某件事很興奮的模樣。」但琳恩解釋，會計工作的經濟穩定性讓她無法離職去追求教學工作：「我曾想過要去教書，但這會是很困難的轉職，尤其是薪水會大幅減半。這是其中一個很重要的因素。」

崔佛夢想開一間純素雜貨店，但他選擇了物理治療學校，因為這是《退伍軍人法案》為他提供的機會。琳恩與崔佛都希望自己的工作能帶來成就感，但鑑於特殊情況，他們都抓住了目前經濟上可行的工作機會。相比之下，那些看重熱情的人為了未來的職涯道路能符合與自我興趣，有時會拒絕或放棄在經濟上可行的工作機會。幾位追求熱情的人願意做出大幅度的犧牲，以追求自己有熱忱的工作。茉莉不去找非自身熱情的工作，以避免漸行漸遠於自身熱情的軌道。儘管幕後工作機會更多且薪水更高，布莉安娜仍堅持申請新聞播報的工作。莎曼莎則刻意放棄收入更高的工作機會，繼續從事內容創造的工作，因為她認為工作內容更有意義。特蕾莎離開了收入更好、公司更穩健的工作，到一家軟體新創公司上班，雖然新工作薪水較低，但帶給她更多成就感。因此，與職涯決策的其他考量因素相比，追求熱情往往帶來財務上更大的犧牲，不穩定的風險也更高。但這些有工作抱負的人，堅持追求自己的熱情，卻不總是能反映在職場成就表現上。下述我將探討有工作抱負的人承擔風險分布不均的情況。

熱情與穩定性的交集

有工作抱負的人在畢業後確立自己的職涯方向時，有時自身的熱情與經濟穩定性這兩項因素會形成一股緊張局勢。圖3.1以橫軸與縱軸分別代表這兩項因素。橫軸代表個人的職位與熱情契合程度，從沒有熱情到非常有熱情。縱軸代表個人職位的經濟穩定性或不穩定性。

沿著這些軸向，理想的工作——即符合自我熱情且經濟穩定的工作——位於右上角。不甚理想的工作，是充滿熱忱但經濟不穩定的工作（右下），或穩定卻沒有熱情的工作（左上）。最不適合的工作是既不穩定又不符合個人熱情的工作（左下）。

每一名受訪的職涯有志之士，他們在勞動市場的位置可約略歸納入四個象限：有穩定工作或正攻讀有興趣的碩博士課程（右上）；工作或培訓內容與其熱情相符，但不穩定（右下）；工作穩定但對內容缺乏熱忱（左上）；以及工作缺乏熱情也不穩定（左下）。「不穩定」（precarious）的工作指的是不穩固、薪水低於可維生的程度，以及／或臨時或季節性、非正式或私底下的工

高度穩定

姓名	社經階級	性別	種族／族裔	大學畢業後任職或進修就讀
辛西亞（Cynthia）	上層	女	黑人	新創公司專案經理
琳賽（Lindsey）	上層	女	多種族	工程師；專案管理
以賽亞	上層	男	黑人	藥學院
張	中產階級	女	亞裔	程式工程師
崔佛	中產階級	男	白人	物理治療所
莎拉	中產階級	女	亞裔與白人	會計師
以利亞（Elijah）	勞工階級	男	白人	航空公司經理（休學）
琳恩	勞工階級	女	白人	會計師

■ 上層階級SES背景
□ 中產階級SES背景
□ 勞工階級SES背景

姓名	社經階級	性別	種族／族裔	大學畢業後任職或進修就讀
羅漢	上層	男	西亞裔	營建經理
塔拉（Tara）	上層	女	亞裔	醫學院
德蕾莎	上層	女	亞裔	管理科技顧問
凱特琳	上層	女	白人	高中老師
邁爾斯（Miles）	上層	男	白人	空軍
德溫	中產階級	男	拉美裔&白人	空軍
戴夫	中產階級	男	美洲原住民&拉美裔	地質學研究生
柯諾（Connor）	中產階級	男	白人	醫學實驗室技術員
瑞柯（Ryker）	中產階級	男	白人	空軍
瑪莉亞	中產階級	女	拉美裔	社工
茱莉	中產階級	女	拉美裔&白人	碩士公衛課程
莎曼莎	中產階級	女	亞裔	教育科技新創公司
麥迪森（Madison）	勞工階級	女	白人	化學工程師

沒有熱情 ◀——▶ 極有熱情

姓名	社經階級	性別	種族／族裔	大學畢業後任職或進修就讀
芮貝卡（Rebecca）	上層	女	白人	受僱於當地非營利組織
泰勒	中產階級	男	白人	待業；旅行中
愛倫（Ellen）	中產階級	女	白人	咖啡師
麥可（Michael）	中產階級	男	拉美裔	大型零售商店工人
湯瑪斯（Thomas）	勞工階級	男	白人	釀酒廠工人
凱文	勞工階級	男	拉美裔與白人	科技公司招募人員（兼職）

姓名	社經階級	性別	種族／族裔	大學畢業後任職或進修就讀
布莉安娜	上層	女	黑人	廣播新聞記者
克萊兒	中產階級	女	白人	自然歷史博物館工作人員（兼職）
山姆（Sam）	中產階級	非二元性別	黑人	社區大學電影課程
阿莉亞	中產階級	女	黑人	舞蹈老師（轉學到另一所大學就讀）
綺亞拉	勞工階級	女	黑人	影片內容公司特約人員
安德魯	勞工階級	男	白人	健身房老闆（休學）
露琵塔	勞工階級	女	拉美裔	社工（兼職）
聖地牙哥（Santiago）	勞工階級	男	拉美裔	碩士生，工程系（非知名課程）

高度不穩定

圖3.1　二維軸示意圖表示工作者對自身工作的熱情程度（橫軸）與工作穩定程度或不穩定程度（縱軸），以及受訪者在此軸線圖的位置。

作。[8]不穩定的培訓機會指的是來自低排名、營利性大學，或就業機會少於高排名課程的培訓機會。[9]雖然這樣的分法過於簡單化，但這些軸線能夠更有效理解有工作抱負者之間不同的職涯道路。[10]

圖3.1顯示了框限於熱情、穩定性的四個表格。每個象限裡的表格呈現受訪者的人口統計資訊（階級背景、性別、種族／族裔、畢業後路徑）。[11]深灰色列代表來自最優越的社經背景的受訪者；較淺的灰色列是中產階級背景的受訪者；以及無底色列代表來自勞工背景的受訪者。[12]整體而言，擁有社經特權的學生比其他階層較低的同儕，較常擁有位於右上象限（通常是最理想的象限）的工作。來自富裕家庭的學生中，十人有九人（百分之九十）在畢業後追隨自己的熱情，其中五人（百分之五十）能夠找到有熱情又穩定的工作。多數中產階級受訪者（十六人中的十四人）也試圖追求自己的熱情，十六人中有七人（百分之四十五）能夠找到有熱情又穩定的工作。最後，四分之三（九人中的七人）的勞工階級受訪者試圖追求自己的熱情，但只有一人能夠找到有熱情又穩定的就業機會。此外，儘管該樣本裡跨種族／族裔的中產階級與上層階級求職者同樣可能找到穩定的工作，但白人求職者更有可能出身自中上階層，因此擁有安全網與跳板能幫助他們找到有熱忱的穩定工作。

儘管這些訪談資料表明了誰落在最理想與最不理想象限的分類，但這只是一個小型樣本，普遍性有限。因此我檢視了全國勞動力變化調查數據，以測試這些模式在更廣泛受過大學教育的勞動力中是否顯著。事實上，在美國整體的勞動力中，撇除不論人口圖像、教育程度、職業與行業別來看，來自勞工階級且受過大學教育的工作者，比來自富裕家庭且受過大學教育的工作者，從事自身熱衷且穩定的可能性更小。具體來說，來自上層階級且受過大學教育的工作者，有百分之三十一的人從事自身有熱情且穩定的工作，相比之下，來自勞工階級的比例為百分之二十五。[13]相反地，來自勞工階級具大學學歷的工作者比來自上層階級的同儕更有可能從事他們並不熱衷也不穩定的工作（百分之二十二 vs 百分之十四）。此外，來自富裕家庭的工作者從事有熱忱、工作也穩定的可能性是從事無熱忱工作的兩倍（百分之三十一 vs 百分之十四）。

我還在全國勞動力變化調查的數據中發現，女性比男性更有可能從事有熱情但不穩定的工作。這與女性主導及女性類型的職業受到低估的情形一致（例如護理工作與小學教育）。[14]而具大學學歷工作者從事不穩定也無熱忱的工作或穩定且有熱忱的工作，則沒有種族／族裔上的類似差異。但與美國大致上的趨勢結果一致，職涯結果既階級化，也種族化：非白人且受過大學教育的受訪者比白人受訪者更常來自於勞工階級家庭。[15]正如我在本章結尾指出，追求熱情者之間的模式，對少數族裔／族裔的大學畢業生獨具影響，與白人同儕相比，他們不太可能來自富裕家庭、擁有跳板與安全網。

先前的研究已經仔細紀錄了擁有社經特權、受過大學教育的職涯抱負者如何從自身家庭的經濟、社會與文化資源中受益。[16]例如，里維拉的研究中提及菁英專業服務公司常使用偏袒性的招募程序，像是只從菁英大學招募，並於面試裡強調上流社會的互動風格與休閒活動（例如馬球）。[17]阿姆斯壯與漢密爾頓則發現美國大學募款的優先考量以及階級流動未實現的承諾，而是依據女學生的經濟與社會資本，創造了不同的「途徑」。雖然中產階級與上層階級的女大生在畢業後，「專業途徑」的工作表現良好，但走在「流動途徑」的低收入學生則往往面臨學貸債務困境，於求職時缺乏足夠的社會資本。而那些重視大學經歷，而非追求學術的「派對途徑」富裕學生，在就業市場靠著自己的財力資源與社會網絡過得很好。[18]

相對於這些制度與組織過程的研究，我在此專注於人們追求熱情時格外重要的資源。[19]在後續訪談中，我發現社經特權有助於條件優渥的求職者應付追求熱情會遇到的挑戰。其中，安全網與跳板這兩種資源對他們而言格外有用，且更容易取得。

安全網與跳板

中產階級與上層階級的受訪者在畢業後尋找職涯道路時，也會遭遇追求熱情的挑戰。但他們通常具有更強大的安全網與跳板，幫助他們應對這些挑戰，並找到與自身熱情相符、有前途的就業途徑。

安全網

許多對工作有抱負的人自大學畢業後，在追求自身熱情的過程中，倚靠原生家庭或機構提供的財務安全網。這些資源讓他們在待業與收入不穩定的期間，不受財務不確定的影響，有更多的自由慢慢深耕自己有熱情的職涯道路，或能夠承擔更多風險去尋覓有成就感的工作。

最有助益的安全網是從家人那裡直接獲得的經濟支援。來自中上層階級家庭的莎曼莎反思父母替她支付學費這件事的意義，並意識到這個安全網讓她得以自由追隨「熱情之路」。

> 我追隨了熱情之路；歷史與人類學很顯然並非是賺錢的科系，但這是我很擅長、覺得很棒的東西……例如，我本來可能會在科學課程裡頭掙扎。過去我曾讀過一小段時間的醫學預科。……我明白若非因為沒有學貸負擔，自己不可能有這種自由，（而且）……我父母很支持我想做的事。我想如果我得擔心金錢的話，今天就會是另一種情景，我絕對會先考量金錢，而非自己的熱情。（亞裔女性）

來自中上階級、任職於自然歷史博物館的克萊兒解釋自己的父母也在大學期間，以及畢業後六個月提供金援。讓她在畢業後站穩了腳步，出社會時，不需背負著學貸。

（我父母）幫我支付學費。他們讓我同住免繳房租……我只需要付食物跟書的錢，其他他們全都包了。因為我父母跟我說，如果我就讀德州的學校……他們已經存夠了州內的學費。（白人女性）

這讓克萊兒能夠維持中產階級的生活，即使她博物館的工作年薪少於兩萬美元。除了學費跟房租這種大筆開銷，許多較富裕的受訪者則提到父母以其他方式資助他們，像是將他們納入自己的健保底下，替他們買專業服裝，或替他們付手機費用、醫療費用等。像戴夫說的，「我在夏天得了腦震盪，醫療費用很高。所以我爸媽幫了我一些忙」（中產階級美洲原住民與拉丁裔男性，史丹佛大學畢業生）。

受訪者對於自己在畢業後還得仰賴父母財務上的幫助，都覺得不太舒服，但也都同意這是繼續追求熱情必要的交換條件。來自上層階級、擔任廣播記者的布莉安娜解釋，父親的金援是她能夠持續做喜歡的事最大的關鍵。

我很熱愛自己的工作……但有時候很困難。我二十九歲，但有時還是得靠我爸資助，因為這份工作的薪水不高……我都快三十歲了，但還沒正式剪斷臍帶。我也不想一直煩我爸，但我別無選擇。（黑人女性，休士頓大學畢業生）

從蒙州大畢業的凱特琳是一位充滿熱忱的高中教師，她描述自己富裕的父母如何在大學期間資助她。直到找到第一份教職、財務獨立之前，她都將這份資助視為理所當然。這份新的獨立性清楚顯示出她在學生時代依賴安全網的程度。

> 我選擇了一個必須量入為出、小心計劃預算的職涯領域……我已經靠自己獨立生活兩年了……有趣的是瞬間一切都不一樣了。如果三年前妳問我，「妳對錢有多擔心？」（我會說）「我不擔心，一切都好得很。我父母全都替我付了。」不是我對此不感激，我永遠都感激我的父母，並意識到他們對我的付出，但有趣的是，成為大人之後改變了你的思維方式。現在我在商店裡看著某條糖果，我會想，「我沒辦法花兩美元買這種東西，門都沒有。」（上層階級白人女性）

跟凱特琳一樣，許多上層以及中上層階級的受訪者將父母的金援視為理所當然；他們相信，如果「真的遇到困難」，家人會給予幫助。

另一個階級差異不那麼明顯的安全網，就是畢業後搬回家住。許多追求熱情的畢業生，特別是求職期間或剛進職場，財務還不穩定時，會在畢業後回家住一段時間。這通常替他們省下房租以及一點買食物的錢與水電費。三十五名受訪者中有十七人（約一半）畢業後與家人同住。有些人在找工作時與父母住了幾個月。我在他們大學畢業的幾年後，再度訪談他們，有些人依然與父母同住。[20]營建經理羅漢就是一例，他在就讀休士頓大學期間與父母同住，並計劃會一直住到他結婚。

我還是跟爸媽一起住。我計劃同住到我結婚。預計希望明年就會結婚。我有個女友。我想盡可能存夠錢，等到明年結婚就可以買間房子。（上層階級西亞裔男性）

許多勞工階級的受訪者在畢業後也跟父母同住。但他們敏銳地意識到，與富裕的同儕相比，同住給父母帶來的經濟負擔。但，依靠家人支持是為了生存，蒙州大一名工程系畢業生表示，如果她沒有這張安全網，目前的生活狀況會有多麼如履薄冰。

我從蒙州大畢業後，身上沒有半毛錢。所有兼職收入都拿去買書跟食物了，所以如果沒有家人收留我的話，真的不曉得畢業後我會到哪去。很多孩子都有同樣的情況，然後他們就（向下）沈淪了。（勞工階級白人女性）

直至最近我們才較能一窺史丹佛大學畢業生的第三張安全網：菁英專業服務公司的工作。與其他常春藤盟校相同，菁英銀行、管理顧問與律師事務所積極延攬史丹佛大學畢業生擔任入門級的職位。蒙州大與休士頓大學的學生與其他四年制大學學生一樣，都被排除在這些工作之外，因為他們缺乏菁英專業服務公司所認定正確的教育「血統」（pedigree）。如同我在第二章所解釋，很少有工作抱負的人會將獲得菁英專業服務公司的工作視為最終目標。相反地，菁英專業服務公司工作是誘人且利潤豐厚的墊腳石，讓他們得以在畢業後踏上充滿熱忱的職涯道路。這些被里維拉稱為「黃金門擋」（golden doorstops）的工作，讓史丹佛大學的學生畢業後儘管還不曉得自己熱情所在，或者在自己有熱忱的領域尚未擁有足夠的技能時，得以建立自己的人際網絡、償還學貸，並在戶頭存一筆錢。「一旦這些員工找到自己的熱情」，里維拉指出，「便前往其他公司、非營利組織與政治領域，從事喜歡的工作……這些菁英專業服務公司的工作被學生公認是之後得以從事熱衷的工作的安全選項，是很重要的預留位置（placeholders）與墊腳石。」[21] 先前提及的德蕾莎即是如此。她在紐約一家菁英專業服務公司公司任職數年後，找到一份與熱情相符的教育軟體工作。

對於那些有管道的人而言，這三張安全網提供了充裕的時間，讓他們探索哪些工作最符合自身熱情，換好幾份工作或者申請研究所，或者只是「等一下」直到出現自己有興趣的工作。例如，來自中上階層家庭、畢業於史丹佛大學的茉莉，最終申請了公衛碩士課程，她確信若找不到志趣相符的工作，爸媽會在經濟上資助她。她花了三年的時間，思索下一步的分項，期間她擔任志工、從事兼職工作，甚至花了一年空檔出國旅行，由父母埋單。

我從阿姨那邊聽說了一些（空檔年〔gap year〕）的事。她曾問我，「妳有沒有考慮過空檔年？」她說，「這就是你要做的事。」我認為，（我的）熱情不必看起來特別像什麼，也不必知道那是什麼……所以從史丹佛畢業後，我沒有工作；這是我搬回家的另一個理由，我不知道該拿我的學位怎麼辦，就只是需要一個假期，覺得真的很累……二〇一三年底，我在摩洛哥一所阿拉伯語言學校待了三個月。（中上層拉美裔與白人女性）

來自家庭的支持讓茉莉有時間「休息一下」，「定義（她的）熱情」，並確定要讀哪間與自身熱情相符的碩士課程。

相比之下，她在史丹佛大學、來自勞工家庭的同學凱文（Kevin），擁有認知科學學位，卻沒有時間能夠浪費。畢業後他同樣沒有明確計畫，但他懷疑家裡是否負擔得起他幾個月的生活費。

（畢業後）我想回家休息一段時間，陪陪家人。我不確定下一步該怎麼走，我跟幾家實驗室談過，但多數都沒得到實驗室負責人或教授的回應。我甚至提出要做志工性質的事，但不幸地（沒有成行）……我能夠在不跟（爸媽）拿錢的情況下做這些（嘗試），誰知道他們有沒有這筆錢。（勞工階級拉美裔與白人男性）

安全網並非最有社經特權的人所獨有。一些勞工階級的學生，例如凱文，的確搬回父母家住了一段時間，以確保職涯發展的下一步。但擁有社經優勢的人的確擁有更寬廣、也更容易取得安全網，他們往往也視這些安全網為理所當然。來自富裕家庭的熱情追求者享有來自家裡的經濟資助，以及不必立刻跳入就業市場或「安頓下來」的餘裕，因而讓他們在尋找與熱情相符的職涯道路時，能夠度過經濟不穩定的難關——這樣的情形有時甚至長達數年——而不必太擔心初期的工作在經濟上是否可行。史丹佛的學生更額外享有獲得菁英專業服務公司黃金門擋的機會。正如我們所見，沒有這些安全網的受訪者由於學貸債務，往往不得不放棄有熱忱卻不穩定的工作。

跳板

最享有特權的熱情追求者不僅往往能獲得經濟方面的安全網，以度過延遲就業與不穩定的時期，他們也常獲得非物質資源或「資本」形式的跳板，讓他們能夠克服這種不確定性，最後在有熱忱的領域裡，尋得穩定的高薪工作。社會學家皮耶・布赫迪厄（Pierre Bourdieu）區分出幾種類型的非物質資本。[22]我在此討論其中對熱情追求者特別有益的三種類型：文化資本，或熟悉與有權勢之人與機構來往的非正式規則；社會資本，或與具有重要制度性知識（institutional knowledge）與決策權之人的社會聯繫；教育資本，藉由通過認證或取得學位的正式資格，有利於具工作抱負者的工作機會。並非所有中產階級與上層階級都擁有文化、社會與教育資本，也不是所有勞工階級的受訪者都缺乏這些類型的資本。儘管如此，那些具有社經特權地位的人往往擁有能讓他們躍過潛在的不穩定性，並在有熱忱的領域裡找到穩定工作的跳板。

對社會、文化、教育資本的學術關注已非新鮮事；事實上，許多研究都致力於了解社會階級如何以不同的方式讓有工作抱負的人，在就業市場上取得成功。[23]此處我著重於家境較優渥的人在追求熱情的過程中，能夠讓他們避免或克服特定挑戰的資本形式。

除了下述的階級因素之外，種族／族裔、性別與移民身分，也可能會影響有工作抱負的人，能否發揮能力投入有熱情的工作。身為白人男性且出生於美國，也是這些人在種族主義、性別歧視與本土主義的學術機構與勞動市場裡求職時的跳板優勢。儘管我在這裡使用的訪談樣本數不足以檢視這些細微差異，但幾乎可以肯定，這樣的過程對於某些求職者有利，卻對其他人在職涯起步時不利。

文化資本

與同儕相比，家庭富裕與中上階層的熱情追求者更可能受益的第一個跳板是文化資本。這類型的資本通常包含家庭成員灌輸的默會知識（tacit knowledge），關於如何充分利用大學、如何準備求職、如何適應職場角色，以及如何在求職或申請研究所時脫穎而出。[24] 畢業於休士頓大學的塔拉（Tara），目前是一名醫學院學生。她解釋，自己透過家人接觸到醫學領域，從小就確定自己的熱情所在。塔拉的父母、姊姊與姊夫都是醫生；她的家人協助她申請醫學院，並完成申請程序。

> 我父母……一直都鼓勵我進一步追求（醫學）。我念了休士頓一所醫學高中，幫助高中生做好進入醫學領域的準備。你什麼都做，像是從高中就開始醫院輪值。有一堆醫學相關的課程……我從我爸那邊得到最多的指導，我姐也有教我。因為我姐也是循著很相似的路，那時我姐跟我姐夫都在波士頓的醫學院……他們跟我說了很多……（他們說，）「妳得好好做。妳得做研究。妳得有志工經歷。」（上層階級亞裔女性）

多虧家人的幫助，塔拉從高中與大學就學到要如何準備，才最有機會獲得醫學院錄取。塔拉在休士頓大學的同學克萊兒，來自中上階層，她的父母也都是專業人士，在她中學時鼓勵她去動物園與自然歷史博物館當志工，以便踏入該領域的大門。

嗯，我父母都從事醫學領域，所以我一直有生物學的出身背景。……我們從事園藝、到戶外、我媽告訴我一些醫療方面的事情……我一直都很熱愛動物，當我還是青少年時，與其放暑假，我媽鼓勵我到動物園與博物館當志工。我在這兩處當了五年的志工，直到我十八歲。我從十三歲就開始在那邊當志工。（白人女性）

克萊兒在青少年時期在博物館擔任志工，讓她在後來實習選拔過程多了競爭優勢。

當我們在找實習生時，他們說，「喔，申請過程很糟糕，」我說，「我很抱歉。」（笑）我覺得很糟糕，因為「其實我沒有申請。我沒有申請我的工作。」他們那時跟我說，「喔，有一個空缺。妳要嗎？」這對我而言很簡單……我一直都覺得能進入目前的領域真的很幸運。（白人女性）

這些受訪者的父母通常透過自身在白領職場的經歷，傳授有關專業職場的知識，而沒有這種文化資本的求職者在找工作時，與父母的關係常陷入緊張。一位擔任工程師的蒙州大畢業生描述她母親對大學畢業後的求職過程缺乏了解。

對，我媽那時因為我（畢業後）沒有找到工作，感到非常沮喪，因為真的很難。我不住在家裡，我住在路易斯安那州，大部分都靠自己的積蓄跟一點失業補助過活。這對我爸媽來說很不好過……我猜他們並不真正了解工作流程。我是說，如果我認識某人，我就能利用那層關係，但我沒有認識的人……就很難讓履歷過關。我那時應該找個專門寫履歷的人或什麼的，通過電腦（工作申請）系統。（勞工階級白人女性）

身為第一代大學生、畢業自休士頓大學社會學系的露琵塔，試著掩飾自己找社工工作時所遇到的挑戰，因為她的母親與姐妹們很替她感到驕傲，她擔心她們「無法理解。」

我是家裡第一代大學畢業生，這對全家都是全新的經驗。我家裡的人都不知道。我不想讓他們知道（求職）發生了什麼事。他們認為「喔，我女兒畢業了。」這是件大事。我不想讓他們知道求職有多複雜，因為我媽從山頂上大喊「我女兒畢業了」，妳明白嗎？（勞工階級拉美裔女性）

像塔拉跟克萊兒這樣對工作有抱負的人，她們的家庭在她們身上挹注了文化資本，幫助她們度過畢業後的過渡期，為追求熱情的不穩定時期做足了準備，也比勞工階級的同儕更容易在有熱忱的道路上開始工作生涯。在這樣的情況下，文化資本在求職過程中實現了單憑熱情無法實現的事：熟悉畢業後的求職過程，如何在這個過程中取得競爭優勢，獲得工作機會。

社會資本

較具特權的追求熱情者也受益於社會資本，或者在其職涯道路上與具影響力的人或機構的社會連結。[25]與勞工階級的同儕相比，來自富裕家庭的求職者更可能擁有有助於求職過程且獲得經驗的社會連結。

透過社會網絡獲得實習機會，是許多受訪者在就業市場上主要的競爭力。[26]三分之一的受訪者（三十五人中的十二人）在大學時期做過實習。這十二份實習裡有五份不支薪，所有五名無薪實習的學生都來自上層或中上層家庭。

許多較有特權的追求熱情者透過家人或朋友網絡獲得實習機會。芮貝卡畢業於史丹佛大學，目前任職於一家非營利組織，她說，「我幾乎所有的工作都來自人脈」，且「我最初得到的實習機會，我爸也參與了那家組織。」（上層階級白人女性）這些實習工作讓她打入灣區的非營利組織。同樣地，一名史丹佛的畢業生解釋，自己能夠在一家大型科技公司找到實習，是因為她媽媽在那裡工作（上層階級多種族女性）。

此外，受訪者的社會網絡替他們評估了自己有哪些職涯抉擇，並探索哪些工作最符合他們的熱情。茱莉描述自己的父母齊力動用他們的人脈，介紹從事跟她興趣有關的行業、可能有用的人給她認識。

> 畢業後我待在家裡……透過我爸的人脈，我在灣區找到第一份工作。我父母親上的教堂有些朋友從事公衛工作，（我爸媽一直）反覆提起，他們要介紹那個人給我認識……（我爸媽介紹時會說）「喔，這人在公衛領域工作。」我會說「好喔，很酷。」（拉美裔與白人女性）

不像前述提到的同儕，出身中下階層、畢業自休士頓大學的崔佛指出，他沒有任何人脈可以幫他取得申請物理治療學校所需的觀察時間（observation hours〔編按：到相關診療場所進行實地觀察〕）。他只好無預警地根據網站發了電子郵件給該所教授。

> 我進到人類健康與運動（Human Health and Performance）學院網頁，查看教授們的研究興趣。其中有一位和我的有點類似，所以我就不斷騷擾他，直到他答應讓我以志工性質在實驗室裡幫忙。最後我拿到兩封他給我的推薦信，這一切終於有了回報，而且還拿到一小筆獎學金。（白人男性）

除了這些個人的人脈外，史丹佛大學也強調與校友們培養關係的重要性。學生們被鼓勵策略性地使用同學與校友的人脈，獲得工作上的聯繫與建議。[27]畢業於史丹佛的琳賽，出身於上流家庭，對此非常敏銳。

> 進到史丹佛之後，我曾經非常理想主義。我可能會說，「對，你需要的只有熱情。」我以為，「如果我在網路上申請工作，跟其他人獲得的機會是均等的」，但後來才漸漸明白，獲得工作的都是認識人資、親自拿履歷給人資經理的人等等……有人甚至拿到沒有在網路上公布的職缺，因為他們認識可以替他們開缺的人……史丹佛有許多有特權的人，看著他們怎麼把事情搞定，我接受也從中學到了。（多種族女性）

休士頓大學與蒙州大畢業生都沒有這種強大的校友網絡，也未受到學校的鼓勵運用校友關係找工作。[28]但如同凱文的故事所證實的，光擁有史丹佛的學位，不代表就自動擁有能提供工作機會的聯繫。

教育資本

富裕與中上階層的受訪者通常還能獲得補充教育與培訓機會，加強求職與錄取研究所的競爭力，或者讓他們在釐清下一步時，不會有「履歷漏洞」。例如，茉莉畢業後，再修讀了史丹佛大學為該學院畢業生提供為期一年的學士後課程。這項課程不會提供正式學位，但承諾將提供能獲得實習的機會，以及與健康與醫療保健相關的社會連結。

有相當多的應居畢業生參加這項計畫……一期大概有二十多人，至少半數的人都是過去五年內（從史丹佛）畢業。所以我們有很多人都一同思考下一步想做什麼……因為裡頭有一部分是實習，我最後是在一家學校實習……計畫結束後，該計畫裡有一名年紀較長的前輩，任職於這家新創公司，她問我，「妳想過來替我們工作嗎？」我說，「好啊，我很樂意。」（拉美裔與白人女性）

茉莉的教育計畫不僅提供額外的證書，也讓她擴展人脈，最後獲得工作機會。畢業生證書課程（Graduate certificate programs）在過去十年間愈來愈受歡迎，這些課程宣稱能夠「幫助你展現自己的專業」與「幫助你在人群中脫穎而出」。[29]例如，一名史丹佛畢業生在大學畢業後參加一項醫學預科課程，有助申請醫學院；另一名蒙州大畢業生參加了一項實驗室技能培訓計畫，讓他申請心儀的醫療技術工作時，能更有競爭力。這些計畫對於提高特定領域就業機會的追求熱情者特別有益。但與博士課程不同的是，計畫參與者通常無法獲得聯邦補助。[30]大多數的人都自費參加，費用由每學分三百美元到一千三百美元不等。因此，這些計畫通常只對享有社經特權的人才可行。

不論有工作抱負的人是否看重熱情因素，文化、社會與教育資本對求職都很有幫助，但跳板對於只肯做最有興趣、最符合自我感知意識的工作、而非任何能勝任的工作都做的求職者最有益。總而言之，追求熱情的路徑並不總是一直線從學校通往工作。通常會發生就業延遲、工作不穩定與降低財務考量重要性的情況。社經背景較優越的熱情追求者往往擁有更大張的安全網，其中包括父母金援與能夠住在家裡，不必擔心拖累家中經濟，讓他們有足夠的時間，依據自身熱情找工作或申請研究所課程（甚至弄清楚自己的熱情為何）。家境較優渥的熱情追求者也有跳板，包括教育、文化與社會資本，幫助他們獲得從學校邁向職涯的經驗與人脈。[31]在這些資源的幫助下，出身富裕家庭以及中產階級的求職者，比勞工階級的同儕，更可能從事有熱忱的有償工作。

熱情原則調查裡，具有大學學歷的工作者也呼應了這些模式。認為自己畢業後的職涯會最看重熱情的受訪學生中，百分之六十九來自上層階級或中上階級的人表示，他們的學費跟生活費都是家裡支付的，而勞工階級背景的學生當中，只有百分之四十六的人有同樣的安全網。此外，來自富裕家庭背景的學生當中，有百分之二十九的人表示，家人或校友替他們在學期間介紹實習工作，勞工階級背景的學生則僅有百分之六的人有同等待遇。

追求熱情如何延續了社經差異

圖3.1（頁180）當中，最理想的位置是右上象限：具有熱忱且高薪穩定的工作。在安全網與跳板的幫助下，部分的學生，尤其是社經地位最高的學生，得以進入這個象限。但，那些不一定有工作，工作不穩定，或對工作沒有熱忱的人呢？我認為，家庭背景較不優渥的求職者較有可能位於其他象限，且追求熱情本身對他們而言，與同儕相比風險更大。

不穩定當中的熱情

許多有工作抱負的人在尋找有熱忱的工作時，常淪入就業不穩定或待業的情況。家庭背景較弱勢的受訪者在追求自身熱情時，更容易走上一條不穩固的職涯道路——這條路既不穩定、工作短期、低薪，也／或缺乏可以晉升的機會。尤其在畢業後大幅轉換跑道的求職者身上，更能顯現這些社經差異。以下我舉出三個受訪者例子說明，這些人都為了追求自身熱情轉職，但缺乏安全網與跳板如何阻礙他們在新的職涯道路找到穩定工作。

阿莉亞原本就讀休士頓大學數學系。但她發現數學讀起來很沒成就感，便休學改就讀德州一家小型私人學院的舞蹈系。她花了一年多才決定轉換領域與學校。她這麼解釋自己就讀舞蹈系的轉折：

我覺得自己在逃避什麼，直到我開始跳舞才注意到過去從未被填滿過的空白。我發現自己喜歡跳舞……那是一種讓人獲得成就感的觸發因素。這就是從事一種職涯而非工作的意義所在，因為你很享受自己正在做的事（中產階級黑人女性）。

在訪談後半段，為了確認，我問她是否會說自己正在追求熱情。她斬釘截鐵地表示：「當然。當然。當然。當然。當然。我不會改變心意。」

進行第二次訪談時，阿莉亞是當地一所高中的舞蹈老師。她和學校簽了一年約，但年薪僅兩萬五千美元左右，她為了增加收入還得在晚上與週末從事咖啡師的工作。雖然她追求自己的熱情，但因為缺乏文化與社會資本，無法在一所更有聲望、收入更高的學校開始職業生涯，或像部分同學一樣在舞蹈工作室擔任全職老師。由於家裡負擔學費的能力有限，她大學畢業後揹負著超過四萬美元的學貸。

我第一次訪談安德魯（Andrew）時，他還是蒙州大工程系的學生，後來休學後，扛著超過七萬美元的學貸，轉而追求開設一家健身房的夢想。

我很快就意識到自己無法從事工程師的職業……我做那工作不會快樂……就只是工作，然後為了工作受折磨，這很糟糕……如果我做的工作沒辦法讓我感到快樂，或至少得

> 到某種回饋或回報，這對我的自我照顧（self-care）等等也不管用。
>
> （營運一家健身房）很困難，極度耗時，但我很喜歡……要做的事很多，要跟我執教的所有運動員建立很親密的關係……也包含技術面，像是編排課程、數字、賽前的調整等等，但這一切都很棒。能夠做這件事填補了我很多心裡的空缺，讓我可以做自己，掌管這世界小小的一個角落，對我來說很棒。（勞工階級白人男性）

雖然健身設施只達到收支平衡，但安德魯與他的未婚妻已經將所有的積蓄和信貸全數投入這項事業，並狂熱地工作來維持健身房的運作。

另兩名受訪者也同樣大幅度轉換跑道，追求他們的熱情。綺亞拉原本正清楚邁向醫學院，她從史丹佛大學人類生物學系畢業後，獲得一筆知名的醫學預科獎學金。但就在預科課程開始一週後，她決定醫學院不是自己想走的路。

> 我開始醫學預科、預博課程才一週，就休學了……我恐慌症發作，跟我媽說我不想去讀醫學院了。後來我轉而準備GRE考試，想改讀公衛碩士學院，像是有點半妥協。GRE的考試我拿了高分……（但）我還是沒有做對的事情，也不是出於對的理由去做……後來我問了朋友，或朋友的朋友……我問他們，「你正在讀研究所，學做木偶」、「你是個

> 作家」，那他們的生活是怎麼樣的……我不曉得是什麼驅使我去做這件事情，也不知道我做這件事究竟要幹嘛，但是……我想擁有一項具有創造性的職業，並做到出類拔萃。（勞工階級黑人女性）

接著的兩年內，綺亞拉在媒體新創公司做了一連串的工作。後來她終於獲得一家知名網路影片製作公司提供的六個月獎學金。不幸的是，在這半年結束後，並沒有像她期望的一樣，有份全職工作在等著她。當我們進行後續訪談時，綺亞拉擔任同一家製作公司的派遣員工，只有在公司有需要時才工作。通常一週只有幾天有工作，每天約賺一百五十美元（約每小時十九美元）。

> 在某種程度上，我還是在（影片製作公司）上班，（它）的確是我主要的雇主，但我不在公司正職人員工資表上，也沒有正式頭銜。我那時想，好啊，這真的很棒。這讓我擁有能自己決定何時想上班、何時不想上班的彈性。這也代表我得時時刻刻確認自己的電子郵件，找尋工作機會，但這也不是很難啦。反正我老是掛在自己的電子郵箱上。（勞工階級黑人女性）

雖然財務狀況遭遇極大考驗，綺亞拉卻輕描淡寫這種隨需（on demand）工作型態的不穩定，並視其為追隨自我熱情的必要犧牲。

山姆（Sam，此處使用「他們」為代名詞）因為心理健康問題離開了休士頓大學，部分是因為對自己的職涯道路非常不滿意。休息了一段時間後，山姆搬到洛杉磯，在一所社區大學修讀電影課程。雖然他們追隨了自己的熱情，但對於下一步該往哪裡去，還沒有頭緒。山姆身上還背著就讀休士頓大學時期的四萬美元學貸。

這些年來（在休士頓大學）都在修習心理學課程，我真的覺得好厭倦。我會讀心理學是因為我媽希望我成為一名醫生。我原本想成為一名心理醫生。但我對這件事不再抱有任何熱忱了。我真的很想寫作、拍電影或音樂或從事與娛樂相關的事情……我去年搬到洛杉磯。現在在讀電影系，因為這是我一直以來想做的事……結合了我對音樂、寫作的熱情。（在搬到洛杉磯之前，）我連絡身邊所有朋友，看他們能不能贊助我一些錢，買張機票，一張單程機票，我只帶了一個小小的行囊，裡面裝點衣服。就飛到洛杉磯了。第一晚我睡在街上，後來搬進一家收容所，再來住進過渡性房屋（transitional housing）……現在我住在救世軍（Salvation Army）提供的過渡性房屋。

（轉換職涯跑道）真的只為了能投入工作……你只想靠著自己真正熱愛的事物賺錢。你不能在（上班）的同時，卻痛恨自己。這條路上沒有別人，只有你自己。你不能靠著追隨別人的道路成功。你得學習、持續學習，對自己的技術保持熱情，並持續進步。我覺得那是因為我熱愛寫作。我熱愛電影。我熱愛音樂。（勞工階級非白人非二元性別）

山姆被媽媽強迫追求醫療領域的工作。這股壓力，再加上休士頓大學求學期間受挫，導致山姆最後離開休士頓大學，找尋與自己熱情更相符的另一條道路。

阿莉亞、安德魯、綺亞拉與山姆在大學畢業後，追隨自己的熱情——有時得冒著極大的財務風險。如果他們和家境富裕的同儕一樣，擁有安全網與跳板，那麼這些人複雜、甚至有時動盪的道路，可能會走得更輕鬆。如果他們跟家境優渥的同儕一樣，擁有更寬廣的安全網與社會、文化資本，安德魯開展健身房事業時，可能會從自己的人脈裡獲得貸款或投資；阿莉亞擔任舞蹈指導，可能薪資會更高、工作會更穩定；而綺亞拉可能會有一份更接近正職或財務更穩定的工作；山姆則可能得以負擔更知名的電影學校學費，或至少在搬到洛杉磯之前，能支付公寓訂金與房租。最起碼，這些人能少負擔一點學貸。

缺少熱情但穩定的工作

並非所有嘗試追隨自我熱情的人都能找到符合的工作。有些人最後找到一份沒有熱情但穩定的工作，其他人則從事臨時或不穩定，同時也鮮少有成就感的工作。追求熱情卻對任職工作不感興趣的人，能否找到穩定的工作則與自身社經地位有關連。

家境富裕的受訪者即使對自身工作缺乏熱情，也往往做著穩定且薪水優渥的工作。畢業於史丹佛大學的辛西亞（Cynthia），來自上流階級家庭，她原本就讀工程系，後來決定不當一名工程師，因為她覺得這份職涯不「適合」自己。她轉而尋求其他道路，先拿到管理科學碩士，又拿了一個藝術碩士，希望能找到自己的熱情所在。受訪的時候，辛西亞在新加坡一家小型新創公司擔任營運經理。這份工作提供了很棒的薪水與良好的成長機會，但並非她熱情所在。她是從家人身上學到要利用求職相關的文化資本，才找到這份工作。

> 我的家人建議我要多接觸並聯繫在那裡上班的人，而非只是試著在網路上找工作……我不確定自己擅長什麼，也不知道自己的熱情所在。所以我不知道從事什麼工作才會快樂。即使是現在，我想自己這麼頻繁換工作的部分理由是，我不認為自己能預料到什麼會帶來快樂，所以總是願意試試看，然後看情況怎麼樣。（上層階級黑人女性）

辛西亞計畫要在現任工作待一陣子，直到她找到下一份「會（讓她）開心」的職缺。

來自中上層階級家庭、畢業於蒙州大的柯諾（Connor），橫跨了整個國家，自掏腰包參加一項昂貴的學士後證書課程。之後他從事一份似乎與熱情相符的實驗室技術員工作。他熱愛這份工作裡有關微生物的部分，但認為工作結構與同事的互動，遠不如預期般愉快。他預期未來會離職，但近期內會繼續下去，因為「薪水很可觀」（約年薪五萬五千美元）。

> 在學術界待了這麼久，看臨床實驗室如何完成事情的角度也不再一樣，有些事情不再按照慣例執行，有些我想做到的改變卻無能為力……這是很讓人沮喪的事。雖然我真的很喜歡這份工作……我的兩個學位都是微生物學，如果你兩個學位都是這方面的，我會期望能喜歡自己的工作，但這跟我想像的並不完全一樣。（白人）

雖然辛西亞和柯諾都不是從事自己有熱忱的工作，他們的工作都相當穩定。當時機成熟了，這兩位專業人才都有足夠的能力轉職到更感興趣的工作。但就目前而言，他們處於穩定的就業狀況。

缺乏熱情也不穩定

圖3.1（頁180）中最不符合期望規範的象限——缺乏熱忱且就業狀況不穩定（左下）——這類受訪者主要來自於勞工階級與中下階級家庭。這些人既重視工作熱忱也在大學畢業後嘗試找有熱情的工作，但找不到相符的職缺。相反地，他們不得不靠著服務業或藍領工作來養活自己。

來自中下階層、畢業於蒙州大初等教育學系的愛倫（Ellen），花了十八個月試著在當地學區找份工作。她在服務業擔任兼職，希望在獲得小學聘用前，能勉強維持生計：「我在一家（書店）咖啡店擔任咖啡師已長達一年半的時間。這只是我獲得教學工作前的計畫。」咖啡師的工作年薪一萬一千美元，而且沒有福利。她沒有足夠的教書經驗，在這個區域也缺乏人脈；愛倫祈禱在找到教書工作前，自己的學位不會過時。

凱文畢業於史丹佛大學，擁有認知科學學位。他已經盡可能花時間追求自己的熱情。他申請研究所時，在一家正嘗試起步的科技新創公司從事無薪工作。這家公司向他保證，如果未來能夠營利的話，將提供他一份高薪的全職工作。凱文同時也打了兩年的零工（例如，輔導外國學生），賺進一點收入。但他一直都沒獲得研究所錄取，這家新創公司也從未取得資金贊助。

> 畢業後……我在這家提供線上治療課程的公司實習……但他們從來都沒有成功實行過。我從未獲得任何報酬。所以我跟他們說，自己不能再繼續下去了。如果要支付帳單的話，我就得額外接其他工作……以自由工作者身分，提供想出國唸書的中國學生會話方面的協助。（勞工階級拉美裔與白人）

他以為自己在紐約市會有很多認知科學方面的就業機會，才拿著拼湊出的積蓄，在沒有工作的情況下搬到那裡。

老實說，當我抵達紐約時，情況相當艱難……我搬來的時候，身上有大約兩千美金，只是有點不夠，那時我以為，「在這裡找份工作會很簡單。很容易的。我只要到了那裡，一週內就能找到工作。」但事實並非如此。我花了數個月的時間努力工作，很多東西都買不起，這讓我了解到堅持下去有多不容易，許多人堅持住了，相信事情會變得更好，最後他們真的做到了。

由於缺乏社會資本網絡，也沒有擁有了解紐約市勞動市場的文化資本，凱文努力掙扎想找份符合自身熱情的工作。最後他找到一份每週工作三十八小時，但沒有提供任何福利的工作，在一家大型社群媒體公司擔任招募人員。這份工作與他的興趣無關。凱文在業餘時間閱讀認知科學研究，以保持與自身熱情的聯繫，並希望最後能夠轉職，從事和興趣更相符的工作。但在訪談的時候，他打趣道，自己從事的工作有助於人們找到熱愛的工作。

在蒙州大取得音樂學位的湯瑪斯（Thomas），大學畢業後搬回家鄉明尼蘇達州，開展自己私人音樂課程的業務。雖然一開始成功地招攬到顧客，但賺錢的速度不足以應付學貸債務，最後只得放棄這門生意，重新再找另一份工作。訪談當下，他在一家啤酒廠工作，年薪三萬美元，學貸超過六萬美元。

湯瑪斯：我對從事音樂教育寄予厚望，但很快就面臨現實了。

作者：你指的現實是什麼？

湯瑪斯：財務，帳單，自己的學位在市場銷路有多差，而且沒有道理要舉更多債去攻讀（碩士）學位……一旦學貸得開始還款後，我很快就面臨了現實，其實我還重回大學時代的老本行，在UPS倉庫工作了三年……過去的兩年裡，我其實是從釀造精釀啤酒起步。我有點算是家裡第一個去上大學的人……現在也有點算是回到藍領（工作）……我整個家族都是藍領勞工。我猜家族歷史正說明了自己不屬於坐辦公桌的那群人，我也不坐辦公桌。

我來自一個務農的家庭。我一點也不怕要辛勤工作，但自己沒有任何來自家裡的幫助。我揹了一大筆債務……有一句話是說，要靠著自己的努力獲得成功（lift myself up with my boot straps），但我連鞋帶都沒有。當一個成功的人回首過去，可以很輕易地說，「喔對啊，你就是得努力工作，埋頭苦幹。」例如，（我過去）在倉庫一小時賺十一塊美金。真的很辛苦，但你甚至沒有足夠的錢找下一份工作。（笑）妳明白我的意思嗎？（我）窮到沒辦法給自己的車子加油，去找另一份工作。

我現在的目標，如同先前所說的，要把債務還清，然後儘量存更多的錢，然後我們就要滾出這座城市……因為這個體系就像把我生吞入肚了再吐出來，占盡了所有便宜。我對這一切感到百感交集。（勞工階級白人男性）

湯瑪斯懊悔自己在大學期間積累了許多債務，這些貸款在他開展音樂課程生意時成了絆腳石。他在啤酒廠的工作不要求、也不需要動用到高等教育，且鐵定離他對音樂教育的熱情相去甚遠。

對於這些對工作抱有熱忱的人而言，財務協助的安全網能夠減輕學貸的負擔，提供一些資金讓他們在新地方起步，或者有更多的時間申請工作或研究所。這樣的安全網也許能讓湯瑪斯成功地在明尼亞波利斯（Minneapolis）開展音樂課程生意。更多的文化或社會資本也許能幫助愛倫踏入當地學區的大門，且更多財務支援能讓她無償教書或代課，以獲取更多的教學經驗，而非從事咖啡師的工作。更多的文化資本也許能幫助凱文申請到更好的研究所，且更了解紐約的勞動市場，更多的財務資源能讓他有更多的時間尋覓更符合興趣的工作。當然，我們無法得知，如果他們跟富裕的同儕一樣享有安全網與跳板，現況是否就能有所不同，他們是否就能找到有熱忱的穩定工作。但平均而言，缺乏安全網與跳板導致這些人有更大的風險可能會步入不穩定就業——不論他們對這些工作有沒有熱忱。缺少寬廣的安全網與跳板的情況下，當社經地位較低的求職者無法在熱愛的事物裡尋得穩定的工作，他們冒最高的風險、損失也最大。對愛倫、凱文與湯瑪斯而言，追隨熱情穩穩鞏固了出身的社經地位，並多了數萬美元的學貸債務。

追求有熱忱的工作的情感損失

社經地位較低的熱情追求者在另一種情況下也身處弱勢：求職過程對他們的情感傷害往往比其他同儕更強烈。許多家人擔任白領或任職專業工作的求職者，會告訴他們畢業後的求職既耗時又困難——當他們找不到工作時，家人會給予安慰，鼓勵他們不要自責。許多勞工階級與第一代大學生的受訪者會在白領職場覓職時深受打擊，常將求職未果視作自己的缺點。[32]畢業自休士頓大學的露琵塔最後在休士頓找到一份社工的兼職工作。她闡述了大學畢業後的艱辛過程，好希望當初就知道應屆畢業生求職碰壁根本是稀鬆平常。

感謝老天，我最後終於找到跟自己領域相關的工作……從能夠工作並幫助家人的過程中，我獲得許多自我價值。（開始社工工作前，）我有段時間陷入憂鬱。當面試完沒有收到回覆，我會怪罪自己，「我到底有什麼毛病？」現在回想起來，應該早就看清找工作本來就不容易，但我以為有一個大學學位會贏得一點尊敬……我希望有人能早點告知我。畢業當天（我說），「喔，這是我人生中最美好的一天。」然後就嚐到了現實生活的滋味。他們不想雇用你，因為你沒有工作經驗……我一直都懷疑自己有什麼問題……「喔，真希望我早點明白自己不是唯一有這經歷的人。」我想許多大學生都有同樣的經驗。我不是異類，妳明白嗎？（勞工階級拉美裔女性）

除了在求職過程遭遇的困難，露琵塔還得跟母親解釋為何自己沒有獲得任何工作機會。

我會（說），「媽，總而言之，這就是掙扎。每個人都得經歷這一切。我知道最後一定會找到工作。現在我在（一家百貨公司）上班，但我正努力找到一份好工作，這只是其中的過程。」她一直都很支持我。我儘量讓她了解整個情況，而非我本身的感受。我只是試圖向她保證我很好。

畢業自休士頓大學的麥可（Michael）同樣解釋自己相當失望，花了數年時間面試，卻除了幾次面試外，沒找到任何工作。

嗯，大學畢業後，我試著找了一陣子的工作，但終究徒勞。這年頭不論讀什麼科系都很難找到工作……我有一個擔任人資多年的阿姨，她替我整理好履歷，註冊了所有求職網站……所有聲稱會親自面試審核的地方都投遞了……如果沒人雇用你的話就很難會有工作經驗……時不時我會收到面試通知，但就沒有下文了，或者我會收到自動回覆，「謝謝您的申請。我們祝您求職順利，」或者其他什麼的。他們從來都不會告訴你原因。（中下階層拉美裔男性）

我們訪談的時候，麥可正在亞馬遜（Amazon）倉庫擔任兼職人員，負責分類出貨商品。他在畢業前沒有任何工作經驗，當意識到自己的學位對求職沒有太大幫助時，他感到不知所措。露琵塔跟麥可與同儕一樣，學生時期都相信大學學位能幫助他們獲得一份穩定的高薪工作，並建立自己的職涯（見第一章）。當多數受訪者高估了自己學歷的優勢，露琵塔與麥可得自己發掘到這項事實。勞工階級與身為第一代大學生的受訪者通常會把自己無法立即找到工作視為自身的問題。[33]

追求熱情的不平等後果

多數我二度受訪談的受訪者踏入職場後，將自己求學期間對於熱情的規畫，轉為畢業後對於熱情的追求時，都依然遵從著熱情原則行事。但對於某些人而言，追尋熱情的道路比多數人都來得容易。部分的人，尤其是攻讀教育或會計科系的學生，能在畢業後直接找到相關領域的工作。而其他人在探索何種工作或研究最符合自身熱情，或轉換職場跑道時的過程則更為曲折。

這些具工作抱負者的經歷顯示了職場裡首重熱情通常會帶來的犧牲。尤其是看重熱情的人在職涯初期，往往得容忍工作不穩定、延緩就業或經濟不穩定。追求熱情有時意謂著放棄更穩定或更高薪的工作，或者冒著巨大的風險轉換完全不同的跑道。首重財務安全與穩定的人則往往選擇眼前的大好機會，即使這些機會與他們的興趣不符。與首重工作穩定或薪水的人相比，許多追求熱情的人為了能找到有成就感的工作，往往願意付出財務上的犧牲。

然而，職涯抱負者在追求熱情的道路上，並非同樣都裝備齊全。來自富裕與中產階級家庭的受訪者往往擁有能夠幫助他們渡過待業、工作不穩定或不確定的安全網，因為追求熱情的過程中經常會發生前述狀況。他們也往往擁有跳板——也就是文化、教育與社會資本——幫助他們順利從學校過渡到自己有熱忱的工作。家世背景較差的學生擁有較少的安全網與跳板，因而較難找到與興趣相符的穩定工作。這些社經背景的差異並非因為家境富裕的學生都湧入「更有商機」且工作機會更多的領域，而是由於他們更容易獲得這些跳板與安全網。

因此，從廣義上來講，熱情原則可能有助於延續職涯抱負者原本的社經地位。這項原則以及追求熱情的行為本身仰賴——且經常假設——中產與上層階級才有的經濟與文化資源。過往的研究已說明了社會網絡與文化資本對於大學畢業後就業，以及如何從學生身分過渡到就職的重要性，特別是在工作機會稀缺的競爭領域，更需要經濟資助度過漫長的求職期、低薪或不支薪的實習或試用期的階段。[34]來自富裕家庭與中產階級的學生更容易擁有這些安全網與跳板，因此更能將自身的熱情轉化為穩定的工作或前途看好的研究所課程。

儘管本書的訪談資料不足以辨識出這些追求熱情的模式當中，存在的種族／族裔或性別差異。這些模式卻仍明顯呈現出職涯抱負者的經歷與機會與自身背景的諸多劣勢有高度相關。全美國的黑人、拉美裔與美洲原住民大學畢業生比白人同儕更多來自於勞工階級與中下階層。[35]他們畢業時背負高額學貸的可能性也更大。[36]就這點而言，這些階級模式很大的程度被種族化（racialized）了，但我的訪談樣本太小，無法有效分析出其中的資訊。例如，幫助社經條件較佳的學生取得有熱忱且穩定工作的社會資本，有可能受到種族與階級劣勢影響。身為白人本身可能就已是一項跳板，讓白人求職者與熱忱、技能相當的同儕競爭時脫穎而出。

這些模式也可能是性別化的。雖然跳板與安全網似乎沒有偏好男性或女性，女性卻可能因為沒有長期處於強大的社會資本網絡之中，以及假設她們願意為熱愛的工作做出更多犧牲或忍受更多不穩定因素，而處於不利地位。此外，女性比例最高的領域（例如，教育、社會服務）往往平均工資低於由男性主導或性別比例平等的工作領域。[37]在比較的基準上，這些得以獲得高薪、穩定工作的差異，可能會擴大不同社會人口類別的熱情追求者之間的不平等。

本書的結論與結語回顧了這些研究發現對於教育者、政策制定者與職涯抱負者本身的影響，但有兩件事格外重要。首先，將高等教育追求熱情道德化的傾向，以及貶低那些職涯決策優先考慮經濟因素的人，可能會有助於鞏固學生原本的經濟優勢與劣勢。當大學教職員工與行政人員鼓勵學生追隨熱情，卻未留意到文化與社會資本不均、高等教育平衡機制（leveling mechanisms）的不完善，並貶低相對熱情更看重財務考量的職涯抱負者時，應仔細斟酌考慮。

除了這些個人層面的過程外，本章的研究結果還指出了高教機構可著手之處——讓追求熱情者的競爭環境旗鼓相當，協助改善他們所擁有的安全網與跳板之差異。要減少學生們的學貸負擔，最顯而易見的初步做法是透過助學金與獎學金的形式，增加給予的幫助。此外，大學也能提供或增加獎學金，讓低收入、第一代大學生得以從事無薪實習。學校也能向實習公司與機構施壓，一開始就支付學生們能維持生計的薪水。大學也能提供規劃更齊全的校友交流機會，並更致力提供求職相關的文化資本。

但即使大學的確減少了學生背負的學貸，並實現實習機會與就業機會的均等化，勞動市場過程中依然存在著根深柢固的不平等現象。招募過程中的歧視與裙帶關係有利於社會人口學裡最具特權的畢業生。[38]微薄的福利保障與就業相關的醫療保健，則讓最弱勢的求職者承擔更大的財務風險。[39]

無論弱勢族群在求職時最看重哪些因素，這些不平等的現象都讓他們飽受折磨。但正如我在本章所說的，當一個人正朝著自身熱情前進，便是讓自己暴露於延緩就業與工作不穩定的風險之中。例如，假設綺亞拉不優先考量自己的熱情，而是繼續醫學預科獎學金的課程，她便不需額外的社會資本以獲得網路影片公司的全職工作。無論求職者覓職時優先考慮的因素為何，跳板與安全網都對他們有幫助，但當他們尋求的是擁有熱忱的工作，而非提供高薪的穩定工作，跳板與安全網會發揮更重要的作用。

重點並非應該給予這些社會人口學裡的弱勢群體，與其富裕的同儕相異的職涯建議。[40]相反地，前者應有同等權利與鼓勵，追求任何他們想看重的因素。教育者應鼓勵所有的學生，不論自身家世背景，做決定時應權衡成就感、經濟穩定、生活與工作的平衡等因素，為集體利益做出貢獻的能力、休閒時間的機會，並準備好對抗來自其他看重熱情因素的人施壓。最後一章我將深入談到這些議題。

其次，本章研究結果凸顯出關於大學應屆畢業生職場「成功」的過往文獻，需要校準之處。例如，許多文獻認為畢業生似乎對踏入職場缺乏準備。[41]但這樣的觀點未必正確，需要納入熱情原則的因素後，重新評斷他們的就業情形。部分認為熱情比經濟穩定更重要的求職者，刻意犧牲穩定的工作機會，以追求自己有熱忱的工作。儘管學者們在評估大學畢業後的就業趨勢時，會將這些職涯歷程視為失敗的經驗，但畢業生本身可能不這麼認為。

此外，有關大學畢業後職涯歷程的研究，早已記載了應屆畢業生能享有的資源差異，以及大學之間提供給學生的就業準備也有所差異。想當然耳，家世背景最優越的職涯抱負者通常能獲得最好、經濟最穩定的就業機會。[42]但這些文獻往往忽略這些受訪者的**目標取向**——尤其是追求熱情的角色。多數的職涯抱負者並未將工作的穩定性與安全性放在首位，許多人的決定與其短期經濟利益背道而馳。這些不同的歷程說明了當具有職涯抱負的人優先考慮其他目標時，職涯道路會如何發展——當他們並未明確考量先找經濟牢靠的工作，而是尋找符合其自我感知意識的工作時。然而，即使最看重的是非經濟的因素（例如，熱情），家世背景較好的職涯抱負者**仍**表現較好。僅將經濟穩定視為「成功的」職涯起步的唯一基準，並從經濟角度嚴格審視這些趨勢，可能會誤解大學畢業生的職涯成果。就經濟安全最大化的角度來看，看似不合理、不明智或無從解釋的決定，若從職涯抱負者自身的角度來看，就可能變得完全合理了。

如果我們不考慮追求熱情在畢業後決策所扮演的角色，我們可能便會誤解職涯抱負者的抉擇模式與他們當中種種不平等的模式。本書結論將討論這些模式在追求熱情者之間產生的廣泛影響。下一章將擴大檢視熱情原則，從作為個人行動的指導原則，到如何將其視為規範性與詮釋性的基模。

第四章

作為規範性與詮釋性敘事的熱情原則？

熱情原則如何洗選出職場不平等

「喔！他一定很喜歡磚頭！」

二〇一九年，在一位當地導遊的帶領下，包括我在內的一小群旅客，來到墨西哥西部一處偏遠的地方，我們停駐在路邊，去見一名叫做安德烈斯（Andrés）的磚匠，大家都很欣賞他的手藝。安德烈斯從黏土地裡切割出長方形，將它們一個個挖出土。即使是在正中午炎熱的太陽下，他下刀的準確度依然精確犀利。我們的導遊解釋，像安德烈斯這樣的磚匠以製作的磚塊數論件計酬。每塊磚售價三披索，製磚者從中賺取一披索。「簡單的資本主義交換」，那名導遊說。安德烈斯每天得製作六百塊磚頭，並至少一天工作十六小時，才能賺得足以維生的工資。

一名五十多歲、叫做雪莉（Sherrie）的美國上層階級白人，發表了前述的聲明。她的語氣暗示自己對安德烈斯有所了解。她以熱愛工作為解讀觀點，合理化磚匠的經歷與動機。她強加在安德烈斯身上的假設是，最初他出於自身對於磚頭的某種內在連結，才導致他從事製磚工作。也許安德烈斯真的很熱愛製磚，但這並非重點。若安德烈斯像塔馬・威爾森（Tamar Diana Wilson）所研究的磚匠[1]，他可能真的喜歡這項工作能夠不受直接監督，可以自由安排時間的特性，但製磚很要求好體力，且在酷暑與寒冬中工作都可能相當殘酷。[2]雪莉利用源自自身優越社經地位的敘事方法詮釋按件計酬勞工的想法。這種舉動即是一個文化框架的例子，以熱情原則作為解讀他人情況的工具，卻極度忽視或屏除了會深刻影響他人經濟與社會機會的結構過程。

在這一章，我將探討熱情原則作為一種文化鷹架（cultural scaffold），如何在理解勞動市場的過程中，淡化了其中根深柢固的不平等。雪莉並非唯一以熱情原則看待他人經歷，卻罔顧其結構性限制的人。

在前幾章裡，我重點介紹了熱情原則的文化基模，說明為何許多受過大學教育的職涯抱負者與工作者深信這種觀點，以及擁有安全網與跳板的程度多寡會讓追求熱情者在大學畢業後繼續延續出身背景的階級差異。在前述的情況中，熱情原則作為個人決策的指導方針，能協助鞏固職涯抱負者的社經地位。但這並非熱情原則可能有助於延續不平等過程的唯一方式。熱情原則作為一種文化基模，可能僅是某種推廣以特定方式理解勞動過程的大型信念網絡，當中的一部分。我在本章擴大了關注範圍，聚焦與熱情原則有關的文化信念。透過訪談資料與熱情原則調查，我探討了熱情原則以文化基模的角色，幫助其擁護者如何理解世界，這項原則也許與其他與勞動市場有關的信念有所關連——尤其是有助於維護現有不平等的經濟與社會結構的信念。

具體來說，我認為熱情原則與兩個強大且已有大量文獻記載的信念緊密交織：也就是賢能制意識形態（meritocratic ideology）與新自由主義的個人責任說法（personal responsibility trope）。前者相信勞動市場從根本上是公平的，並平等獎勵那些夠勤勞又有天賦的人。[3]新自由主義則是一種政治與經濟的意識形態，主張激進自由市場資本主義，該主義假設，透過縮減社會方案，並抵制任何可能限制自由市場的集體或再分配過程（redistributive process），便能達到最大程度的經濟與社會福祉。[4]新自由主義的核心信念強調個人應該對自己經濟上的成功與失敗負責，政府援助與社會福利供給不但不必要，還會讓人變得消極。[5]

這兩種意識形態彼此相關且互相深化，但概念上完全不同。賢能制意識型態是一種描述性的觀點——是一種關於人們如何相信勞動市場實際運作的意義建構框架。新自由主義的個人責任說法則是一種規範性的信念——規定個人應為自身發展負責，且政府與組織應減少讓某些人可能會「免費搭便車」的社會計畫。我認為，這些信念讓熱情原則更合理成為職涯決策的方法，相對地，熱情原則也有助於賢能制意識型態與新自由主義觀點在勞動市場裡立足。[6]

熱情原則、賢能制意識型態與個人責任說法共同提供了一種職涯成功的文化模型（cultural model），極具個人特色且相當動人——在這種模式中，個人在複雜且風險日益增加的職場裡自尋出路，而社會機構幾乎不需承擔解決系統性職業不平等的責任。我也認為，熱情原則可能還幫忙掩飾了現有結構不平等的問題，將這些問題說成是個人出於熱情努力工作的良性結果，或者只要努力工作就能克服這些難題。

熱情原則的文化基模

如同我們所見，熱情原則是一種文化基模，將追求熱情昇華成職涯抉擇中最崇尚的指導原則。文化基模是大眾用於「觀看、過濾、理解並評估我們所認知的現實」的文化模型。[7]基模不只是認知模型；它們也有助於建構我們道德與情感的反應。[8]

文化基模不總是人們處理日常生活瑣事所依據的方針。在「太平」時期，我們的行動往往仰賴自身的半意識習慣，而非有意識地主張我們的文化或道德信念。[9]但當人們走到人生的十字路口，像是職涯抉擇時，文化基模便可能強烈影響人們的行為。當人們陷入人生重大抉擇的僵局時，往往會倚靠根深柢固的文化信念來做出決定。[10]在第一章與第三章討論的職涯抱負者中，熱情原則能夠激發人們做出行動的特質相當明顯。例如，阿莉亞拋棄數學，轉而追求對舞蹈的熱情，羅漢從工程系轉攻讀營建管理，兩人都是以熱情原則為方針，度過這段困難的決策時刻。

但這項文化基模並非僅影響人們的職涯決策。文化基模也能作為人們理解所處社會與結構過程的解讀框架。基模能協助人們在複雜的社會世界中，將事物概念化。[11]例如，不平等（inequality）的文化基模提供了心智模型（mental model），讓人們得以解釋系統性差異的模式，像是居住隔離或性別薪資差距。具有不平等文化基模、承認結構性偏見的人更可能會將歸因差異（ascriptive difference）系統解讀為不道德、不公平的。[12]

我將在這章探究熱情原則的文化基模、賢能制意識型態，以及個人責任說法，三者彼此之間相互強化的關係。我認為熱情原則不但獲得這些意識形態的支持，也反過來支持了這些信念。檢視過彼此相互關聯性後，我會再深究信奉熱情原則的人是否更有可能不理會勞動市場中，性別、階級與種族方面的結構性阻礙。這些分析說明了熱情原則的文化基模既非單獨孤立也不是良性的。它是文化信念網絡當中的一部分，會淡化或拒絕承認勞動市場結構性的阻礙，並將人們在職涯道路上遇遇的限制都歸咎給個人。

我聚焦於賢能制意識型態與個人責任的原因是，與勞動市場有關的主流信念中，這兩者可能已經造成了最大的傷害，不但複製美國國內的社經地位劣勢，並且逐漸削弱解決職場不平等的持續性政策與行動。[13]賢能制意識型態提倡職場公平地運作，一個人（或一個群體）無法獲得成功是自身的過錯。這樣的看法將責任歸咎於職業不平等（occupational inequality）的受害者，並將所有解決不平等所做的努力說成是「好高騖遠」或「反向歧視」（reverse discrimination）。[14]賢能制意識型態的擁護者不太可能支持解決系統性職場壓迫模式的政策或做法，因為他們認為職場早己公平運作。

同樣地，新自由主義的個人責任說法更加速了一九七〇年代開始勞權不斷被削弱的程度。政府與組織層面的新自由主義政策擴大了收入不平等，減少了社會支持結構，破壞了勞資談判，並鼓吹勞工應僅憑自身努力與勤勉，規劃自己的經濟發展進程。[15]儘管熱情原則似乎與賢能制意識型態與個人責任說法沒有關連，但資料結果顯示，熱情原則的確在延續這些觀點上，發揮了重要的作用——或至少讓它們在文化上更容易被接納。

根據熱情原則調查與職涯抱負者後續的訪談，我指出，熱情原則擁護者比熱情原則質疑者更有可能相信賢能制意識型態與個人責任說法。此外，前者比後者更可能相信熱情的起源深具個人獨特性，且單憑個人努力就能克服結構性的性別、種族、階級障礙。我稱這項過程為「洗選」過程：此過程乃是系統性地階級化、種族化與／或性別化的文化框架，但變成是在公平運作與充滿機會的社會環境下，經過深思熟慮的個人選擇，所產生的良性結果。[16]藉由淡化結構性的障礙，熱情原則將深根柢固的職業隔離（occupational segregation）與機會不平等的模式，洗選為是個人追求熱情的選擇所產生的合理且公平的結果。

這些模式對於人們認為打擊職業隔離與不平等的政策是否有必要、有其合理性存在，具有重要影響。我在本章結尾指出，熱情原則可能會鞏固職場裡個人的新自由主義觀點，並延續結構性的障礙。這項原則也可能會削弱提供勞工協助計畫、教育與訓練，以讓勞工能在公平競爭的環境裡創造職涯成功的論點。

勞動市場（不）公平：擁護熱情原則與賢能制管理理念

在美國普遍認為職場是公平的。許多美國人否認長久存在的結構性障礙，或將其淡化為過往遺留的產物；相反地，他們將勞動市場視為一個機會系統，開放給那些願意投入足夠努力的人。[17]根據這種賢能制意識型態，透過教育與努力能夠提升個人價值，增強其生產力，並公平地回報予高薪與高階職位。相較之下，那些缺少必要訓練與動機的人則被認為沒有價值，且無可避免地將被其他人超越。[18]

賢能制意識型態是美國人理解職場的主流意識形態。[19]在過去的四十年間，這項信念始終相對穩固：自一九八〇年代以來，約百分之七十的美國人口始終認為，要在職場上成功，「努力工作」比「運氣好」或「有他人幫助」更加重要。[20]這項信念也調和了美國人形式上平等的文化承諾，以及美國職場內階級、種族、性別與其他社會類別方面，呈現出極為不平等的勞動成果，這兩者之間的矛盾。[21]

與賢能制意識型態的普遍流行的情況一致，我所訪談的大學畢業生多數認同勞動市場是由賢能制所主掌。大部分的人認為，只要堅持熱情並付出足夠的努力，就能夠成功。[22]例如，羅漢與奮地說著自己營建管理的事業未來的走向，他相信努力工作與付出奉獻將讓他邁向成功。

我在將要展開的新角色裡，看見許多成長機會……我看到自己很快就獲得高階職位……只要你努力工作，你夠聰明，你能夠走得很遠……我覺得大部分的時候如果你努力工作並全心投入，就能得到你想要的。當然，有些時候事情不在掌控之內。多數的情況下，我想如果你夠努力，你就能如願得到想要的，也能到達想去的地方。（上層階級西亞裔男性）

第三章提及的網路影音自由工作者綺亞拉，也有類似的觀點，她說，即使是在娛樂界多變的世界裡，努力工作也能帶給她成功。

我想成為非常成功的節目創作者／女演員，最理想的狀況是有個很成功的Youtube頻道，然後進軍舞台劇與演出。我腦子裡有很多想說的故事，……最好是可以靠這個賺大錢。這是我的夢想……這聽起來像個非常傲慢、雄心勃勃的夢想。但……這是我此刻正努力的方向。（我）仍然堅信人們有自由意志，可以為所欲為。……我知道自己是誰，我代表什麼，我相信什麼。（勞工階級黑人女性）

由於綺亞拉相信努力工作最終能在她相信的賢能制系統裡實現夢想，因此在追求夢想的路上不曾覺得氣餒。

訪談的當下，羅漢有份穩定的全職工作，綺亞拉是名自由工作者。兩人都認為自己的努力獲得了公平的回報（未來也將會如此），並預期努力工作與全心投入精進技能是獲得成功的門票。

多數熱情原則的擁護者不僅認為勞動市場公平地對待自己，勞動市場公平運作同時也是一般通則。充滿熱忱的廣播記者布莉安娜簡單扼要地說。

> 如果你不努力工作，就無法到達遠方。有些人很幸運，誕生在富裕家庭……但對於那些（不是這樣的人）而言，如果你下定決心，依然可能會成功。你全心投入且努力去做。我相信這是真的。（上層階級黑人與亞裔女性）

主修休士頓大學生物科技系的泰勒解釋，只要持續努力，追求自己熱愛的領域，就能水到渠成、獲得成功。

> 我覺得如果你夠熱愛某件事，不論遭遇什麼樣的困難，都會想辦法達成目標……如果你沒有選擇一個真正熱愛的科系就會失敗，因為你對這科系不感興趣，成績差強人意，低空

飛過。就像，強度每次都會戰勝廣度，所以如果你對某件事很認真，即使最初沒有賺到很多錢，也會持續努力，繼續努力，最後就會射門得分。……你可能不會像某些工程師一樣，馬上就能賺到一大筆錢，但如果你真的夠努力，就能在那個情況下發揮自己的才能。所以金錢永遠不應是目標。（中產階級黑人男性）

對泰勒而言，熱情與成功的連結顯而易見且值得信賴。許多受訪者不只認為勞動市場很公平，也認為其他人不成功源自於沒有動力。擔任空軍工作人員且兼職從事二廚的德溫，解釋自己如何得出結論，認為還待在藍領工作的人只是在阻礙自己的發展。

當我十九歲、二十歲時……我還記得被困在那種環境、那種職場的感覺。這也讓我更有動力追求更好的學術表現……我知道我想變得更好。不是針對在那裡工作的人，因為許多人還是我的朋友。我不排斥洗碗。但我知道我可以做更好的工作……我（有）某種不常在餐飲業同事、同儕間看見的動力與決心。去年夏天，當我替漢堡翻面時，我是一名受過大學教育的軍事專業人員，我的同事則是吸毒者與高中輟學生……我記得……我那時心想……老兄，我的人生跟你的人生有這麼大的不同嗎？這就是你人生最終的目標嗎？（中產

階級白人男性）

當然，不是每個職涯抱負者都相信職場是公平的。[23]父母出身奈及利亞的藥學系學生以賽亞解釋，他的父母與他自己在美國經歷過的種族壓迫，清楚顯示了不是每個人在職場都享有同等機會。

> 我只是覺得，雖然努力工作被人頌揚，但我覺得人們……能夠達到某種程度的成功，可能只是因為認識某人或是……他們出生於富裕的家庭，所以他們自出生就立即享有某種優勢。然後還有關於種族與少數族裔的系統性壓迫，即使你是班上成績最好的人，我們的頭上總是有塊天花板，特別是身為非裔美國人……我認為，即使我們曾有位非裔美籍的總統……我還是覺得你追逐著自己的夢想，追逐著那些東西，但心裡明白其他人可能不必面對同樣類型的壓迫……這就是我們目前所處的世界。（上層階級黑人男性）

以賽亞對於職場賢能制的質疑在同儕裡並不常見。以熱情為導向的職涯抱負者通常認為職場對自己跟同儕都是公平的。

但，勞動市場當然是不公平的。雖然多數的組織與機構在形式上都致力於制定公平的招募流

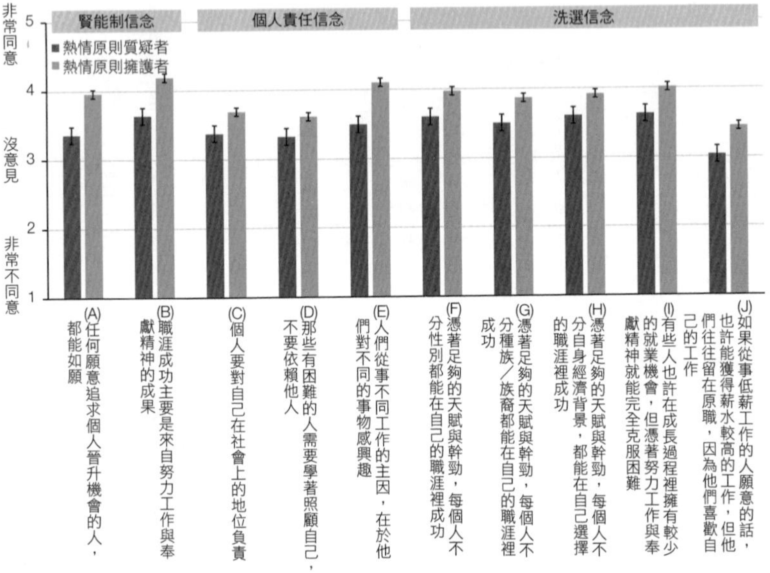

圖4.1　具大學學歷的熱情原則擁護者與質疑者秉持的賢能制信念、個人責任信念與洗選信念（熱情原則調查數據）

程，並公開反對裙帶關係與公開歧視，但針對性別、種族、階級與性別認同以及身心障礙人士的系統性不平等依舊存在。[24]天賦與努力工作可能會增加一個人的成功機會，但長期存在的歧視問題，意謂著並非每個擁有天賦且努力工作的人最終都會成功。

透過熱情原則調查數據，我更能直接地檢視堅守熱情原則與賢能制領銜的勞動市場，兩者之間的關聯性。具體來說，我檢視了受過大學教育且信奉熱情原則的勞工是否更有可能相信職場是公平的。[25]圖4.1的A與B顯示出：嚴守熱情原則與相信職場公平運作，兩者高度相關。[26]例如，同意「任何願意追求個人晉升機會的人，都能如願」（A）的比例，熱情原則擁護者（淺色條）的可能性，比質疑者（暗色條）高出百分之三十五。前者也比後者更可能同意「職涯成功主要是來自努力工作與奉獻精神的成果」（B）。[27]

乍看之下，這樣的關聯性可能讓人很驚訝。這些文化信念似乎截然不同：熱情原則是關於職涯決策優先順序的指導原則，而賢能制意識型態是對於美國勞動市場晉升結構公平性的大致評估。賢能制意識型態與政治保守主義密切相關，但熱情原則則不然。為什麼這些信念會如此高度相關？[28]

信奉熱情原則的人堅信賢能制的概念，可能是為了證明自己追求熱情是項可行的職涯選擇：他們認為勞動市場的發展已經夠公平了，至少他們對自身熱情的投資有合理的機會能夠成功。反過來，要求他人去追求熱情，則可能隱含著一種信念，認為勞動市場是可預期的、公平的，且根據個人才能，公平給予回報。我認為，賢能制意識型態與熱情原則是相互交織的文化信念，彼此力挺著對方的可行性。賢能制意識型態可能支持熱情原則的信念，因為這種意識型態提倡不論一個人的出身為何、從事何種工作，只要付出工作熱情就能成功。受訪學生在談論自己的職涯道路與勞動市場的成功時，經常將兩者相提並論。如果勞動市場是賢能制體制，只要努力工作與鍛煉就能邁向職涯成功，那麼追隨激發人們努力工作與訓練的熱情，似乎看來冒險較小，甚至是個睿智的職涯抉擇指導原則。相比之下，否認勞動市場會公平回報充滿熱忱的工作，讓追求自我表現的興趣似乎更具風險，也暗指其他追隨自身熱情的人似乎不太明智。

熱情原則同時可能會支持勞動市場的賢能制論點，如同第二章所述，熱情通常被認為是要獲得職涯成功的必要條件，它能激發人們努力工作，並無止盡的全心奉獻。熱情助長了這種賢能制邏輯：人們追隨自身熱情，熱情促使人們努力工作與鍛煉，而這番付出則帶來了職涯成功。我在本章後段將討論這種互挺可能會重現職涯不平等。

熱情（不）是你所需的一切：信奉熱情原則與個人責任說法

從廣義上來講，新自由主義是一種提倡自由市場資本主義與私有化政策、解除管制（deregulation）與緊縮措施的政治與社會意識型態。新自由主義最初於二十世紀下半葉以政經意識型態的面貌出現，強調權力從政府移轉到非公開市場，並限制失業補助等的社會福利供給。這種觀點從原本幾乎僅限於政策為主，而後擴展至更廣泛的文化信念，認為解決社會問題的最佳解方得以市場為本。此外，它假定人們本身的社會與經濟命運最好交由自由市場競爭。[29]自一九七〇年代後期以來，新自由主義已成為勞動市場最主流的觀點——是政治與經濟決策的「理性試金石」（touchstone of rationality）。[30]

新自由主義的核心原則之一是個人責任說法——相信「每個人都對自己本身的行為與生活好壞有責任……個人的成功或失敗被解讀為企業家的美德或個人的失敗。」[31]在一九八〇與一九九〇年代，在當時新自由主義日益普及的鼓舞下，美國國會議員取消了數項社會援助措施，例如社會救濟與失業補助，且有計劃地不斷攻擊工會。[32]新自由主義對個人自由與責任的文化訴求，對美國社會普遍具有說服力，這項主義破壞了社會供給福利，並因此擴大人們彼此之間的收入與財富不平等，卻將這一切都推給是政府財政責任的問題。[33]因此，個人責任說法既是新自由主義政策的核心原則，也是一種確實能向大眾證明這些政策正當合理的意識型態。

我們有理由懷疑熱情原則可能與個人責任說法有關。正如第二章所討論的，許多受訪者認為追求熱情對於成功至關重要，因為唯有熱情才能驅使人們辛勤工作，最終獲得成功。例如，休士頓大學社會學系畢業的萊恩（Ryan）表示，「興趣絕對是（選擇職涯）最重要的關鍵，因為如果你真的想做什麼事，就會發自內心做到最好」（中產階級白人男性）。

多數受訪的大學生（百分之六十三）認為，就初期的成功職涯而言，熱情比技術來得重要。這些職涯抱負者通常會解釋，剛開始工作的時候，熟練與否並不重要，熱忱就能帶來培養工作技能所需的耐力。例如，就讀休士頓大學心理學與人類學系的奧滕（Autumn）表示：

> 我覺得長遠來講，興趣可能（比技術）更重要，因為如果你對某個領域並不擅長，可以逐漸建立基礎……你可以多加練習，也許就能更加熟練。但興趣的話，如果你一開始就不感興趣，那就會像場苦鬥，一切都會很難。（中產階級白人女性）

有時候這會以「靠著自己的力量振作起來」這種職涯成就的概念來呈現。正如一名就讀休士頓大學音樂系的學生所解釋的：

> 我不在乎那是什麼東西，如果你想做，如果你下定決心，那你就能辦到。技術是可以培養的……所以如果你有喜歡的事，卻覺得不是很擅長……你可以做得更好；只要跟對的人在一起就行了。（中產階級白人女性）

在這樣的背景下，事業成功取決於個人；如果一個人的動力源自於自己的熱情，就更有可能成功。

受訪者當然明白「熱情+努力=成功」的方程式是有邊界條件（boundary conditions）的。例如，一名休士頓大學的學生指出，不論多麼充滿熱忱，「不是每個人都能治好癌症」。有些人不論多努力嘗試，都不會打破世界紀錄。儘管如此，信奉熱情原則的人仍認為秉著熱忱工作，在大部分的職涯領域裡，對多數人而言都是邁向成功的可靠途徑。

受訪者經常將自身的職涯成就歸因於個人投入工作熱忱的結果。例如，擔任會計師的莎拉將她職涯初期的成功，歸功於自己針對要在哪裡實習、工作，經過深思熟慮後才做出決定。

> 通常獲得會計系學位之後……有衝勁與進取心的人會去四大會計師事務所，因為當你畢業時，如果從大型事務所做起，之後再換成小間的事務所，會比你一開始在一家精品店工作，然後一路往上爬容易得多……我想在名聲響亮的大公司上班……我在一家（大型石油公司）的商品交易廳實習……我是當中表現最好的實習生，所以他們提供我再次實習的機會……在協商我（正職）的薪水與福利時，那裡的管理層認為這份工作不需要執業會計師執照（CPA），他們不認為有必要支付這張證照的費用。我告訴他們之後我會進入相當重視CPA的會計師職業（public accounting）領域，這讓我可以進一步實現個人與職涯目標。這就是我選擇會計師職業與四大會計師事務所這條路的原因。（中產階級白人與亞裔女性）

莎拉將自己的職涯發展歷程解釋為一連串刻意的選擇，其中包含了幾個不同產業（從石油到會計師職業，再到四大會計師事務所）。但她能夠照著這條路走，不單單僅憑自己的熱情使然；如同第三章形容的跳板，莎拉是透過父母的管道才取得這些實習機會，進而能夠做出這些選擇。

受訪者將個人成功看成是自身做出的選擇與努力工作所帶來的成果，這並不讓人驚訝。更驚人的是，許多在追求熱情的路上遇到絆腳石的人，儘管結構性的阻礙相當明顯，他們同樣將這些遭遇視作是自己的選擇。里卡多（Ricardo）即是一例。他在常春藤盟校攻讀博士學位時，決定半途放棄，轉而攻讀排名較低的生物工程碩士學位。雖然隨著訪談進行，造成他離開博士班的主因，漸漸水落石出，其實是因無法從帶有種族主義歧視的指導教授那裡獲得支援與資源，但里卡多卻將轉換學程的決定視為熱情驅使的個人選擇。他說，在博士學程裡遭遇到的困難都是命定的，因為如此才「打開了大門」，讓他得以花時間思考其他更有熱忱的職涯發展歷程。

要放棄攻讀原本的博士課程是項艱難的決定。我花了許多時間自我反省，和自己有過許多憤怒的對話，挫折的對話，摻和著許多酒精，想真正搞清楚這究竟是不是最好的決定。我覺得如果真的讀得這麼辛苦的話，也許這個博士學程根本不適合我。這件事為我打開了一扇門，讓我更加自省——思考我想要什麼，能讓我真正覺得快樂的是什麼。我很怕自己選擇放棄，我讓那些支持我去唸（常春藤盟校大學）的人失望了，他們曾經那麼替我開心且為我感到驕傲。（勞工階級拉美裔男性）

雖然里卡多很顯然就是遇到結構性障礙，但他把這些挫折當作自己「不屬於」這項博士學程的證據——按照他的說法是一個領悟，最終將他推向自己「真正」喜歡的領域。

這些例子透露出的訊息和珍妮佛．席爾瓦（Jennifer Silva）針對勞工階級青少年的研究結果一致，這些青少年往往不願承認結構性障礙（即使是經濟衰退期間亦然）是阻礙他們成功的原因，反而往往將職場上的缺失全都歸咎給自己。[34]歐佛・薩羅納（Ofer Sharone）針對美國失業白領勞工[35]以及愛莉森・普伊與遭解雇的藍領與白領工作者的訪談，也呈現相似的情形，這些人常將失業、找不到工作的過錯都攬在身上，[36]聲稱自己「配」不上應徵的職務。[37]如同這些研究，本書針對熱情追求者的研究顯示，有職涯抱負的人往往一肩扛起在學校或職場的成敗。即使受訪者能夠察覺到結構性不平等的存在，他們通常也無法（或不願意）看見這些不平等如何促進或阻礙自己的職涯發展。[38]

那麼，擁護熱情原則的人會更有可能接受個人責任說法嗎？熱情原則調查數據證實，受過大學教育且在職中的熱情原則擁護者，確實比持懷疑態度的同儕更有可能相信新自由主義的個人責任說法。圖4.1中的項目C顯示，熱情原則擁護者比質疑者更可能同意，不論教育程度、職業與人口統計的差異，個人應為自己在社會中的地位負責。前者也比後者更可能相信「那些有困難的人需要學著照顧自己，不要依賴他人。」（項目D）

如同賢能制意識型態，熱情原則與個人責任說法似乎也彼此力挺。[39]個人責任的新自由主義更強調熱情原則的個人主義，且較期望個人追求自己獨特的道路。回過頭來，熱情原則要求人們為了成功，必須深入自己內心，從獨特且表現自我的興趣中找尋動機，這樣的概念符合新自由主義主張努力工作帶來成功的觀點。我將在本章後段討論這種相互關聯的涵義。

熱情原則如何洗選職業不平等

前述結果顯示，熱情原則與勞動市場公平的信念（賢能制意識型態），以及人們得為自己的社會地位負起全責（新自由主義的個人責任說法）互相交織。但熱情原則可能與關於不平等的信念有更深的連結。具體來說，我認為熱情原則可能有助於職業不平等的洗選模式，並讓人更加相信憑著熱忱努力工作總能克服結構性障礙。以下我將探討熱情原則如何可能將社會的職業隔離問題「個體化」。

再來，我檢視了堅信熱情原則，以及認為只要願意努力工作的話，無論女性、有色人種與勞工階級都能克服性別、種族與經濟劣勢，這兩種信念彼此的關連。

熱情（不）具個人獨特性

如同我在第一章所解釋，本書所使用的「熱情」一詞是種對於職涯或生產性任務領域的自我表現，與承諾相連結。我們會對哪些事物熱衷，來自於自我概念，這種關於自己是誰、喜歡哪些事物的概念會受到後天的影響，持續培養、發展。雖然自我概念是由我們身處的文化與體系所塑造，但通常與隨之萌生的熱情都會被認為是一個人的特殊（即個人的、非結構性的）偏好，以及價值觀的產物。[40]受訪的職涯抱負者認為他們的熱情基本上具有個人獨特性，與他們長久以來的個性特徵、個人經歷，以及／或所秉持的個人價值有所關聯。

然而，再進一步檢視職涯抱負者熱情的「起源故事」後，很明顯地，強大的結構過程也對他們發展自己的熱情有所影響。來看看查斯（Chase）描述自己如何對物理產生熱情。

> 我真的一直對（物理）很有興趣……甚至還很小的時候，就對事物如何運作很感興趣……我記得自己在小學的時候，問過爸媽光是如何運作的。那時候他們總跟我說，那是個很怪的問題……現在我是研究光的科學家，這很合理。我對這個領域一直很感興趣。在高一的時候，有一位超級、超級有趣、很投入又充滿熱忱的科學老師。他引導我走上一條我一直以來都想走的職涯道路。我在高中時期很自然地愛上數學與科學課。當我進入大學，早已做好決定。真的沒怎麼想過要做其他事。（上層階級白人男性）

查斯將自身興趣描述成是長久以來個性的一部分。他的父母則說查斯最早對光產生興趣，可追溯到他的童年時期。但查斯正好也遇到身邊有人鼓勵這項興趣。假若沒有鼓勵他的父母、支持他的高中老師，查斯可能會走上一條截然不同的路。

同樣地，塔拉解釋自己從小就想當醫生。醫學是她身分認同很重要的一部分，是她長久以來的夢想。並非巧合的是，塔拉的雙親都是醫生。父母的專業地位對她的熱情產生無可否認的影響。

作者：妳認為自己為什麼會走上就讀醫學院的路？

塔拉：那得回溯到古早時期，早在我還是孩子的時候……我爸以前常收到郵寄來的醫療期刊。我對這些刊物很著迷。每次回家收到新的一期都會很興奮……如果期刊裡沒有足夠的血腥照片我就會很失望。某種意義上來講，我對那些血腥畫面很著迷，我常問我爸很多問題，像是那個人怎麼了，為什麼他會這樣？你可以把他治好嗎？等等之類的問題。我父母……鼓勵我繼續鑽研……我自己也知道我應該會朝這條路邁進。

（上層階級中東女性）

因為父母職業所接觸到的資源，加上萌芽的好奇心獲得鼓舞，點燃了塔拉的熱情。她有幸很早就接觸到醫學，並獲得父母的鼓勵，後來因此申請了休士頓的一所醫學高中。接著在休士頓大學攻讀生物系，最後進入醫學院就讀。

同樣地，就讀蒙州大音樂教育系的梅莉莎（Melissa）活靈活現地解釋著自己長久以來對音樂的熱愛：「打從我有記憶開始就一直在音樂的環境裡，很小的時候就唱著歌……音樂一直是我人生的一部分……我很愛和人們一起創作音樂……這件事帶給我很大的快樂」（中產階級白人女性）。梅莉莎進一步解釋，父母負擔得起她鋼琴課、參加合唱團的費用。她可以參與學校的音樂劇，花上數把個月密集準備與排練，不像其他許多高中同學們得在課餘打工賺錢。梅莉莎的父母花在她音樂興趣上的投資，其他學生不一定能夠負擔。沒有這樣的資源，以及課餘長時間的投入，梅莉莎不一定會走上相同的音樂之路。但她將自身與音樂的連結，描述成個人獨特的特質，忽略了在青少年時期獲得的結構性資源。

受訪者所處的社會環境對其發展熱情的影響，並不完全與個人的特權地位有關。有時受訪者遇到的結構性劣勢反而有助於發展出他們的熱情。例如，瑪莉亞解釋自己對社工有興趣，是因為小時候替母親申請社會服務的緣故。

> 我在加州中部長大……那裡所有的人——都是移民農場工人、集合家庭農場的工人，都只會說西班牙語。很多孩子很小的時候就得替父母擔任翻譯……我們會跟爸媽出門，去醫院、在醫生的辦公室、在學校和校長談話，任何妳能想到有專人提供服務的地方……在很小的時候，我已經看見幫助他人的重要性與好處。我一直覺得自己會跟拉美裔族群一塊工作，現在也的確如此。（中產階級拉美裔女性）

瑪莉亞在加州中部的童年經驗，讓她察覺到她的社群有多麼需要能講西班牙語的社工。然而，瑪莉亞談論自身熱情的增長，也是以自身的社會正義為導向的價值體系為出發點，而非周遭結構性環境帶來的結果。

大多數受訪者認為自己是出於個人獨特的品味與價值觀，自然而然地發展出自身的興趣。[41]這是受訪者某種程度上以目前的價值觀與環境，看待並理解自己的過去，所形成的回顧性敘述。[42]但很明顯地，每個例子都部分受到了環境影響或激發出的熱情。這樣的情形正與熱情原則擁護者典型的二分法概念相反，後者指出，人們憑直覺「知道」一個領域是或不是他們的熱情，熱情發展與一個人遭遇的限制與機會高度相關。因此，熱情原則的文化基模某種程度上便能延續這樣的概念：一個人本來就會對某個職涯領域充滿熱忱，而不是變得對某個領域充滿熱忱。

我在第一章說過，人們的自我概念，其實受到了性別化、階級化與種族化的結構與制度影響——也就是說，當人們尋求自我表達的職涯道路時，通常就助長了階級、性別與種族的職業隔離。[43]熱情原則除了使得勞動市場的職業隔離更加嚴重，還可能會讓人在理解這些隔離模式時，反而忽略了當中的結構基礎。如果一個人認為無論是自己或他人的興趣都是具有個人獨特性的，那麼積重難返的性別、種族、階級職業隔離問題，就會像是因為個人追求熱情所產生的一般後果或良性結果。熱情原則擁護者比質疑者，更可能將職業隔離模式解釋為追隨興趣所導致的良性結果。

我使用熱情原則調查數據，檢視熱情原則的擁護者是否比懷疑這項原則的人更有可能將職業隔離解釋為個人主義選擇的後果。整體來說，樣本中約四分之三（百分之七十五點七）的人同意「不同的人從事不同的工作，主因在於他們對不同的事物感興趣。」熱情原則的擁護者與質疑者之間的差別相當顯著：百分之八十五的擁護者同意人們從事不同工作，因為他們擁有不同興趣，但僅有百分之六十一的質疑者抱持相同意見。（參見頁232圖4.1的項目E。）重要的是，在圖4.1，控制變項是人們是否對工作懷抱熱情，而此處的熱情原則是一種規範性的敘述，而非單純反映出他們的工作經歷。

總而言之，信奉熱情原則不僅鼓勵個別職涯抱負者走上自我表現的路，進而更鞏固職業隔離的模式（如同我在第一章所陳述），也可能導致他們將職業隔離看成是人們追求個人興趣後產生的良性結果。熱情原則認為產生熱情的緣由深具個人獨特性，也認為職業隔離是個人追求熱情的結果，出於這些信念，熱情原則反倒協助掩飾了這些職業模式，並辯稱其結構與文化根源是個人選擇所產生的集體結果。

熱情原則與理解職業隔離以及結構性不平等

熱情原則不僅可能與人們如何闡釋職業隔離有所關連；也可能關乎這項原則的信徒們如何普遍理解職場裡的結構性階級、性別與種族障礙。我在這裡檢視了信奉熱情原則與受訪者承認結構性障礙與否的關聯性。[44]

我假設熱情原則的信徒比質疑者更可能同意弱勢族群可以透過全心奉獻並努力工作來克服結構性的性別、種族與階級障礙。若這些人傾向相信熱情可以驅使人們努力工作，進而帶來事業成功，那他們可能也會相信只要憑著足夠的努力，最終就能克服像是性別歧視、種族歧視的結構性劣勢。這樣的話，熱情原則就不只是作為信徒們該如何看待他人行為的規範，信徒們也透過這項原則，理解結構性障礙，並評斷要克服這些障礙的難易度。

我利用熱情原則調查數據，檢視了信奉熱情原則與相信弱勢族群克服職場結構性障礙的能力，兩者之間的關聯性。和先前一樣，每項分析裡我都控制了受訪者是否對**自身**工作抱有熱忱，以及人口統計與工作特質的差異。這樣的作法能夠屏除這項基模的規範性特質，不論受訪者對自己工作的想法為何，都不受影響。

首先，我檢視了熱情原則調查中的熱情原則擁護者是否更有可能同意努力工作與天賦足以克服結構性障礙。在保持受訪者的性別、種族／族裔、階級與其他人口統計因素，以及受訪者對自身工作熱忱度等變項固定的情況下，我發現熱情原則的擁護者比質疑者更可能同意，憑著足夠的天賦與動力，不分性別傾向（項目F，圖4.1）種族／族裔（項目G）或經濟背景（項目H）的差異，任何人都能在自己選擇的職涯裡成功。換句話說，信奉熱情原則的人更傾向相信在熱情驅使下努力工作，就能克服社會不平等。

與其他學者提出的人口統計模式一致，女性受訪者較傾向不同意人們光靠努力工作就能克服性別、種族與經濟阻礙。[45]熱情原則調查中的黑人與拉美裔受訪者與白人受訪者相比，較不可能同意人們光靠努力工作就能克服性別、種族或階級背景為何，堅信熱情原則的程度並無差異。[46]

接著，我利用熱情原則調查數據檢視受訪者是否認為選擇待在低薪工作的人是因為他們喜歡那份工作（這項觀點類似於雪莉的看法，那位磚匠「一定很愛磚塊」）。整體而言，在這些具有大學學歷的受訪者當中，有百分之五十二的人同意「如果從事低薪工作的人願意的話，也許能獲得薪水較高的工作，但他們往往留在原職，因為他們喜歡自己的工作」（項目J）。但熱情原則擁護者與質疑者就這一說法的同意程度，有很明顯的差別。超過一半（百分之五十四）的擁護者同意此說法，但僅有約三分之一（百分之三十五）的質疑者持相同看法。

這些分析更進一步指出，虔誠信奉熱情原則的人更可能相信靠著足夠的努力就能夠克服結構性的性別、種族與階級障礙。他們也傾向辯稱人們從事不同職業是個人選擇的結果。

最後，我探討了熱情原則是否與受訪者忽視結構不平等有關，而與他們的政治信念無關。我跑了迴歸模型（regression model）來預測圖4.1的各個項目，包括將受訪者的政治保守主義作為控制變項。如同預期，即使控制了受訪者的政治保守主義變項，堅信熱情原則對否認結構性障礙的影響仍然達到顯著。換句話說，熱情原則對這些結果的影響，不只是該原則在某種程度上代表顯示出政治保守主義，而是這項原則與受訪者忽視結構不平等的可能性，具有獨立的關聯性。

洗選

前述結果顯示出熱情原則與受訪者淡化或忽視職場的結構性障礙，彼此具有很強的關聯性。我替這個過程取了一個名字，熱情原則有助於「洗選」（choicewashing）結構性隔離與劣勢的模式。這正是雪莉對於安德烈斯的評論：她洗選了這名磚匠所面臨的結構性環境，將他的體力勞動工作說成是他選擇從事自己熱愛的工作。[47]當然不是每個相信熱情原則的人都會以這種方法洗選結構性障礙，或將他人的成功與失敗看作是個人的境遇。但這些想法在實證上與概念上仍然密不可分。

在前述的結果中，有幾處顯示出熱情原則擁護者的確有洗選不平等的傾向。首先，多數擁護者認為人的熱情是出於個人自然而然的獨特品味與人格性（sense of personhood），但自我概念其實是某種社會建構（social construct），對於影響人們最初形塑性別、種族與階級方面的自我（self）的社會模式，追隨熱情往往會加強、而非質疑這些模式。規定熱情原則是做出職涯決策的理想方式，不僅加深了性別、種族與階級方面的職業隔離，更助長了這些職業隔離被洗選為個人追求熱情的良性結果。

其次，熱情原則擁護者比質疑者更可能相信自身選擇的職業，靠著努力工作就能克服像是性別、種族與經濟背景等的結構性阻礙。這樣的想法否認了結構性阻礙長久以來的影響力，將克服這些阻礙的責任全推到弱勢族群的身上。[48]有趣的是，熱情原則與這些信念的關係幾乎不因受訪者的性別或種族／族裔有所差異。整體而言，女性與有色人種較不可能認為靠著努力工作就能克服結構性障礙，但崇尚熱情原則，則同樣提升了他們相信結構性障礙是得以克服的可能性。[49]

但是，光靠個人努力工作當然無法解決結構性障礙，且若相信這個理念，弱勢群體反而得更加努力，反觀他們的同儕則沒有這樣的負擔，也不是光靠熱情就能獲得職場上的成功。如同第三章所說的，不是每個人都早一步在求學路上有所準備或擁有課外實習的經驗以及人脈，社會地位的偏見與歧視仍讓弱勢族群在高等教育與職場裡處於劣勢。[50]認為熱情就足以達成成功的概念，掩飾了前述的結構性與文化限制，將失敗的責任直接歸咎於職涯抱負者的身上，怪罪他們根本不夠努力。

齊聚力量更強大：個人主義的勞動市場信念如何互挺，加深不平等的現狀

《你的降落傘是什麼顏色》作者理查．博勒斯於二〇一五年在一場記者會上表示：

> 現今的工作本質上就是一場冒險。你永遠不知道接下來會發生什麼事……你必須要在工作裡找到滿足感。你的自尊心必須來自於工作，而非希望會實現的升遷、加薪或其他回饋

——這些可能永遠都不會實現。我真心相信，沒有受害者思維的話，每個人——不論背景、教育或能力如何——都能在這個混亂的職場中，為自己開闢出一條好的道路。[51]

博勒斯相信只要努力工作並懷有熱情就能克服結構性阻礙，本章顯示了我所研究的熱情原則擁護者普遍秉持著這個信念。

前幾章將熱情原則作為指導原則來研究，個人看重熱情，並根據這項原則為自己的職涯道路做出決策。在本章中，我將熱情原則視為一種更廣泛的意義建構基模來研究。藉著與職涯抱負者的訪談以及熱情原則調查的數據，展現出更全面的文化基模，熱情原則不僅深入到信徒的內心深處（見第二章），有助於他們理解勞動市場的大致運作，也作為他們認為他人應該如何做出職涯抉擇的一種規範。我發現對於熱情原則的堅持並不是一種孤立、與其他關於勞動市場的信念相異的文化模式。這項信念反而根植於其他強大的文化信念網絡中——這些強大的信念往往個別化看待個人的職場成敗，將職場塑造成基本上是公平的，並認為透過足夠的努力便能克服體系的不平等。控制受訪者是否對**自己**的工作充滿熱忱這項變項的情況下（這可能會影響他們對追求熱情的普遍看法），信奉熱情原則的受訪者更傾向相信賢能制意識型態與個人責任說法。

本章討論的文化信念是相互構成並相互支持的。熱情原則、賢能制意識型態與新自由主義個人責任說法，共同呈現了一個有關職場參與與進步的迷人故事：人們依照自身熱情自由選擇職涯道路，內心的熱情驅使自己努力工作，公平的職場認可這番努力並給予回報，最終獲得成功。在這樣的邏輯下，淡化或消弭了結構性阻礙，個人在職場裡擁有決定自己去路的自由與責任。只要在自己感興趣的領域裡，投入足夠的努力，每個人都能「為自己開闢出一條好的道路」（用博勒斯的話來說）。

因而對於怎麼理解勞動市場內部動態與勞工的命運，熱情原則讓人們建構出非常個人原子化歸因，並以選擇為中心的觀點。熱情原則與基於賢能制管理與個人責任的職場觀念非常吻合，即「個人選擇的神聖性被昇華到最高等級；成本效益分析替個人行為提供了指導原則，而個人的不足之處（是）合理的、實用的、且不可避免的。」[52]當我們闡明了熱情原則與賢能制意識型態及個人責任說法的相互關聯性，便揭露出這些信念環環相扣所擁有的修辭力量（rhetorical power）。

若不明瞭熱情原則、賢能制意識型態與新自由主義相互支持，在勞動力市場中所中所成功扮演的角色，學者們可能會低估這三種信念的影響力與說服力。原本可能有些人會持較進步的態度、宏觀地看待造成不平等的社會歷程，然而，熱情原則可能會讓他們傾向接受職場裡的賢能制意識型態與新自由主義。那些認識到結構性的種族歧視、性別歧視與經濟不平等的人，可能仍會推崇追求熱情是職涯決策最佳方法，進而間接推崇職涯成功的個人主義敘事或甚至洗選職業隔離的某些模式。

廣泛考量不平等

本章呈現的研究結果顯示，熱情原則能透過三種方法讓勞動市場更加不平等，並合理化這些不平等。首先，熱情原則助長了職業隔離與不平等的洗選模式。堅定擁護熱情原則的人，更有可能辯解職業隔離與各行業薪資之所以會不平等，是因為人們追尋自己的興趣，他們也更傾向相信透過個人努力能夠克服結構性阻礙。如同本章最開頭，雪莉對於磚匠的評論，將職業隔離說成是追求熱情的結果，替這些系統性不平等做辯解。這樣的結果可能會在個人層面（影響人們對可能消弭不平等的政策與行動的評估）與廣大的制度層面，決定了公營與私營組織機構認定什麼才是較好的做法。

其次，熱情原則有助於鞏固賢能制意識型態與個人責任說法的核心信念——這兩種信念能有效地削弱工作者的集體力量，以及逐漸減低能促進勞動市場公平的政策計畫的民眾支持度。[53]在一個認為人們應為自身職涯成就負全責的賢能制系統裡，熱情原則是一個理想的加分項目。它有兩項作為：(a)破壞了至今對於消弭這些不平等所做出的努力與社會服務，例如福利政策、積極平權措施與助學金）；(b)質疑其他可能更有助於解決前述不平等的結構性與社會改革（例如，更積極的稅收制度）的合理性。

在闡述個人化的職場參與概念時，熱情原則結合賢能制意識型態及新自由主義，比後兩者單獨存在，且更加條理分明、更具吸引力。熱情原則在學校與職場都是關於職涯決策主要的文化敘事，其普及程度可能會合理化教育者、雇主、機構主事者、立法者，以及職涯抱負者所見的職業隔離模式。而這些觀點的普遍性可能會讓制定政策的人與一般大眾更難想像有其他替代的可能性。[54]

第三，熱情原則可能會對社經地位處於優勢的社會群體有利，因為這項原則讓他們得以將事業上的成功視為自己出於熱情的抉擇，以及熱情驅使他們努力工作所帶來的成果。像史提夫·賈伯斯與伊隆·馬斯克（Elon Musk）一樣，在勞動市場表現比其他社會人口群體更出色的白人富豪男性，更容易將自己的成功歸因於熱情帶來的堅持，而非自身享有的特權與資源。他們可能充滿熱忱，但這些人能有今日的地位，不僅光靠熱情而已。能夠成功，而且將成功歸因於自己的熱情，這樣就連贏了兩次：不僅在金錢遊戲上獲勝，也同樣贏得了文化正當性。一個成功登上自己職涯領域頂層的人，聲稱是因為熱情才獲得成功，這便是藉由熱情原則讓特權得以正當化的一種惡劣的表現。

當然，不是所有熱情原則的擁護者都會洗選職業不平等，或不加批判地相信賢能制意識型態與個人責任說法。而且人們在理解這個世界時，會借鑑許多文化敘事，這些敘事有時甚至互相矛盾。[55]但關於勞動市場的信念事關重大。認為是系統性結構因素導致這些不平等現況的個人與機構，更可能支持打擊機會不均的政策與計畫；而那些將不平等歸咎於個人失敗的人，則更有可能否決這些措施。[56]熱情原則也可能會故意模糊了教育機構與就業組織必須肩擔公平分配機會的責任。

總而言之，熱情原則與特定的職場信念系統環環相扣，並相輔相成，這個系統要個人負起全責，靠自己的力量立足；這個系統也否認職業不平等的存在或嚴重性。如果安德烈斯是因為熱愛磚頭才擔任磚匠，而非因為他找不到其他不是按件計酬的戶外體力勞動工作，那麼能夠改變他所處經濟結構的政策與措施，就幾乎沒必要存在了。

第五章　剝削熱情？

熱情原則的需求面

資深專案分析師，博思艾倫哈密頓公司（Booz Allen Hamilton Inc.）
亞歷山卓市（Alexandria），維吉尼亞州

您是否熱衷於幫助組織理解並實現其目標？當您的客戶意識到您將如何改造他們的組織，而發出「原來如此！」的讚嘆，您為了這一刻而活嗎？許多組織都知道自己的方向，但如何實現目標可能是項挑戰。我們徵的就是您：一位能夠確立並實現組織長期目標的策略顧問。

DevOps資深軟體工程師，第一資本公司（Capital One）
維也納（Vienna），維吉尼亞州

第一資本工程團隊誠徵一名對於CI／CD（一種建構程式碼的方法）充滿熱忱，且希望成為團隊一分子的全端開發維運工程師。該團隊負責建構並維護一組集中支援的整合工具，讓大型軟體工程社群能夠加快軟體品質發展，並促進自動化部署。

施工安全督導員，FORMA建設公司
西雅圖，華盛頓州

您是否熱衷於安全並確保每個人都以安全的方式，在安全的環境下工作？在FORMA公司，我們的指導原則之一是「沒有人受傷！」

我們正誠徵有才華的安全督導員，能夠創造、支援並加強我們對安全的承諾。

前述均來自Monster.com徵人廣告，檢索於二〇一九年五月二十日

瀏覽網路徵人廣告或購物櫥窗張貼的尋人啟事時，實在很難忽略上頭「有熱忱」這個形容

詞。當我在Monster.com網站上以「有熱忱」進行關鍵字搜索時，出現超過一萬五千條結果，前述的列表僅是當中的前十個。組織在徵人廣告裡，的確經常將熱忱列為標準之一。[1]為什麼會這麼常提及熱忱？只要員工們做好自己的工作，為什麼雇主會對他們是否在工作裡找到個人意義與自我表現的成就感如此感興趣？

第一章說明了，多數受過大學教育的職涯抱負者，或甚至可說一般的美國勞工，皆高度重視能夠自我表現與有意義的工作。第二章表明，這樣的價值觀部分根植於一種信念，即認為熱情有助於持續投注時間與集中注意力，這兩者似乎是職涯成功的關鍵。根據熱情原則，熱情穩定提供人們努力工作與持續投入的內在動機——單靠金錢或地位無法提供這種動機。

但，那些聘僱有熱忱的員工的人與組織呢？他們是否受益於職涯抱負者努力不懈追求自身的熱情，甚至對有抱負的工作者產生不良影響？本章著眼探討熱情原則的**需求面**：雇主是否偏愛甚至不當利用了求職者與員工對自身職涯領域的熱情，並從中受益。

正如我們所見，職涯抱負者追求熱情時往往願意，甚至期待為了能夠從事他們「熱愛」的工作，犧牲薪水與工作保障。更重要的是，充滿熱忱的員工自願付出更多的心力。與工作動機來自薪水或升遷的員工相比，雇主可能因此更偏愛充滿熱忱的員工。[2]我發現，不只雇主能受益於這種員工，擁有聘僱權力的人也格外喜愛熱情洋溢的求職者，因為後者似乎更可能在工作上付出更多，卻不要求額外補償。換句話說，雇主們可能刻意利用了工作者對工作的熱情與個人投入，卻沒有給予相對應的回報。

熱情是剝削勞工的一部分嗎？

在探討熱情原則的需求面之前，先簡要回顧一下資本主義工作場所的兩個重要的基本特徵。首先，不論透過間接或直接強制，或出於個人對其工作成果的投入，工作者必須積極努力工作。其次，資本主義經濟中的利潤，來自於勞工薪資低於市場上他們生產提供的商品與服務售價。正如我之後會解釋的，第一項觀點是韋伯（Max Weber）對現代經濟關係思想的一個關鍵特質；第二項則是馬克思主義對於資本主義與勞工剝削理論的基石。[3]在這兩項過程裡，員工對於工作的熱忱對於雇主極為有利，卻虧待了員工本身。

對韋伯而言，資本主義勞動市場的核心難題之一，是如何激勵勞工。韋伯認為，要在組織裡加強工作效率，員工必須要有想要工作的「意向」。這種意願可能出於直接或間接的強迫：勞工們可能為了要養家糊口、避免遭到懲罰或羞辱，或者因為受到監督與監視而工作。另外一種勞工「傾向去」工作的方式，是個人投入工作之中，在這種情況下，他們「對工作的態度彷彿工作本身就是一個絕對目的。」[4]如同第一章所討論的，根據新教倫理，不論是在間接或直接強迫的情況下，努力工作本來就是道德上應循之事。如今新教倫理的宗教根源已讓位於「奉獻給工作」的世俗觀念，或者是成為一項道德價值的指標，期望人們要表現出努力工作的奉獻精神，並對任職的組織付出忠誠。[5]這種在文化上或宗教上的規範，的確讓工作者投注精力努力工作，但需要經過「漫長而艱巨的教育與社會化過程。」[6]

與其因道德要求工作的價值而努力工作，相比之下，對自身工作充滿熱忱是種誘人的替代品。資本主義中的雇主都期望員工們能努力工作，而熱情不只能激發他們自發努力，更不需要額外施壓強迫或訴諸道德要求。當自己的工作就是熱情所在，便更容易說服人們辛勤工作。正如我在第三章所討論的那些追求熱情的大學畢業生，他們在職場裡的全心付出，感覺就像是自我表現與自我實現的行為。與其靠著「道德層面的社會化」成為努力工作的美德，或者相信不論一個人的工作有多單調平凡，都對社會有所助益，不如讓熱情**本身**成為努力工作的**動力**。[7]因此，雇主可能會特別重視對工作抱有熱忱的員工，因為理論上，他們不需要怎麼強迫、監督、紀律就會努力工作。[8]

不同於韋伯著重工作者的動機，馬克思關注的是勞動者在資本主義經濟裡遭受的剝削。他解釋剝削是一種「一群經濟參與者的勞動成果遭到另一個群體榨取並占為己有的過程。」[9]勞動者生產的經濟價值與其工作報酬之間的差額則稱為「剩餘價值」。對於馬克思而言，當雇主以利潤形式拿走這些剩餘價值，就產生了剝削行為。不論出於自願或非自願，只要提供愈多剩餘價值給雇主，就會遭受更多的剝削。重要的是，剝削不僅是個別勞動者與雇主之間交易關係的特徵之一，剝削更深植於資本主義經濟結構的本質當中。[10]因此，即使勞動者自己不覺得遭到剝削，還是有可能會發生剝削一事。

其他學者已將這些源自馬克思針對十九世紀歐洲產業勞工的分析，所提到的傳統剝削概念，擴大至其他群體。例如，C．賴特．米爾斯（C. Wright Mills）將這項分析擴及美國白領階級與專業工作者。儘管白領工作者的工作條件與馬克思筆下的工廠工人性質上有所差異，但前者同樣遭遇了異化（alienation）與剝削。白領工作者通常是「當權者的巨大枷鎖裡可相互替換的部分，……出賣他們的人格」與時間。[11]這種類型的剝削不僅可能發生於營利性的公司，也可能發生於公部門與非營利組織裡。[12]

勞工會被剝削的不僅是體力與腦力。亞莉．霍希爾德（Arlie Russell Hochschild）說明了，工作者的情緒勞動，或與主管、客戶和同事互動過程中的情緒規範，也有可能被強行拉攏要求。當工作者提供的勞動需要帶有某種情感（例如，空服員被期望具備的人情溫度），這些情感也可能被作為勞動的一部分。[13]當私人舉止（像是微笑或幽默）落入雇用組織的掌控之中，霍希爾德稱此過程為「蛻變」（transmutation）。[14]

我認為，充滿熱忱的員工對自身工作領域的任務，所抱持的個人喜愛與好奇心，也同樣可能會遭其任職組織所利用，組織則因為員工沒有察覺或得到相對補償而受益。在第二章中，我們看到許多大學生相信從事與自身熱情相關的工作會讓他們獲得成功，因為熱情會提供內在動力，讓他們在法定每週四十個工作時數外，額外投入時間與心力。而這番由熱情驅使的勞動為雇主創造了額外價值——即使工作者並不因此覺得異化——雇主可能也很清楚這項事實。

為了熱情犧牲

熱情原則首重追求具有熱忱的工作，而非追求高薪或職業聲望。熱情原則的擁護者往往表示願意為了自己滿意的職涯領域犧牲薪資與經濟穩定性。許多追求熱情的學生闡述自己的期望甚至願意為此長時間工作、「吃泡麵」——如果他們可以從事真正熱愛的工作，那麼也「無妨像個真的很窮的二十多歲年輕人」。一名在史丹佛大學主修傳播的學生解釋，「我從很久以前就接受了自己只想寫作的事實，所以我知道我是不會賺什麼錢的」（勞工階級黑人女性）。同樣地，一位名叫莉莉（Lilly）的工程系學生，談到做出錯誤的職涯選擇的理由，她說：

> 老實說，就是為了錢。因為即使錢是生活在這個星球上與這個社會裡很必要的一樣東西，這也不應該成為你決策的驅動力，因為你可以有其他的方法來賺錢。如果你在職涯裡沒賺什麼錢，像是薪水什麼的，也沒關係。只要全心投入自己的熱情當中，總會成功的。（中產階級亞裔女性）

這種為自己「熱愛」的工作而願意犧牲的想法，在不同階級背景的學生當中都相當普遍。一名來自富裕家庭、主修地球系統科學（earth system）的史丹佛學生表示：

我自己是覺得，只要有支付薪水，我就有辦法繼續做下去。也許隨著年紀增長，賺更多錢這件事會變得更重要，但職涯剛起步的時候，你一定會很小心花錢，所以薪水不高也沒關係。我覺得只要有掙到生活費就沒問題了。（上層階級白人女性）

一名就讀蒙州大生物系、來自勞工階級家庭的學生表示，他知道自己只要喜歡自己的工作就能憑著微薄的薪水度日。

我小時候家裡很窮，每兩個月就會從慈善機構Goodwill那裡收到幾箱別人捐贈的衣物。坦白講，我跟我丈夫常常在討論這件事。我們未來會有足夠的錢，即使到店裡買了價值四美元的麵包也不覺得內疚。我們都很習慣一無所有的生活，所以即使薪水低一點，對我們來說也沒差。（勞工階級白人男性）

為了追求自己的熱情而從事不穩定或低薪工作的畢業生，覺得這樣的犧牲是值得的。先前提到的休士頓大學畢業生克萊兒，在休士頓自然歷史博物館從事兼職工作、年薪低於兩萬美元，她說：

> 我不想只是因為某個領域很熱門、有很多工作機會就選它。沒錯，找份工作的確很重要，但如果要因此完全放棄自己科學、人類學、通識教育的背景，去找一份很熱門的電機領域工作，我會覺得很受傷。

克萊兒很清楚自己為了能做這份工作，犧牲了工作穩定度與薪水，但她解釋，「我在財務方面相當嚴謹，所以在我看來，只要賺的錢不要低過目前的薪水，就能夠維持自己的生活方式。」[15]史都華．邦德森（J. Stuart Bunderson）與傑佛瑞．湯普森（Jeffery Thompson）針對動物園管理員的研究也有相同看法，論及這些管理員自己對工作的忠誠與願意付出的犧牲。一位動物園管理員指出，「就算沒有任何薪水，我還是會待在這裡。」[16]

第二章所使用的全國勞動力變化調查數據顯示，一個人對工作充滿熱忱，有助於身體健康：充滿熱忱的員工比其他同事的壓力更小，跟工作性質相似卻對工作不感興趣的其他同事相比，前者擁有憂鬱症狀、睡眠問題的可能性較低。其他研究也發現，與不那麼熱愛自身職涯領域的同儕相比，熱愛自身職涯領域的人更加滿意自己的工作與生活。[17]因此，從事喜歡的工作似乎對個人有好處，至少跟其他沒有工作熱忱的人相比是如此。[18]但這並不代表從事熱愛的工作在各方面都有益，因為長時間投入工作所引起的過勞對身體有害。[19]

簡言之，擁護熱情原則的大學生與大學畢業生通常都預期，或者至少都表示自己願意為熱愛的工作作出財務方面的犧牲。[20]這種願意為了自身熱情而犧牲的心理準備，可能有利於雇主：就像前述的受訪者，那些在工作中尋找個人成就感與意義的人，可能願意屈就較低薪或較不穩定的工作，而非憑著個人資歷能獲得更好的工作。但充滿熱忱的員工是否在其他方面也對雇主有好處？

充滿熱忱的員工工作更努力嗎？

如同我在第二章所呈述，熱情原則的擁護者往往假設有工作熱忱的人會比只為了錢而工作的人更加努力。套用韋伯的勞工誘因理論來說，受訪者通常認為，與薪水相比，熱情讓人有更強大的動力努力工作。

但這是真的嗎？對工作的熱情真的會比間接或直接施壓，例如必須維持一定薪資水準或害怕受到管理層的處分，能帶來更好的工作表現嗎？雖然一個人可能同時對工作充滿熱忱、也投入自己的工作——投入自身職涯的工作者往往也忙於例行事務——但兩者在概念上是不同的。[21]熱情是個人對於職涯的承諾，不一定會顯現於一個人執行每日任務時的勤奮與認真態度。[22]一個人可能會對工作的性質領域抱有熱忱，但對同事或多數的任務卻相當冷感。例如，克萊兒可能對自己的策展工作充滿熱情，卻不喜歡、甚至懈怠工作有關的文書與行政責任。反過來，一個人可能會與同事們互動，也致力為組織效力，卻對工作特定的主要內容不感興趣。

二〇一六年針對聯邦雇員的全國性績效原則調查數據顯示，對工作有熱忱的員工比沒有熱忱的員工更可能投入自己的工作。圖5.1上排的長條組圖顯示出具有工作熱忱（百分之五十四）與沒有工作熱忱（百分之四十六）的聯邦雇員，回答多項與工作投入相關問題的平均值。[23]具有工作熱忱的員工更有可能表示他們嘗試創新、找出可能的問題且嘗試幫助同事，讓他們更有工作動力，這些跡象都顯示這些聯邦雇員比同事們更投入工作。[24]不論調查對象的教育程度、人口統計、工作類型與行業的差異，這些模式都相當顯著。

另外，二〇〇八年全國勞動力變化調查的數據也有類似模式：認為自己的工作很有意義且能在工作中做自己的員工們（占樣本數的百分之四十九）更可能覺得自己對工作任務負有個人責任，且覺得自己是團隊的一分子（圖5.1下方的長條組圖）。[25]具有工作熱忱的員工比不具熱忱的員工更有可能表示上班時間過得很快，以及不工作的時候會想到工作上愉快的事情，這些跡象都暗指前者對自己的工作在心理上與情感上的投入。這些差異在工作者人口統計與工作變項上都相當顯著。[26]

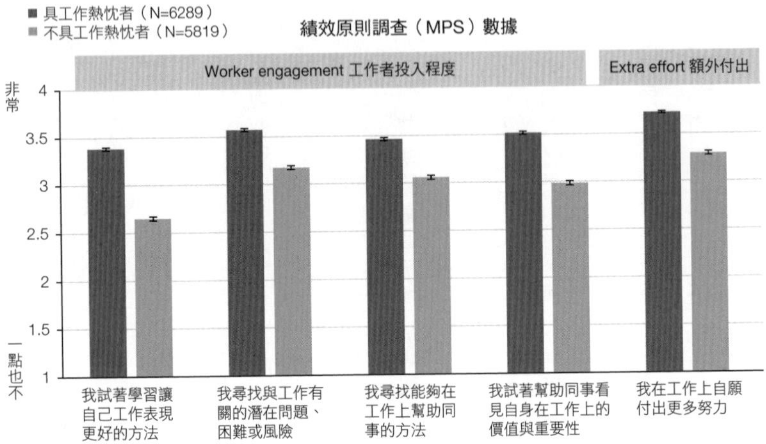

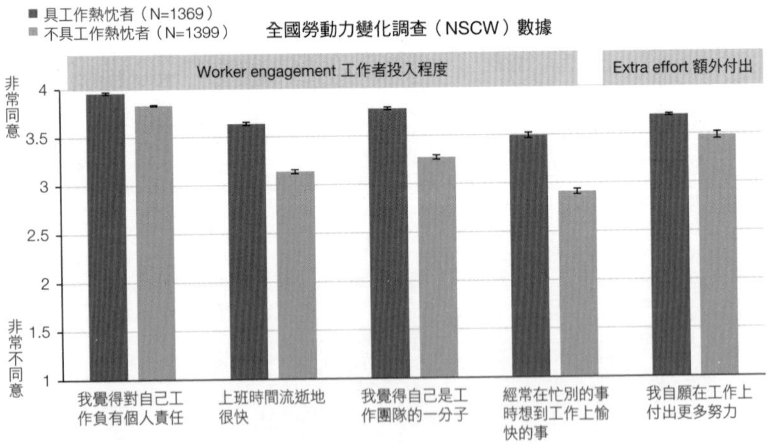

圖5.1　具有熱忱與不具有熱忱的美國勞工，對於工作投入程度與自願付出額外努力的平均值（MPS與全國勞動力變化調查數據）

除此之外，績效原則調查與全國勞動力變化調查的數據都顯示，對自己工作抱有熱忱的受訪者更有可能投入於自身工作，並協助同事與組織。工作的投入程度一直以來都是與工作效率、人才留任的相關因素——兩者皆對公司組織非常有利。[27]雇主也喜歡對工作投入的員工，因為他們較有工作效率。[28]我也發現具有工作熱忱的員工較不可能離職——離職對雇主而言是個很昂貴的問題。[29]這些模式也反映在社會心理學研究中，研究發現，具有工作熱忱的員工比對於工作不那麼感興趣的員工更積極主動、更具創業精神。[30]

但，有熱忱的員工不只對工作更加投入。前述績效原則調查、全國勞動力變化調查的數據的分析更進一步顯示，這些員工比同儕更有可能表示他們自願付出更多的努力（圖5.1最右邊的長條圖）。在這兩組數據中，不論性別、種族、年齡、行業別、就業部門與工作時間等人口統計資料，這些模式都沒有差別。

總而言之，具有熱忱的員工對其雇用組織特別有益：他們比其他同事更投入工作，且更有可能表示他們自願付出額外的努力。對僱用他們的單位而言，這些都是「額外的好處」——其他對工作較不具熱忱的同事大概不會這麼做。

雇主特別偏愛具有熱忱的員工？

雇主有明確的動機雇用那些努力工作的員工。但熱情並不是唯一能讓工作者充滿動力且邁向成功的個人投資。就算對工作的某些部分不感興趣，員工們仍可能會因為效忠於同事或上司而努力工作。其他人則可能為了升遷或職涯發展而致力在工作中有出色表現。效忠組織與升遷都是能夠激發員工努力工作的動力，不需對工作領域的某項因素充滿熱忱。相較於擁有熱忱的員工，雇主們可能會更偏愛獻身於組織以及尋求職涯升遷的員工。許多白領勞工對工作採取「高績效，低忠誠度」的作法：他們致力於自身工作，但若出現更適合或更感興趣的工作，對目前任職的組織便幾乎沒有忠誠度可言。[31]如果一個人只對自己的職涯領域有熱忱，卻對自身職務或任職組織不感興趣，便可能另謀他職。[32]相比之下，獻身於組織以及尋求職涯升遷的員工則更可能效忠於任職單位，公司便可免去他們會離職的風險。

所以雇主真的偏愛擁有熱忱的員工，而不是出於其他因素努力工作的員工嗎？熱情原則實驗（PPE）提供了驗證這道問題的機會。

在這項實驗中，提供熱情原則實驗受試者對於三名虛構員工的描述，這三人皆出於不同動機而努力工作。員工A的動機是薪水、員工B的動機是升遷、員工C的動機是出於對工作的熱情。

- **員工A**工作的主要動機出於薪水。他工作的主要目的是支付生活開銷與工作以外的嗜好與趣。儘管員工A頗獲上司好評，但他上班時經常希望時間能過得快一點。他深深地感謝週末與假日的到來，且盼望未來的退休生活。雖然他很喜歡共事的同事們，但人生再來一遍的話，他不會選擇同樣的職業。
- **員工B**很喜歡目前的工作，但不期望五年後仍然從事同樣的職務。他反倒計畫未來要任職更高階的工作，享有更高的地位並承擔更多責任。他有好幾個職涯發展的目標。有時候他的工作就像在浪費時間，但他明白為了獲得升遷，一定得做好現職。對他而言，升遷代表著對工作表現的肯定與成功的象徵。
- **員工C**的工作是生活裡重要的一環。他很滿意目前的工作。因為工作本身代表著一大部分的自我，極其重要，當他和別人介紹自己，工作是其中一件最先被提起的事情。員工C覺得自己的工作很棒，因為他很熱愛這份工作。他覺得工作內容很有趣又吸引人。[33]

受試者必須回答根據四項衡量標準，他們最喜歡哪位員工。圖5.2即為受試者根據不同標準，所呈現出偏好員工的比例。這四項問題為：您最希望哪一名員工擔任您的下屬？哪一名員工會最認真工作？您最想雇用哪一名員工？哪一名員工會最可靠？以升遷為導向的員工（員工B）是否比擁有熱忱的員工（員工C）更受歡迎？並非一向如此。熱情原則實驗受訪者之中，偏好有熱忱

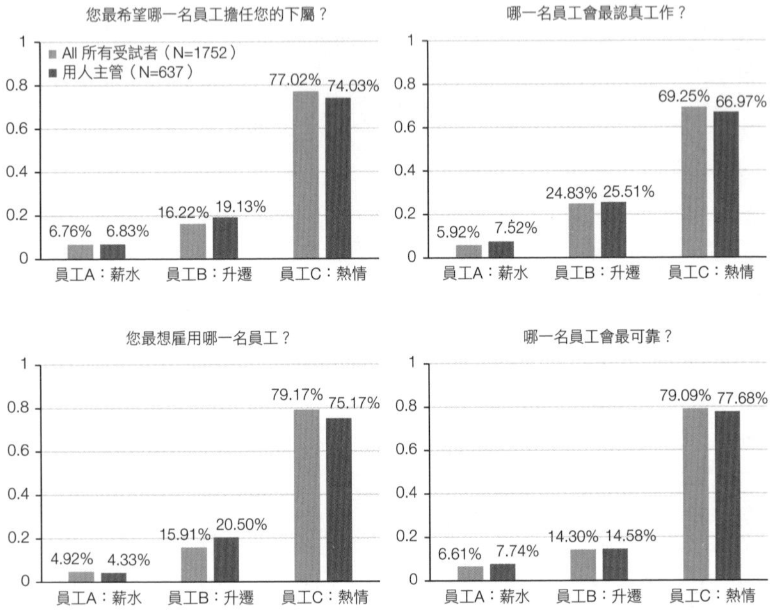

圖5.2　針對四項衡量標準，具大學學歷的受試者偏好員工A、B、C的比例，淺色條為所有受試者，深色條為擁有聘僱權的子樣本（PPE數據）。

的員工與偏好以升遷為動力的員工，比例是五比一。此外，與普遍貶低看重薪水的員工一致，擁有熱忱的員工比以薪水為動力的員工更受歡迎，比例超過十五比一。多數受訪者表示擁有熱忱的員工C會是最認真工作（百分之六十九）且最可靠的員工（百分之八十）。絕大多數人更表示，與其他兩人相比，他們更願意雇用熱忱的員工（百分之七十九），並作為自己的下屬（百分之七十七）。

這種模式不只是沒有聘僱經驗的受訪者本身的偏好傾向。當我將樣本限縮在自身擁有聘僱權的受訪者（占樣本數的百分之三十六；N＝637）時，結果幾乎相同（圖5.2每一組長條圖的右邊長條）：用人主管表示，他們更願意聘用有熱忱的員工（員工C），與員工B相比，比例為五比一；與員工A相比，比例幾乎是二十三比一。當評估誰會是最可靠且最努力的員工時，用人主管也更喜歡擁有熱忱的員工（分別是百分之七十八與百分之六十七），而非其他員工。[34]

這些實驗說明了這些受過大學教育的工作者們對於員工類別的相對評估。但這些員工只是虛構人為的，並不真實存在，對於實際組織或工作者的適用性相當有限。擁有熱忱的員工在現實生活中，真的會比出於其他動機工作的員工更受到偏愛嗎？

偏好擁有熱忱的求職者

熱情原則實驗還進行了另一項實驗，測試受試者對實際求職者的應聘文件所做出的反應。這些文件皆採隨機分配。在這項實驗中，要求受試者假設自己是在實際情況下，評估一名真實存在的求職者。受試者獲得的指示如下。

> 實驗說明
>
> 作為本研究的一部分，我們很想知道工作者如何評估不同職務的應聘者是否適合。您會收到一份徵人啟事，並隨機被分配一名求職者。我們將提供這名求職者的求職信與履歷表予您審核。

請仔細閱讀這些申請文件。之後我們會再詢問您對於這名求職者的看法。

請注意：

(1) **我們對於您身為職場員工的觀點感興趣**；請提供您對申請者最專業的評估。

(2) 您只有一次審查徵人啟事與求職者的機會。之後將無法回到上一步，重新瀏覽這些審查資料。請在點擊「下一步」之前，詳閱這些文件。

(3) 接著，根據這些文件，將會詢問您一至三個中等難度的注意力確認問題。

在這項實驗裡，總共有四種不同版本的申請文件，兩份正在徵人的工作，受試者會被隨機分配申請其中一份工作中的一份應徵資料（4×2設計）。第一份工作是在一處虛構的社會非營利組織擔任青年專案經理，我將這個組織取名為「邁向社區（Community Thrive）」。第二份工作是在一處虛構的ＩＴ公司擔任會計，公司名稱為TelMark IT。與青年專案經理相比，後者的工作技能似乎不太需要熱情。[35]（徵人啟事請參見附錄C.2）兩份工作的地點都位在俄亥俄州哥倫布市（Columbus）。受試者皆收到一份Monster.com風格的徵人啟事，針對其中一項職缺徵人，以及求職者萊利・威廉森的履歷表與求職信。[36]

我打造了兩份不同版本的履歷表，每份工作各一個，列出萊利・威廉森的教育與實習經歷

（參見附錄C.5與C.6）。但，每份工作的求職信則有所差異。每一封求職信分別呈現了萊利想應徵這份工作的理由：(1)薪水與萊利的期望相符；(2)萊利對於工作所在的城市感到很興奮；(3)萊利忠於工作所屬的組織；或者(4)萊利對於工作內容很有熱忱。除了以下的句子，每份工作的求職信裡的字句都完全相同。

「邁向社區」誠徵青年專案經理

- **熱忱條件**：「我也對兒童發展充滿熱情；幫助孩子們的學習對我來說很有趣也感到興奮，我真的很喜歡這份工作。」
- **公司條件**：「我也喜歡這個組織——如果能加入這樣一個受人尊敬的非營利組織，我將不勝感激。」
- **地點條件**：「我也喜歡這份工作所在的城市。」
- **薪資條件**：「這份職位所提供的薪水符合我的薪資期望。」

「TelMark IT Solutions」誠徵會計

- **熱忱條件**：「我也對會計工作充滿熱忱——管理財務帳戶讓我覺得很興奮、很有趣，我真的很喜歡這份工作。」

- **公司條件**：「我也喜歡這個組織——如果能加入這樣一個受人尊敬的IT公司，我將不勝感激。」
- **地點條件**：「我也喜歡這份工作所在的城市。」
- **薪資條件**：「這份職位所提供的薪水符合我的薪資期望。」

每一位受試者被分配到這八個組合中的其中一組申請文件。其中唯一不同之處只有萊利求職信上的一行字，指出為何他會應徵這份工作。（每份工作的求職信模板請參見附錄C.3與C.4）

這項實驗的目的是看哪一位求職者會得到最高的評分，並了解為何他會得到最高分。因為在這個實驗設計中，申請者其他所有的條件，包括教育程度、工作經歷、平均成績等都相同，我可以明確肯定求職信裡的不同動機，影響受試者想錄取他們的可能性。

四個版本的求職信分別表達對於工作地點、任職組織、薪水與工作熱情的興趣，代表了四種不同類型的人從事這份工作的動機，也代表了職涯決策相關研究中不同的理論取向：新古典主義經濟學家認為工作者致力提高終生收入，他們可能會認為薪水為動機取向的求職者是最可靠、最可取的，因為這份工作的薪資與求職者期望相符。[37]另一方面，部分學者傾向認為，對任職公司表達忠誠的求職者最符合工作投入與理想工作者的期望，因為對公司的忠誠度是員工留任的關鍵，員工會為了組織的利益，而非僅為了個人興趣承擔工作責任。[38]然而，與本章至今的結果一致，我預期充滿熱忱的求職者會獲得最高評價，受試者對於其努力工作程度的評估說明了給予高評價的原因。

和我預期的一樣，我發現與對任職公司、地點、薪水感興趣的求職者相比，受試者更青睞有工作熱忱的求職者。圖5.3呈現出評估不同動機的受試者，願意雇用萊利的比例。左上角的長條組圖是所有受試者針對會計職缺的評估，拿到求職信上表明萊利對工作有熱忱的審閱者當中，百分之八十二的人願意錄取萊利，相較之下，因公司、地點、薪水為動機的求職信，僅分別有百分之七十三、百分之六十四、百分之六十五的受試者表示願意錄取。

這些模式與另一組分配到專案經理職缺的受試者結果一致。同樣是抱有工作熱忱的求職信願意錄取的比例最高（包含實際握有聘僱權力的受試者），圖5.3下方的圖呈現出評估結果。

同樣地，這些申請文件的內容都一模一樣，除了求職信上有一行表明了不同的求職動機。不論是會計工作或青年專案經理職缺，都呈現出錄取具備工作熱忱的求職者的傾向。在補充分析裡，我發現不論受試者的人口統計類別、行業別、教育程度的差異，也不論他們認為萊利性別為何，這些受試者始終都給予有工作熱忱求職者較高的評價。

有工作熱忱的萊利似乎比較聰明，或比其他版本的萊利能力更優異嗎？即使兩份職缺的履歷表內容完全相同，與比其他版本的萊利相比，受試者更可能認為具熱忱的萊利擁有更優越的工作能力（見圖5.4的第一組問題）。會計職缺的問卷中，受試者評斷有工作熱忱的萊利與其他版本的

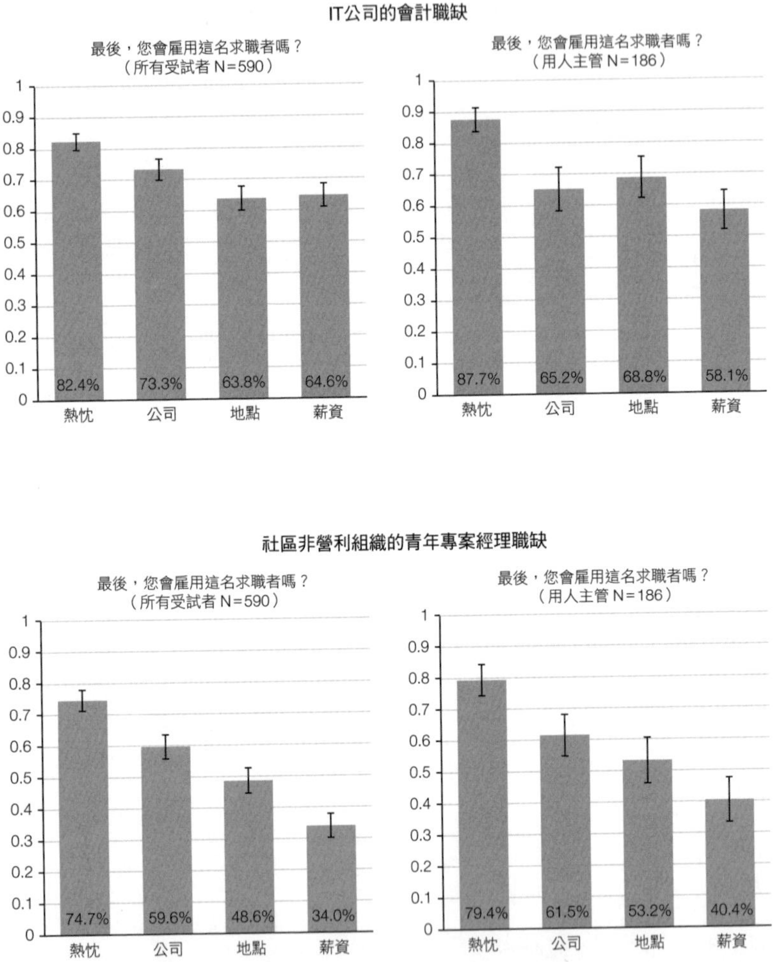

圖5.3 有意願聘僱被分配到的會計（上排）與青年專案經理職缺（下排）求職者的受試者百分比，以求職信不同條件區分（PPE數據）

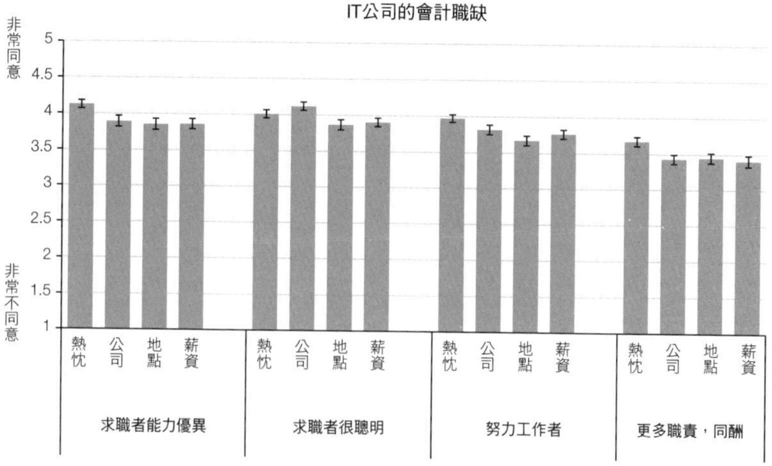

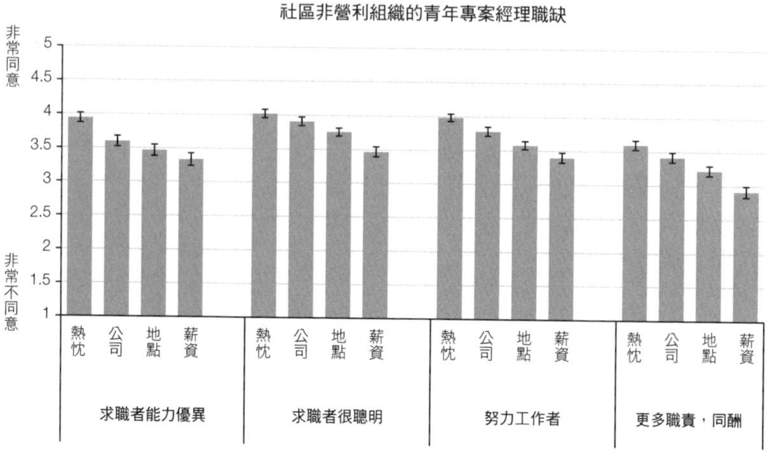

圖5.4 受試者對於會計（上圖）與青年專案經理（下圖）的求職者印象，以求職信不同條件區分（PPE數據）

萊利，聰穎程度並無差異。但青年專案經理的評斷結果卻顯示，有工作熱忱的萊利可能被認為比求職動機是工作地點或薪資的萊利更聰明，但和對組織忠誠的萊利一樣聰明。

除了評斷求職者聰明或工作能力更優異之外，審閱不同求職信的受試者針對萊利工作投入程度的評斷結果，最讓人吃驚，差異也最明顯。整體而言，兩項職缺都是具工作熱忱的求職獲得最高評價，因為受試者認為他們會**努力工作**——出於對工作的熱忱會讓他們更投入工作、付出更多，但其他因公司、地點或薪資而求職的人恐怕不會如此付出。圖5.4顯示，當萊利在求職信上表達對工作的熱忱，便可能被認為，他會比其他人更努力工作。受試者也更可能認為，具有熱忱的萊利**更願意在不加薪的情況下，承擔額外的職責**。兩項職缺的結果都呈現同樣的情形。

透過中介分析（mediation analysis）這種統計模型技術，我檢視了求職者在努力工作、願意在不加薪情況下承擔更多職責的評估差異，是否能藉此解釋為何受試者更願意聘任有工作熱忱的求職者。[39]附錄C的表C.7顯示了動機類型（職涯、薪資、地點或熱忱）對於受試者可能雇用萊利的間接影響，中介變項是受試者對於萊利勤奮工作的評估。這些統計模型指出，受試者較不願意雇用因工作組織、地點、薪資為求職動機的求職者，部分是因為具工作熱忱的萊利較可能被認為會勤奮工作，他也可能在不加薪的情況下，願意承擔更多職責。不論受試者審閱的是會計職缺，或青年專案經理職缺都顯示出前述的傾向。

熱情調查實驗的受試者明顯偏好有工作熱忱的萊利。他們願意付出更高的薪水給有熱忱的工作者，誘使他們為組織工作嗎？熱情調查實驗的結果顯示，答案是否定的。表明願意聘僱萊利的受試者中，有意願雇用有工作熱忱的萊利的受試者，支付的薪水並沒有顯著高於其他受試者給予其他工作動機的萊利。[40]換句話說，他們相信充滿熱忱的萊利會是個勤奮、能為公司貢獻更多的員工，但不願意因此付出更高的薪水給予回報或以更高的薪水延攬對方。

這項實驗著重在熱忱對於受試者聘僱求職者的意願，以及受試者願意支付的薪水，使用的是虛構但相當實際的描述案例。實驗結果顯示，有熱忱的求職者獲得了最高的評價，部分原因來自於受試者認為他們會是努力勤奮的工作者，會自願承擔更多職責，而不要求加薪。

聘僱過程與薪資報酬並非雇主可以利用員工熱忱的唯一管道。金載允（音譯，Jae Yun Kim）與同事的虛擬情境研究指出，雇主們較願意將額外、較不討喜的任務，交給有熱忱的員工，而非交代給較無熱忱的員工。[41]這項研究中，會對員工進行更多剝削的受訪者，與認為有熱忱的員工將工作視為回報相關。[42]該研究結果顯示，對有熱忱的員工的潛在剝削，不只體現於聘僱過程與薪資報酬，還包括平時如何對待這些員工。

這些模式不只是出現在實驗情境裡。正如前述，全國勞動力變化調查的員工樣本中，那些對工作充滿熱忱的人比同事們更加投入，對工作的付出可能多於公司要求（見圖5.1）。但同樣的數據也顯示，儘管有熱忱的員工平均而言對工作更投入、更可能付出額外的努力（參見附錄C中的表C.8），但並未比類似職位的員工拿更高的薪水（此處控制了人口統計與工作特質變項）。

這些結果顯示了「付出—回報」方程式裡驚人的不平等：當員工對自己的工作充滿熱忱，組織因而獲益許多，但平均而言，擁有熱忱的員工不會比缺乏熱忱的員工賺到更多的錢。回到傳統的馬克思主義的剝削理論，熱情的員工可能比同事產生更多的剩餘價值，但這種額外的價值很可能不會獲得回報。[43]例如，一位叫做茱莉（Julie）的畫廊業務，對自己的工作很有熱忱。在週末閒暇時間，她會花上三、四個小時閱讀自己購買的藝術雜誌與書籍。她很享受這般閱讀時光，也有助於跟上藝術界的潮流，進而讓藝廊顧客留下好印象。但茱莉並沒有比其他不會自我進修的同事領更高的薪水。額外的閱讀讓她更擅於與客戶往來，也可能讓她更快獲得晉升，但那些週末的閱讀時間並沒有報酬。換句話說，她的雇主從這些時間裡受益卻沒有給予報酬。[44]

雖然人們通常不會用勞動時間將熱情概念化，但出於熱忱而完成的工作依然是勞動。擁有熱忱的員工出於個人興趣而投入的關注，很可能會被挪為剩餘價值，聘雇組織能從中受益卻不予以回報。

重要的是，本章的實驗結果顯示，雇主在考慮是否聘用有熱忱的員工時，意識到他們可能帶來的潛在好處：受試者——包括現實生活裡有聘僱權力的受試者——更有可能表示，有熱忱的求職者不只工作勤奮，且願意承擔更多職責而不需額外加薪。這和先前提及金載允的研究結果相符：多數受試者偏好擁有熱忱的工作者，認為他們比動機是薪水或升遷的工作者更勤勉工作、且可靠（見圖5.2）。這也呼應了在矽谷公司的訪談研究結果，雇主們有時甚至看重員工的熱忱，多過工作能力，因為他們認為熱忱能帶來額外的付出[45]。

剝削熱情

本章目的是為了探究某種由需求方造成的劣勢，是否與職涯有志之士及工作者的熱忱有關。這裡僅稍微探觸到一系列複雜過程的皮毛。然而，調查結果點出了一些問題，包括雇主獲益於擁有熱忱的員工，卻不需要給予回報；以及公司可能刻意剝削員工對於工作的成就感。

首先，訪談結果與調查資料都指出，信奉熱情原則的人通常認為追求熱情有時得犧牲財務穩定性，否則他們原本可以憑藉自己的資歷擁有穩定的財務狀況。許多有工作抱負的人在選擇職涯道路與工作時，將熱情置於薪水或穩定性之上（見第三章）。

我從員工身上看見，雇主如何普遍從熱忱中受益：對工作內容充滿熱忱的員工比起工作不那麼熱衷的員工，對工作投入更多，且經常付出超出工作所要求的努力。對潛在雇主而言，他們似乎偏好有工作熱忱的員工，而非因職涯發展或以薪資為動力的員工——部分原因是雇主認為前者工作更努力。

然而出於熱忱的勞動可能不會獲得相對應的回報。本章所做的虛構求職者實驗裡，求職者並未獲得更高的薪水，而實際職場裡，擁有工作熱忱的員工薪資也沒有比其他較無熱忱的同事更高。其他社會心理學研究顯示，擁有熱忱的員工可能比沒有熱忱的員工更容易在工作中遭受剝削。[46]

因此，不只是在供應方，許多具有工作抱負的人偏好熱情；熱情也可能受到身為需求方的雇主不公平地利用。回到前述提及社會理論的關注重點，韋伯提出了需要更鼓舞工作者、更充分利用其工作上的付出，而熱情正是解決這項問題的另一種方法。韋伯認為，為了讓工作者去工作，不論是採取強迫手段或是個人投入都是必要的。[47]熱情似乎是這種激勵工作者的有效手段。毫無疑問，所有的要件都到位了。自我表現與個人主義已是根深柢固的社會與道德價值觀。與自我表現目標一致的工作已是充分利用工作產出的現成基礎：充滿熱忱的員工可能會長時間努力投入工作，不是因為覺得自己有道德義務，而是因為他們認為工作是實現自我實現與個人成長的方式。

可以肯定的是，認為工作有意義且有成就感的工作者，在日常工作中可能會比那些覺得工作只是謀生手段的員工，感受到更好的工作品質。[48]但雇主也從員工的熱忱中獲益：有熱忱的員工更投入、並且是自願性的。乍看之下這似乎是雙贏的局面，但這正指出熱情反而造成工作者處於劣勢的地方：工作者可能更喜歡他們的工作，但雇主可能會從他們身上榨取更多的勞動力，而無需調整薪資。這在產業界，尤其是科技業更是如此，過勞在這些行業裡被視為一種展現熱忱的規範。例如，瑪莉安・庫珀（Marianne Cooper）發現男性的ＩＴ專業人員「展現他們的疲憊，是為了表達（他們）深刻的承諾、持久力與陽剛之氣。」她表示，這種過勞是出於他們對於工作的個人投入，而非頂頭上司所施加的壓力。[49]

這些研究發現帶給工作者與學者許多困惑：剝削工作者的熱情是否有道德上的疑慮？熱情本身是一種獎勵，還是應該將這種不額外計酬、「心甘情願做的事」視為剝削？雖然熱愛自己工作的人，他們的日常生活可能會比那些職務相同、卻毫無成就感或覺得任務繁重的同事們過得更好，但對自己的工作充滿熱忱並不會改變工作裡的僱傭關係。[50]如同霍希爾德認為情感勞動將個人的私人樂趣，轉化為某種為了達成雇用組織的目標與首要之務而做的事，熱情也許在這個類似「轉化」的過程中被剝削了。[51]即使覺得好像是發自內心的感受，但對於有償工作的熱情仍然是一種提供給雇用方的服務。[52]

除了將一個人真實的熱忱轉化為雇用組織的利益，某些職涯領域會期待人們表現並展現熱忱。從事某些職業的工作者——例如，小學教育、職業運動、社群組織——可能會被期待表現出他們的熱忱，以示對自己工作的承諾。[53]不像情緒勞動，工作者出於自願或非自願展現出某種特定的情緒，這種對某些職業工作者展現熱忱的期待，是種自我表達承諾的強迫性表現。[54]雇主可能會就員工展現出的熱忱評斷其工作能力。[55]對於自身工作的熱忱展現可能是種重要的文化標誌，決定人們從事哪些工作，影響公司內部的聘僱過程與組織升遷決定。

此外，端視不同的個人與雇主，熱情可能會獲得差異程度的認可與獎勵。本章的實驗裡，求職者的身分保持不變。但在真實生活裡，用人主管與上司可能會根據求職者或員工的社會人口特徵，對於他們展現的熱忱有不同程度的期待。在庫珀的研究中，IT員工透過展現陽剛氣質——擔任以蠻力與智識在期限內完成任務的英雄，來表現自身對於工作的承諾。這種表現熱忱的規範方式讓女性IT人員處於不利地位，並讓男性得以長期主導矽谷IT公司與其他類似組織。[56]同樣地，在有色人種比例最失衡的職業裡，少數種族／族裔可能會被期待要展現出對工作的高度熱忱，以此證明他們屬於該領域的一員。[57]未來仍需有更多的研究來了解熱情的展現（無論當事人是否擁有熱忱），如何以不同的方式被要求、被剝削，從而加深社會裡現有的不平等。

總之，即使是帶著熱忱完成的有償勞動，仍然是一種剝削。它可能感覺不像剝削。熱情原則最矛盾之處在於，熱情追求者覺得為了自我表現的理由而工作，是個逃離資本主義勞動陷阱的方法，但這樣做卻反而讓雇主從員工私人的快樂與興奮感受中獲益。[58]本書結論與後記將綜論前述及其他的研究發現，討論對於下列領域的涵義：包括社會學理論、工作與勞動市場相關的社科學術研究、教育與職場政策，以及對於職涯與職涯決策的公眾論述

結論

「你長大之後想做什麼？」世世代代的孩子們都被問到同樣的問題。但這是很奇怪的問題。發問者其實想知道的是，「你完成正規教育後，想從事的是哪種全職工作？」當然，這個問題假定「長大」是種從童年到成年的線性發展，長大也代表了已完成培訓，並進入職場（或者在這段時間同步進行）。這個問題同樣假設了美國夢的核心原則——孩子想做的任何事都能實現。

這個問題還有一個很怪的地方。它問的其實不是對方想做什麼事，而是他們想成為什麼。想要成為什麼反映出獨特的自我覺知。這個問題看起來如此無害，且相當支持對方的能動性，更將一個人的工作與自我聯繫在一起——透過做什麼就會成為什麼。這不過是眾多例子中的其中一個，顯示出自我認同與對有償勞動的付出，在文化上的相互關聯有多麼深刻。

本書的核心是社會上一項用於做出良好職涯決策的文化模式，在這項模式裡，自我身分與工作彼此交織。作為一項普遍的文化模式，熱情原則還有很大程度尚待深究。本書旨在研究這項模式更廣泛的涵義：擁有不同安全網與跳板的職涯有志之士，在尋找符合志趣的工作時，他們的境遇如何？熱情原則如何洗選現有的職業不平等模式，如何輔助勞動市場的賢能制主義與新自由主義意識型態？員工的熱忱不僅受到青睞，在職場裡這份熱忱會如何遭到剝削？熱情原則是一項令人信服的文化基模，不只是告訴人們何謂好的職涯決策，激勵人們依此尋求自身的職涯道路（因此產生不同的後果），也同樣作為職場中有關職業不平等的規範性與詮釋性的敘事，雇主並據此評估員工優劣。

我在本書裡使用了多種調查方法來描述這個故事：訪談一百名大學生，以及與其中三十五人進行後續訪談，並訪問二十四名職涯顧問與教練，一項針對具大學學歷工作者的代表性樣本調查，一項調查實驗，與幾項二手美國勞工代表性樣本的調查數據。這種利用不同數據來源的實證方法，最適合用於解決本書提出的理論問題。藉此，我能以幾個不同的理論與實證角度來檢視本書的核心概念。

最後一章回顧並拓展了前幾章的概念。首先我會對這些論點做簡短的總結，再點出這些論點對於結構性與個人層面的影響。接著，我要討論這些研究發現對學者、高等教育管理者、政策制定者與職涯決策者可能的意義。在本章結尾與後記中，我希望能點出目前社會上存在的問題，這些研究結果顯示了在文化上如何定義好工作，甚至也會因而定義何謂美好的人生。

我在本書開頭拋出了一個直截了當的問題：有工作抱負的人與具大學學歷的工作者如何定義

所謂好的職涯決策？這個問題在理論上很重要，因為這些信念不只告訴有工作抱負的人與工作者該如何塑造自己的職涯道路，同樣也是社會大眾理解、甚至合理化現有資本主義勞動市場結構與實際執行的做法。對於社會科學家而言，記錄如何塑造出經濟系統的制度過程還不夠；為了理解有工作抱負的人與實際的職場參與者，除了他們在勞動市場的經歷與際遇，我們也需要關注他們是如何理解勞動市場，他們優先看重的職場因素以及努力實踐的成果。整體而言，這些意義建構的過程也可能在文化上創造、並合理化了長久以來社會人口職場不平等的過程。

透過訪談與調查數據，我發現熱情原則是一種受過大學教育的職涯有志之士與工作者，普遍用來定義何謂好的職涯決策的文化基模：這是一種以追求自我表現、有成就感的工作為中心的共享文化模式，也是職涯選擇的主流指導原則。雖然多數的受訪者與受試者都認為財務穩定與工作保證很重要，但這兩項因素的重要性仍次於熱情因素。在我進行的訪談與調查中，超過百分之七十五的受訪學生與百分之六十七的具大學學歷工作者，對於何謂好的職涯抉擇，他們認為熱情因素比工作保障或薪資更重要。

記錄這種文化基模的顯著性，本身而言已是重要的發現。這項發現推翻了新古典經濟學、經濟社會學與商業界的典型假設：大學生與具大學學歷工作者在考量一份好的工作與好的職涯道路時，絕大多數會優先考慮經濟發展。

當面對的是自身的職涯抉擇，有工作抱負的人與職場工作者會比較「實際」一點；他們承認工作穩定以及薪水對於長期財務保障的重要性。儘管如此，受訪的大學畢業生當中，仍有超過三分之二的人在畢業後追求志趣相符的工作，為了追求覺得更有成就感的工作，他們通常得忍受就業不穩定，或是犧牲更高薪或更穩定的工作機會。多數職涯有志者相信不論他們追求哪一條道路，擁有一張大學文憑就能提供一道基本的經濟底線，只要能超越這道底線，他們就能打造一個舒適的中產階級生活。

此外，當我問具大學學歷的調查受試者，在考慮是否接受一份新工作時，哪些是重要的考量因素，百分之四十六的人將熱情與對工作的興趣排在首位，有百分之二十與百分之十三的人則分別首重薪資與工作保障。在擁有大學學歷的工作者當中，近半數曾自願換過工作跑道的人都是為了要找一份更有意義、更有成就感的工作，或是為了「追隨他們的夢想」。因此，雖然有工作抱負的人與工作者對於不穩固的勞動市場所涵蓋的風險，並不抱持天真的想法，也並非人人皆最看重熱情，但熱情原則不僅只存在抽象概念裡，不僅只是對於何謂好的職涯決策的主流想法——這項原則為許多擁有大學學歷的職涯有志之士與工作者在抉擇職涯道路時提供了方針。

儘管本書關注的是大學生與受過大學教育的職場參與者，但熱情原則並非不存在於其他層面的工作者。那些沒有四年制學位的人同樣看重有意義且帶來成就感的工作。但可能由於他們在尋找穩定、高薪的工作所面臨的結構性限制，這些人在考慮新工作時，傾向優先考慮薪水與工作保障，而非與熱情相關的因素。因此，更準確的理解應該是，擁有大學學歷的人獲得宜居薪資、健康保險與其他福利的能力較強，而不是未受過大學教育的工作者不那麼重視工作意義與成就感。[1]總而言之，職場中的工作者高度重視並渴望能從事一份能夠自我表現且帶來成就感的工作，但受過大學教育的工作者在職場的相對優勢讓他們在考慮轉職時，得以先考量這些因素，而非財務保障。

這些模式點出了一個顯而易見的問題。在就業不確定性、勞動市場日益不穩定與收入不平等日益加劇的情況下，[2]為何仍有許多人面臨職涯抉擇時，仍認為熱情原則是一項具有說服力的指導原則？訪談與調查數據顯示，熱情原則之所以令人信服，主要有兩大原因。首先，熱情通常被認為能夠促使人們努力工作。職涯抱負者體認到，通常得過度工作，並投入大量的心力才能在白領階級的職場裡勝出。他們解釋道，熱情提供了努力工作的動力，金錢無法與其相提並論；他們也認為，發自內心的個人興趣才是激發努力工作的最佳動機，而這正是帶動職涯發展所需的。其次，許多具職業抱負的人與受過大學教育的人認為，對工作的熱忱不僅是好工作、更是**好人生**的基石。他們體認到在有償勞動中自我疏離的可能性，便將熱情視為抵抗「悲慘人生」、「每天醒來都討厭去上班」的預防針。多數有職業抱負的人都強烈抨擊白領職場普遍要求員工過度工作、對工作全心奉獻，他們反倒將追求熱情視為可能是一種能夠預防工作所帶來的挫折、無聊或疏離的措施。職涯抱負者所處的制度性結構與同儕的互動通常也支持、而非質疑他們對於熱情的信念。職涯諮詢專業人士為客戶提供建議時，通常也會著重於對方自我表現的興趣所在。

本書的第二部分則對這種文化模式進行了批判性分析。誰真正從追隨熱情裡受益，誰的社會地位因此而動彈不得或落得更糟的下場？追求熱情的前提，是否假定得擁有經濟、社會與文化資本的奧援（第三章）？追求熱情是做出職涯決策的最佳方式，這樣的信念如何反倒讓勞動市場更加否認系統性不平等的存在（第四章）？雇主從員工們追求熱情中獲益，是否甚至剝削了這番熱忱（第五章）？這三章敲響了警鐘，點出熱情原則作為一種職涯決策方式，不僅處於特權的地位，更可能加深了現有的經濟與社會權力動態。

回到與職涯抱負者的訪談，第三章與部分的受訪者一同離開校園，走入職場。社經地位更優越的受訪者與其他人相比，有更大的機會能在自身有興趣的領域裡獲得穩定的工作。為什麼？因為他們通常擁有財務安全網，幫助他們渡過追求熱情常帶來的不穩定與財務犧牲，他們也擁有教育、文化與社會資本等跳板，幫助他們從大學裡取得最多資源，並且獲得穩定的就業。這種安全網與跳板帶給大學畢業生的差異，已詳加記載於其他研究中。我在這裡提出的新論點是，與單純就經濟因素選擇工作的人相比，首重熱情的人們，在追求熱情的路上往往遭遇伴隨而來的挑戰，並得因此做出犧牲，而這些資源幫了他們大忙，讓他們能夠度過這些難關。

追求熱情與社經特權以另一種方式互相影響。具體來說，追求熱情往往對勞工家庭出身的求職者風險更大。與就讀同所大學、類似科系畢業的同儕相比，社經地位較低的追求熱情者更可能最終落得就業不穩定的下場（例如擔任兼職咖啡師、亞馬遜倉庫揀貨員），工作領域也與當初的科系相差甚遠。換句話說，追求熱情的人格外有可能最後仍回歸出身的社會階級，因為他們享有能夠協助度過這些難關的資源，程度並不相等。

但熱情原則不僅僅是個人行動的指導原則。在文化層面它則是一種規範性與詮釋性的敘事。廣泛來看，將視線聚焦於熱情原則所交織的文化信仰網絡，我發現熱情原則的擁護者比質疑者更有可能假設勞動市場是公平的，前者將職場成敗視為個人成果，且將熱情完全當成是個人獨特的（而非是社會所建構的）特質。擁護者也傾向同意，若女性、少數族裔／種族與社經劣勢群體在自身的職涯道路上投入得夠多且願意努力的話，就能克服性別、種族與階級困境。

這顯示熱情原則在強化勞動市場不平等方面，做了兩件事。第一，它有助於洗選現有的職業隔離與不平等模式，將其視為個人追求熱情的良性結果。第二，透過假定勞動市場公平運作的想法，這項原則有助於賢能制意識型態與個人責任說法的理念。擁有賢能制意識型態的人通常相信勞動市場是公平的，唯有透過努力與投入才能獲得成功。[3]堅持個人責任說法的人則強調個人得對自己的經濟情況負責，不能靠外在的社會措施協助。[4]熱情原則為這些意識型態提出重要的回應：一股個人主義的、以自我為主而努力工作的動力。充滿熱忱的工作者被認定會因為工作與自身的連結而受到鼓舞勤奮打拚，而這樣努力的成果在一個公平運作的勞動市場裡，會轉化為事業上的成功。因此，熱情原則、賢能制意識型態與個人責任說法共同述說了一個有關職場的個人化故事，比這三項信念單獨敘述地更條理分明。這個信念網絡還可能引發人們強烈抵制解決結構性不平等的集體方案，例如擴大社會支持服務等。它也可能會讓人們不那麼敏銳地感受到結構性不平等的存在。

最後的實證章節，則將焦點轉向藉著熱情法則合理化以熱情為基礎的工作，可能是雇主身為需求方可能進行剝削之處。具體來說，第五章利用小調查與實驗數據，評估雇主是否受益於熱情的員工，他們是否更喜歡擁有熱忱的員工，而非以職涯發展或薪水為工作動機的員工，以及他們是否甚至刻意利用了員工的熱忱。有熱忱的員工的確表示他們在工作上的付出遠超過公司的要求。受過大學教育的工作者，甚至是擁有聘僱權的人，都偏好具有熱忱的工作者。

此外，在一項調查實驗中，我發現擁有熱忱的求職者更獲得青睞，部分原因是他們被認為會特別勤奮。然而，審閱他們資料的人並沒有提供更高的薪水。與這項實驗結果一致的是，儘管擁有大學學歷、具有熱忱的工作者更投入工作且願意付出額外的努力，但他們的平均薪資並沒有高過受過類似培訓、擁有類似經驗但缺乏熱忱的同事。我認為，這代表了工作者的熱忱受到「轉化」[5]，他們工作的組織為了達成內部目標，反倒利用了工作者私人的樂趣、興趣與好奇心。

這本書著重於職涯決策經驗的各個片刻：當大學生選擇科系，與計畫畢業後的職涯道路；當大學畢業後的年輕人評估其早期的職場經驗，並在工作中尋找方向；以及美國勞工在其職涯的某個時間點。然而，我質疑熱情原則在整個人生過程中形成自我與決策所發揮的作用。從在中小學課程談及勞動參與的對話，到高中老師與輔導員敘述職涯道路的選擇，熱情原則最早很可能已經滲透到中小學生接收關於選擇職業的語彙裡；另一方面，熱情原則也可能延伸到職場生活中。最近的「安可職涯」運動即是因人們在屆退的年紀，「終於」可以追隨自己的熱忱而興起。[6]只要和勞動參與相關的重大制度性與文化決策點（高等教育培訓、求職、工作變動、退休等），熱情原則都可能發揮作用。要了解熱情原則在生命歷程裡這些時刻如何脫穎而出，以及與深根柢固的社會差異與劣勢可能互相影響的其他方式，還需要進行更多的研究。

這項工作對社會科學家具有重大意義。它指出人們需要更加理解自我表現機制如何在文化與社會層面不平等的過程中運作。我認為，在優先考量自我表現與成就感的過程中，追求熱情不僅約束並支持個別的職涯決策者，並與更廣泛的文化信念互相結合，例如賢能制意識型態與新自由主義的個人責任說法，更加強化這些有問題的信念。此外，熱情原則是個例證，說明了個人層面關於勞動市場與工作者地位的意義建構，如何透過強化勞工對自我的期許，反倒助長了白領工作者在資本主義職場遭到剝削的事實。這項研究還指出了社會科學家應關注學術體制內外（例如，告訴學生去追求他們的熱情）廣泛普遍的現象，因為這可能是造成社會劣勢的機制。

從廣義上來說，熱情原則是一個具有啟發性的例子，說明了自我表現過程如何在個人層面上來似乎具有能動性，卻能成為一項雖不易察覺但可能很強大的機制，能夠再製不平等。在自身的職涯道路上追求熱情，可能會在日常工作生活增加自我肯定的機會，並可能在一定程度上讓工作者擺脫有償勞動帶來的自我疏離。然而，熱情原則對於長期延續社會人口的優勢與劣勢，有潛在的嚴重影響。

熱情原則與不平等的長期延續

前幾章從不同角度探究熱情原則，指出為何這項文化基模與某些讓擁護者處於不利的特定過程有關聯，甚至延續了他們的劣勢。使用熱情作為個人職涯抉擇的指導原則，能夠強化職涯抱負者原有的社經地位。這是因為追求熱情往往伴隨著犧牲，追隨熱情可能是通往不穩定的工作的路徑，特別是出身於勞工家庭、缺乏安全網與跳板的職涯有志之士更是如此。同時，那些更看重經濟發展或就業保障的人，可能會發現同儕與整個流行文化都在道德上貶低他們所做的決定。作為一種意義建構的基模，熱情原則與勞動市場將個人的經濟命運歸咎自身的觀點緊密相連——可能會讓人們更抵制擴展像是福利或失業補助等社會保護措施。作為理想工作者普遍接受的特質，熱情原則可能會煽動、甚至讓剝削工作者對工作的個人承諾，成為一件合理的事。

在此，我試圖延伸前幾章的研究發現，將熱情原則可能有助於重製社會不平等的許多方式訴諸理論。首先，熱情原則普遍用於定義好的職涯決策，不只與勞動參與的新自由主義互相關聯，還可能有助於新自由主義扎根深植於高等教育與勞動市場之中。美國大學院校的經營方式愈來愈商業走向，將他們的學生視為「客戶」對待。[7]熱情原則與其「針對每個人」的科系與職涯選

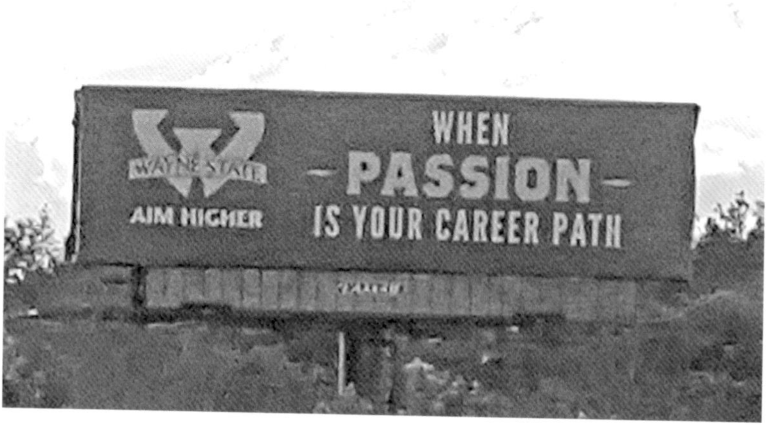

圖6.1　高速公路廣告看板，密西根州東部（作者拍攝於二〇一七年秋天）

擇概念，正體現了這種經營大學如同做生意的模式。儘管學生們獲得與志趣相符的穩定工作、高薪工作機會實際上並不均等，但這項原則讓像是韋恩州立大學（Wayne State）這種大學得以用「熱情是你的職涯道路」（圖6.1）這般口號為自己宣傳。對於體育廣播或餐旅業充滿熱忱的學生可以自由擇一作為大學主修科系。但文憑到手之後，能否在經濟上站穩腳步，則是他們個人（不是大學或其他機構）的責任。[8]高等教育的新自由主義化，與著重個人自由與個人責任的做法，和以熱情為出發點選擇大學科系與決定職涯道路的觀點，完全吻合，且因此更加深了大專院校崇尚新自由主義的程度。

其次，信奉熱情原則可能有助於延伸白領工作職場對於理想工作者的規範，或者期望工作者將全副心力放在工作，不去管其他生活中的責任，也期望他們工作時數超過——往往遠遠超過——每週規定的四十個小時。[9]熱情原則正好符合這些理想工作者的期望。藉由要求勞工投入工作，熱情原則可能會更加強、而非質疑投身工作與工作過度的規範要求。在本書的研究中，受訪者普遍體認到也抨擊白領工作要求員工過度工作這件事。他們相信對工作懷有熱忱更容易實現這些對於理想工作者的期望。針對這些工作過度、理想工作者規範的結構性問題，熱情僅是個人層面的解決方案。個人追求熱情不僅對職涯有志者抵制職場對理想工作者的要求幾乎沒有影響，可能還有助於延長這些過程。雖然理想工作者的規範可能對於擁有工作熱忱的人來說壓力沒有那麼大，擁有熱忱的工作者可能還自願為雇主奉獻心力，卻沒有在薪資或福利上獲得回報。

第三，一個人對工作發自內心的熱忱，且願意為了這份熱忱犧牲金錢與時間，可能也會要求他們的同事或上司仿效，期望他們也成為理想工作者。[10]在某些專業領域，例如藝術、教育或科學，外界根深柢固認為從事這個領域的人應當投入大量熱忱，只將工作視為謀生方式的人們可能因此被認為無法勝任這類工作。[11]此外，藍領工人與服務人員可能也會被期待要表現出自己真心熱愛且投入工作，這加重了另一種霍希爾德研究理論裡未提及的情緒勞動。[12]換句話說，熱情原則的負面後果可能會擴散到不具有大學學歷的工作者所主導的職業領域，他們因此得遵守一種必須表現出工作熱忱的文化標準，但從事低技術要求、被低估的工作卻很難發自內心擁有這股熱忱。

第四，不同的人投注熱忱的對象，是重現職業隔離的重要場域。「適合」我們、讓我們感到興奮、「餵養我們靈魂」的事物並非隨機決定的。如同我在第一章所提及，一個人有熱忱的領域並非完全具有個人獨特性。我們的熱情是自我概念的一環，是一套關於自我的複雜信念。[13]雖然這些自我概念，在我們看來既真實又獨特，但這些概念深受我們所處的社會環境——根據我們的行為、能力與興趣所接觸、遭遇的事物影響。我們的社經背景、性別、種族／族裔也影響了我們如何看待自己、我們想成為的模樣。因此，當職涯有志之士追隨他們的熱情，他們往往會加強性別、種族與階級方面的職業隔離模式。

尤其是性別方面的職業隔離格外明顯。矛盾的是，過去幾十年來，女性備受鼓勵與男性在職涯表現上並駕齊驅，但自我表現的職涯決策似乎在具性別分化的職涯決策裡太過根深柢固，以致於看來就像是性別中立的結果。例如，第四章提及的物理學家查斯，從小就對光相當著迷。他的父母與老師可能會更鼓舞他朝這方面發展，而不是他妹妹，但查斯卻不會認為自己的熱情與職涯道路被性別化了。對他來說，這樣的結果既充滿獨特性也表現出自我特質。這可能也說明了，為何過去二十年來，社會對於非常規性別（gender-nonconforming）的行為與人生選擇，容忍度愈來愈高，[14]然而女性進入男性主導的領域（例如，物理），與男性進入女性主導的領域（例如，護理）的情況卻仍停滯不前。

這種以熱情為基礎的職業隔離非常難透過政策改革或社會行動推動改變。因為這樣的模式深深刻畫在自我概念裡，很難從製造出這些性別、種族與階級差異的社會歷程中，抹去這些因素對人們的影響。最有效能改善這種模式的策略卻可能令人擔憂——為了削弱職涯領域中的性別化、種族化與階級化，得減少基礎教育與高等教育的課綱自由。為了鼓勵學生們更公平地接觸不同的任務領域，學生們得學習更多的科目，像是營養學與物理學、人類發展與種族研究。這種課程的僵化違背了家長與學生對於中學教育能以選擇為基礎的期望，以及高等教育推崇「選擇你自己的冒險」模式。然而，即使能夠更公平的接觸不同科目，普遍認為不同學生擅長或能力程度的刻板印象，可能還是會以性別化、階級化、種族化的方式影響學生的興趣發展。[15]

最後，在最一般的層面上，熱情原則能夠作為後工業資本主義的保障。受訪者清楚抨擊了資本主義職場所帶來的苛重期望，特別是希望員工們對工作全心奉獻、工作普遍缺乏穩定性，以及職場參與通常會導致的自我疏離。透過追求能夠實現自我的工作作為這些問題的解方，且讓個人承擔在職場找到自我表現位置的責任，熱情原則可能會扼殺工作者對於資本主義工作結構的批評——而原本這些批評在其他情況下，可能會推動工作者集體要求縮短工時、更公平的薪資待遇或更好的工作與生活平衡。[16]熱情原則可能有助於緩解職涯有志之士對於要同時達到資本主義職場對於理想工作者的期望，以及文化上要求自我表現，這兩者之間的緊張情勢。

熱情原則在許多方面都可能是主導職涯決策的文化框架。在單一意識型態的意義上，它不是最普遍的信念，其他諸如就業保障、薪資、工作與生活的平衡，在文化上都是相當普遍的決策指導原則。但就生活領域的文化觀點而言，熱情原則的確占據主導地位，社會階層裡最具有特權的族群因這項原則而受惠，且讓人們認為現有不平等的社會經濟狀況相當合理且無可避免。[17]如同第四章所討論的，熱情原則擁護勞動市場裡的賢能制管理與新自由主義觀點，讓人們認可相當不平等的勞動市場。這項原則可能有助於財力強大的組織利用擁有熱忱的員工。而對於沒有高教學歷或鮮少有機會能從事有成就感工作的人，這項原則也可能對他們的其他選擇做出貶低、缺乏正當性（delegitimate）的評價。

熱情原則在剝削裡的作用

本書的核心理念有一處很諷刺的是，熱情原則的文化基模是以個人層面的自我表現、能動性的行動為中心，卻有助於重現整體社會經濟劣勢。但熱情原則也可能是另一項諷刺的根據：一個人為了避免資本主義職場的自我疏離而追求自身的熱情，投入有償勞動，最後卻可能成了在這種經濟結構中被剝削利用——對理想工作者的期望、過度工作——的推手。熱情原則的顯著性可能會排除勞動參與的可能性，例如考慮能夠支持嗜好的工作、能夠給家人與朋友最多時間的工作，以及／或出於社群需求而非個人志趣而做的工作。

但是，如果人們對於自己的工作充滿熱忱，並犧牲金錢與／或時間來做自己喜歡的事，那又有什麼關係呢？這真的是剝削嗎？普遍（以及許多學術上）認為剝削的概念，是以雇主與雇員之間的單獨交易來做考量，像是薪資與福利的斡旋。[18]從這個角度來看，若學校老師或動物園管理員自願選擇從事這些職業並熱愛他們的工作，那他們拿到的薪水很少，又怎麼樣呢？但這些單獨的交易既非資本主義剝削員工唯一的方式，也不是主要的方式。剝削是資本主義經濟結構本身的一項特質：「資本主義者犯有剝削罪，從工作者身上榨取剩餘價值。但更重要的是，值得我們怪罪的是資本主義，而不是資本主義者。」[19]學校老師或動物園管理員可能自願、甚至開心做著一份薪水待遇無法維生的工作。他們可能對這份工作抱有熱忱，甚至將低薪視作願意為了自身熱情所做出的犧牲[20]。我們絕不能被這個面向的抉擇而誤導。這些工作者之所以受到剝削，是因為他們在低估其貢獻的經濟結構中工作，獲得的報酬遠低於他們帶給組織與社會的價值，也鮮少擁有健全的社會保障，像是優質的醫療保險。一個人對於工作的熱忱，似乎可以豁免與雇主之間的交易剝削，但剝削是更深層次的問題。

在什麼情況下，在有償工作中追求熱情才可能減少剝削或者能夠更公平？對個人來說，需要提高就業穩定性的機會，同時也需要增加能夠減低勞動參與風險的社會福利措施（像是失業補助、健康保險、家庭照顧假）。更公平的教育與培訓機會、更低廉的學費、改善不同職業領域之間收入不平等的情形、給予集體協商更多的支持，這些做法長期而言都能減少追求熱情所帶來程度不一的風險。如同前述，若一個人對工作付出額外的精力卻沒有獲得補償，那麼這項個人興趣轉為工作任務的過程就是一種剝削。此外，除去誰應該會、或誰會對不同事物產生熱忱的刻板印象，對於人們探索可能有興趣的事物，減少這方面的人為限制也很重要。如果這聽起來像是一項艱鉅的任務，沒錯，這真的很困難。正如我所述，重視追求熱情而導致的許多不平等，並非追求熱情所產生的結果，而是追求熱情的人們所棲身的結構帶來種種不平等。

未來行動的考量

此處記錄的模式對許多領域都有影響。特別是大學的管理委員會、學術界行政人員與大學系所。這些模式凸顯了大學院校需要在畢業生們離開校園時，提供更公平競爭的條件。追求熱情會讓大學生再製出身的經濟背景優劣，部分原因是家庭較優渥的學生背負的學貸較少——如果提供更佳的經濟援助與調降學費就能緩解這個問題。此外，擁有最寬廣的安全網與跳板的人，在兩者的幫助下，追求熱情的路會走得最順遂。雖然學校不能完全彌補學生入學時彼此文化與社會資本之間的差異，但一定可以改善關於勞動市場的教育方式，並具體建立起校友網絡與社群組織的聯繫，而非一味相信學生們能仰賴本身對於求職過程的了解。

同樣重要的是，高等教育機構——以及培育未來大學生的中學——應該針對他們如何傳達關於科系選擇與職涯抉擇的訊息，進行批判性思考。追求熱情可能是很多學生的目標，但肯定不是每個學生的目標。在過去的四十年間，勞動市場變得愈來愈不穩固。雖然失業率有起有落，但任何一項工作的穩定性與提供給工作者的保障皆逐步下降。[21]幾乎沒有跡象表明這種不穩定性能在短期內獲得改善。自動化、外包、契約短期工作與「零工」經濟的趨勢似乎並未減緩，且COVID-19疫情對經濟的影響只會加深這種不確定性。[22]確保職涯諮詢與學術建議對學生選擇職涯的優先順序保持價值中立，更能幫助學生達到設立的職涯目標；此外，對於那些職涯決策優先考量財務穩定性、與家人共處的時間或地理位置的學生，也必須減少對他們的文化貶抑。

定期與學生互動的教育者，也需反思自己對追求熱情理所當然的假設。本書的研究發現顯示出，將追求熱情作為適合每一個人職涯決策方法的危險性。推崇熱情的人可能會受益於其他領域的培訓，以增加自己在職場上的選項；例如，人類學科系的學生可能會參加程式編寫課程，或化學系學生可能會輔修傳播學。鼓勵大學生與研究生在有償勞動參與之外的環境，創造意義建構與自我表達的機會，也很重要，無論是透過當志工、健行、繪畫、木工、即興喜劇、友誼、政治參與或致力於其他事務。在不斷地練習之下，提醒學生在學校與有償勞動之外，還有許多地方能夠找到自我表達的滿足感，這會讓他們受益匪淺。

從基礎教育到高等教育，老師們應該協助學生了解共同努力解決職場問題的重要性與力量。勞動市場——即使是對專業人士來說——也愈來愈無法滿足工作者的需求。[23]鼓勵有工作抱負的人尋求並參與共同而非個別的行動，一同解決這些難題，可能不只對他們自己有利，還可能得以挽救數十年來集體行動的沒落。[24]此外，高等教育組織內部與外部的職涯顧問與教練必須更關注他們客戶所面臨的結構性不平等，並鼓勵他們權衡一系列的考量因素。

在區域性與國家政策層面，這些研究結果凸顯了將職場的問題視作是工作者個人問題的危險性。熱情原則作為好職涯決策的普遍性，可能會進一步鼓勵新自由主義的教育與勞動政策。[25]以熱忱為主的職涯成敗觀點，把解決勞動問題的責任從立法者與工作場所身上，轉嫁給個別工作者。鼓勵人們將追求熱情作為度過職場難關的老舊觀點與做法，也遏制了組織做出持久性的變革。

除了徹底改革對於何謂好工作、好的職涯決策的文化觀點，或者顛覆資本主義勞動結構，許多能夠減低熱情原則所帶來負面影響的方法，與降低職場不穩固所需要進行的行動是很類似的。雖然在有償工作中尋求自我實現可能得冒著熱忱遭到剝削的風險，但若能推動數項文化與結構層面上的轉變，情況就會大為改善。以熱情原則為指標做出職涯決策是相當冒險的事，部分原因是因為穩定的高薪工作愈來愈少，且充滿熱忱與努力工作的人們愈來愈可能最後會落得低薪、沒有保險或失業的下場。[26]若有辦法能降低追求熱情帶來的風險，這些方法將幫助職場裡的弱勢群體，不論他們最看重的因素與職涯目標為何，都能有所幫助。這些辦法包括降低大學學費，以需求為導向的財務援助調高金額；縮小收入差距；增加退休、殘障、失業補助；讓獲得健康保險的機會與個人就業狀況脫鉤；減少聘用與升遷程序的偏見；並擴大福利措施。隨著這些方面的進展，熱情原則可能還是性別、種族、階級方面職業隔離的一種機制，也是雇主剝削的潛在來源之一。但整體而言，會降低追求熱情（實際上是所有職場所有的勞動參與）帶來的風險。

美好生活的熱情與文化觀念

熱情原則是種理解職涯決策的抽象文化基模。即使是這項原則最狂熱的追隨者，也深陷於錯綜複雜的勞動市場與其限制，必須要跟這些複雜性與限制奮鬥才能謀生。儘管如此，就像做一個好公民或浪漫愛所代表的意義一樣，這些抽象的基模在文化上發揮著重要的作用。[27]正如前述，熱情原則能夠幫助人們制定人生重要因素的優先順序，他們應追求或拒絕哪些機會，以及如何評估他人的成功甚至品德。廣義來說，熱情原則點出了社會上看重的事物，以此指引人們的職涯道路，如此一來，人們既能成為經濟體系的一部分，也能藉此實現自我表現的目標。[28]

因為這種文化基模不只代表好工作而已，還關乎美好生活的意義，我這份針對熱情原則的研究碰到了關於自身存在的大哉問。[29]本書導論描述了紀登斯「自我反思志業」的概念——我們這一生作為個體，會持續建構自己是誰的敘事，並反映在人生當中。[30]紀登斯認為，這種自我反思志業已成為後工業時代晚期資本主義社會中，許多人的核心目標。但這項志業最終會通往何處呢？在二十一世紀的美國，這個問題的答案不如半世紀前明確。過去幾十年來，世俗志工組織（例如，YMCA、麋鹿俱樂部）的規模已經不如以往，美國人與信仰社群的連結不若過去緊密。[31]在一個世俗、高度個人主義的後工業社會中，「追隨你的熱情」提供了一個方向、一個向量，為我們應於何處尋得意義，以及該如何過自己的人生提供了解答。

透過社會學調查仔細審查熱情原則，並不會抹去追求熱情作為自我反思志業向量的可能性。這樣做只是對熱情原則所擁有的道德權力提出了質疑。這項原則始終都會是職涯決策最佳方針嗎？我們能有哪些同樣能夠實現自我反思志業卻不著重追求熱情的替代方案？這些方案可能對職業或培訓計畫（特別是學術方面的）格外重要，因為在這些計畫中，一個人的身分與其學科成果密切相關。正如文化社會學家幾十年來的做法，仔細審視主導現代意義建構的文化意識型態能讓我們辨識出、並可能擺脫長期以來對於美好人生的定義。

作為社會結構的一部分，有償職場既不打算、也不是旨在讓我們尋求自我表現與意義。職場的結構是為了利用我們的付出，替雇用公司老闆、組織關係人以及股東們謀利。有償工作的種類很多，包括「打零工」、創造性的活動、任職於非營利組織、試圖打破社會不平等的藩籬的工作——但工作終究仍是工作，仍會讓雇主於物質上，以及／或在聲譽上獲利。追求熱情的人可能會決定在工作中、透過工作盡可能達到最大程度的自我表現，但他們仍身處資本主義經濟的運作之中。我們可能會在工作中尋得深刻的個人成就感。但我們仍然是工作者，依然是資本主義職場的參與者。熱情原則為資本主義者的剝削行為開脫，但這並未改變工作者的付出可能會遭到剝削的事實。

儘管本書研究結果顯示熱情原則在美國相當普遍，但這並不代表這項原則是美國資本主義的必然表徵。導言裡職涯建議書籍的回顧，顯示出過去數十年來何謂好職涯的主流概念——理想的工作是能力所及可提供穩定性與經濟保障，且讓人覺得有趣且好奇的工作。但過往這些關於職涯道路的觀點，在勞資和諧已大幅削減的情況下很受歡迎（且無論如何只有最享有特權的社會人口群體才能真的實現）。今日，很少人能指望能找到一份工作，雇主不但栽培他們步步高升、且在繁榮與蕭條的利潤週期中會盡力留住員工。那麼，在現代後工業國家裡還有哪些可行的替代模式？

日本白領勞工的工時幾乎與美國人一樣長，但通常不會將工作視為能夠自我實現之處。傳統上，日本的職場人士往往尋求穩定、高薪且能夠養活自己與家人的工作[32]——在能提供的經濟穩定中尋找工作的意義。[33]西歐勞工往往工作週數比美國勞工短上許多，且享有更多的假期。例如，許多挪威勞工努力提升工作效率，以便能在傍晚與週末有更多時間與家人共處，並從事自己的嗜好。[34]在以色列，失業者認為自己的命運多取決於勞動市場的結構現實，而非自身缺失。[35]將工作視為自身核心價值，這樣的想法或許不只存在於美國，但可能唯有美國人才如此深信這項信念。

即便如此，熱情原則可能也在其他社會的文化裡也能找到立足點。特別是在個人自我表現強烈、高教普及、社經勞動力政策已轉向新自由主義與個人責任模式的國家裡（例如，英語系與西歐國家），熱情原則可能是一種被過度吹捧的職涯意義建構之道，尤以在社會人口特權群體裡更為顯著。[36]如同在美國，熱情原則也同樣可能有助於鞏固現有的勞動市場劣勢，且將結構性不平等掩飾為個人選擇導致的後果。

全球資本主義的現狀意謂著，工作者無可避免得應付工作缺乏保障、不穩定的潛在可能性。但個人層面的解決方法則並非主要回應這些情況的手段。「好的」職涯決策概念在文化與歷史方面存在著很大的差異，加上集體工人運動過去曾取得極大的成功，這些都代表著我們仍有選擇的餘地。

廣泛來說，像熱情原則這樣的文化基模，為我們在複雜的決策過程裡提供了定錨點。凡是文化體系裡僅有為數不多的定錨點，與少數用於建立職涯或自我意識之「最佳方式」，在本質上都是有限制性的。這樣的文化體系在本質上也貶低了那些所處結構環境不允許他們實現這些文化理想的人。這些基模能以強大的方式約束我們。我希望透過將熱情原則放在顯微鏡下檢視的方式，能更凸顯出這些限制，因而那些希望或必須尋求其他方式確立職涯方向與反思志業的人們，得以更容易克服這些局限。

後記

本書為職涯有志之士與職場工作者針對在有償工作中追求自我實現代表的意義，提出了重要的問題。前幾章實際調查所得出的模式，顯示出存在著這些問題，但無法透過這些模式獲得解答。這些研究結果也沒有為職涯決策明確指出一個能夠替代熱情原則的價值理念。我在這裡為個別職涯決策者（以及支持他們的家人、指導者、組織與機構）提供了幾項考慮因素，以鼓勵他們在做決策時，有更多的反思、更具統整性的整體考量。

正考慮著將來的職涯抱負者，或正考慮著職涯發展下一步的工作者應當借鑑些什麼？也許我能提供最重要的訊息即是，職涯有志之士與工作者，無論對工作抱有熱忱與否，都應當考量追求熱情這個方式對他們而言是否適用。如果採取了這項作法，需要做出哪些妥協與讓步？有償工作是主要實現自我的最佳場域，或者有償工作應該作為支持其他意義建構的計畫？例如，如何透過減少工作時數或強度來對付有償工作的潛在乏味、自我疏離以及對工作投入與過度工作的期望，而非義無反顧地投入有熱忱的職涯？

若職涯有志之士與工作者得出結論，認為熱情原則的確就是他們最佳的選項，那麼我鼓勵他們記住兩個問題。首先，要如何盡可能減少雇主剝削他們的熱忱？有熱忱的工作者即使在過程裡獲得極大的樂趣，仍應要求其付出的努力必須獲得公平的報酬。第二，他們該如何促進集體行動，迫使政策制定者、企業主與管理者確保足夠的社會保障、減少收入差距，並提供宜居的工資與醫療保健？這不應只由那些不滿意工作、與工作脫節與／或疏遠的人來承擔要求改善工作待遇的責任。職涯有志之士與工作者，尤其是對自身工作抱有熱忱的人，需要思考自己在勞動市場結構的位置，而非只考慮到個別的職涯道路。

另一項有用的概念策略是從過去將熱情視為有或無的二分法，改成將熱情視為一種逐漸演變的事物。與其將整個領域歸類為一個人的熱忱（或並不抱有熱忱），不如考量可能在多項領域中都能找到激發好奇心、樂趣或成就感的工作任務。這種修辭上的轉變可能會降低找到一項熱情的道德價值，並打開空間，讓人得以全面性的考量人生與就業，此外，這麼做還能減少外界對優先考量就業穩定性或工作與生活平衡的人們，在文化上的評判。與其追求熱情，或許應將目標放在任務有趣又具有薪水豐厚的穩定職缺，同時在工作之餘，擁有時間與資源尋找意義。

我也想提醒有熱忱的學者、專業人士與學生。這項研究數度戳到我的痛處。我本身對熱情原則的堅持形塑了職涯初期的經歷。為了追隨對社會學的熱情，我離開了工程專業這樣一條受人尊敬又高薪的職涯道路。如果後來我沒被研究所錄取，或沒有找到一份工作，這條職涯道路就可能讓我陷入真正的財務危機。我非常幸運。我擁有尊重我工作的導師、鼓勵我的另一半、朋友們與家人，以及有償的研究與助教職務得以支付生活費。我的中產階級文化資本以及身為白人、身體無障礙、在美國出生的特權，當然有助於我取得博士後與大學教職。社會學無庸置疑是我的熱情所在。現在仍是如此。在我開始從事這項研究之前，我一直是熱情原則的信徒，並且或多或少是大力宣傳其核心信念的布道人。隨著這本書每一個發現漸漸成形，我不得不面對自身暗藏對於熱情原則的信念。我想知道我的身分如此取決於我的工作，這代表的意義為何。研究所、博士後以及兩份忙碌的助理教授職位，讓我幾乎沒有辦法在工作與家庭之餘，有額外時間投入意義建構與身分形成。但我也沒有做太多努力。若我的工作消失了，部門解散了，或者我的學科無法再運行下去，那我自我反思志業的核心部分也會面臨同樣的命運。對我來說，我學到其中最重要的一課是，我最好多方發展自己的意義建構組合。就像所有好的投資組合一樣，有償工作不該是自我反思志業裡唯一製造意義的商品。

能夠從事自身致力的工作是一種非凡的特權。一直以來都是如此。這是一項特權。若不承認學者與白領勞工正是因為擁有資源，才得以從事熱忱的工作，此刻卻有許多人正做著鮮少有自我實現機會的工作，這樣就是在掩蓋權力與特權的結構，而揭露這樣的特權正是社會學調查的核心。同樣地，評判學生面對來自父母的壓力，卻缺乏意願轉到「真正熱愛」的科系、責備為了找經濟更寬裕的工作機會而離開研究所的學生，或者貶低花時間在家庭與嗜好的同事們，這是一種過去追求自己的熱忱、並從中獲得成功與回報的學術特權觀點。撇開其他不談，我希望教育工作者與導師在讀完這本書後，能堅定地承諾，往後與正面臨職涯決策過程的學生，要相信他們知道何者對自己、對自己的人生最好，且幫助他們牽線取得要實現這些目標所需的資源。

做職涯決策時，不再以熱忱為主要考量，並不容易，尤其是對於我們這些生活在充滿熱忱原則環境的人，或是已經決定致力於自我表現與有成就感的工作的人而言。托爾斯泰（Tolstoy）問道：「我們應該做什麼，我們應如何過活？」[1]追求熱情是一種在文化上已獲得認可的回答。[2]對於許多受過大學教育的職涯抱負者與工作者來說，他們則是以透過在有償工作裡尋求意義來回答這道問題，即使犧牲了時間、精力與其他可能有意義的嗜好。作為一種普遍用於職涯決策的文化基模，熱情原則該是建議我們**如何**生活、應該優先考慮何種考量因素，而非告訴我們**為何**應該優先考量這些因素。身處於日益個體化的世界，我們只能自己找出這個答案。

讓我們回到這道問題，「你長大之後想做什麼？」如果我們的回答不以職業為主呢？如果是一個形容詞？我想要當個善良的人。敢冒險。不遜。異於常人。很真實。有影響力的。如果我們著重在集體行動呢？我想當一名社區營造者。一名盡責的朋友。一名環保人士。一個人在職場裡工作可能會促進這些身分認同，或者只是賺得能夠維持生計的錢。但關鍵是，一個人想要**成為**什麼樣的人，這答案可以、也應該遠遠超出有償職場參與的範圍。

謝辭

若沒有書中的訪談與費時讓我了解自身經歷的調查受試者，以及加州大學出版社出色的編輯團隊的話，這本書是不可能完成的。感謝納歐蜜．史奈德（Naomi Schneider）在研究初期便表達了興趣，以及薩摩．法拉（Summer Farah）的耐心與不可或缺的協助。

與同事們無數次的對話讓書裡的想法成為現實。我由衷感謝傑瑞．雅各（Jerry Jacobs）、艾米里歐．卡斯提拉（Emilio Castilla）與雪莉．柯瑞（Shelley Correll）在安納堡市（Ann Arbor）花時間與我一同集思廣益，如何才能讓我的論點更站得住腳。藉由批評熱情原則，傑瑞讓我了解自己過去有多麼「無知」，他建議我在書稿裡多描述自己的經歷。艾米里歐對於本書多重方法的極大興趣，幫助我在關鍵時刻增強了信心。雪莉從最一開始就是這個研究的擁護者，早在我完全意識到這項調查的走向之前，她早就知道審查熱情原則的重要性。我以她為榜樣，她教會我在手掌大權的機構分享反規範的社會學見解時如何勇敢，甚至有點不遜。

感謝馬修・巴可（Matthew Bakko）、蕭娜・戴爾（Shauna Dyer）、悉尼・哈瑞斯（Sidney Harris）、傑夫・洛可哈特（Jeff Lockhart）與噶比・彼得森（Gabby Peterson）於二〇一九年和我一同形成了書稿的早期版本。他們是最早一批讀到書中許多想法的人，他們回饋的意見形成了本書的架構。我很感謝他們的鼓勵，使這本書成為一部公共社會學著作，也是對不平等研究的貢獻。

以下這些傑出的研究助理為此研究做出了貢獻：比利・羅斯威爾（Billy Rothwell）、米雪兒・潘（Michelle Pham）、耶波尼・艾倫（Eboni Allen）、馬德利尼・德意曲（Madeline Deutsch）、布雷特・柯雷特（Brett Kellet）、索妃亞・希特呢（Sophia Hiltner）、瑞秋・李維（Rachel Levy）、雷司禮・魯阿（Lesley Lua）與麥迪遜・馬丁（Madison Martin）。我希望他們能在這份書稿裡看見自己努力的痕跡。我感謝許多人在過程中對書稿提供了建設性的意見：伊莉莎白・阿姆斯壯（Elizabeth Armstrong）、艾咪・賓得（Amy Binder）、莎拉・達瑪斯克（Sarah Damaske）伊莎貝拉・福特（Isabella Furth）、珍・瓊斯（Jane Jones）、卡琳・馬丁（Karin Martin）、克莉絲汀・孟斯（Christin Munsch）、琳賽・歐柯諾（Lindsey O'Connor）、芭芭拉・瑞斯曼（Barbara Risman）、歐佛・薩羅納（Ofer Sharone）、帕梅拉・斯莫克（Pamela Smock）與艾爾・楊（Al Young）。

我還要感謝萊斯大學（Rice University）、華盛頓大學（University of Washington）、休斯頓

大學（University of Houston）、加州大學洛杉磯分校（UCLA）、史丹佛大學（Stanford）、俄亥俄州大學（Ohio State）、達特茅斯大學（Dartmouth）、哈佛大學（Harvard）、范德堡大學（Vanderbilt）與哥倫比亞大學（Columbia）的聽眾提出有見地的問題，讓這本書變得更好。

自我來到加州大學聖地牙哥分校（UCSD）首日，直到本書完成的最後階段，瑪麗亞・查爾斯（Maria Charles）與瑪麗・布萊爾洛伊（Mary Blair-Loy）給予的指導一直是股穩固的力量。她們對初稿的回饋幫我糾正了早期的一些論證錯誤。她們傾向對普及的文化信仰提出質疑之聲，這對我的學術發言產生了不可磨滅的影響。我很感激有如此傑出的榜樣。

一路走來，若少了同事們的支持，我不可能完成這本書。在午餐間、在走廊聊天、後院篝火旁以及透過Zoom軟體的網路會面中，穆葛・戈可（Müge Göçek）、羅伯・楊森（Rob Jansen）、葛瑞塔・克瑞普拿（Greta Krippner）、珊蒂・列維斯基（Sandy Levitsky）、羅伊・利維拿（Roi Livne）與馬戈・馬漢（Margo Mahan）提供了友情與同袍情誼，單稱他們是同事並不足表達我們之間的情感。在密西根大學裡，有亞歷斯珊卓・文森（Alexandra Vinson）在旁是我的榮幸。自加州墨西哥捲餅的週一，至密西根州週四的G&T，即使我喋喋不休談論正在處理的理論糾結，她仍是名堅定的朋友，比任何無血緣親屬應承受的時間都來得長。

我在萊斯大學社會學系親愛的朋友們，尤其是珍妮佛・布瑞特（Jenifer Bratter）、賽吉歐・查維茲（Sergio Chávez）、吉姆・艾略特（Jim Elliott）、布瑞吉特・戈曼（Bridget Gorman）、伊莉莎白・隆（Elizabeth Long）、羅賓・佩吉（Robin Paige）以及羅伯・維茲（Rob Werth），協助這項研究在初期階段就已站穩腳跟。史丹佛大學的克雷曼性別研究所（Clayman Institute for Gender Research）、如今的VMware女性領導力實驗室（VMware Women's Leadership Lab）的人們，一直宛如知識分子家庭，有點像是學術童話那般。此外，由於本書的某些核心概念萌生於我的論文，我要感謝論文指導委員凱蘿・賽隆（Carroll Seron）、蘇珊・斯貝（Susan Silbey）、珍妮・費蘭特（Jeanne Ferrante）以及艾可斯・羅納塔（Ákos Róna-Tas）的支持。

本書多數內容是在闡述職涯有志之士的經驗，如果我沒有提及史提夫・斯溫佛德（Steve Swinford）、史考特・邁爾斯（Scott Myers）、蘇・莫納漢（Sue Monahan），瑞秋・路夫特（Rachel Luft）的鼓勵，就是我的疏忽。他們在我還在蒙大拿州念書時，對我職涯初期階段產生了莫大的影響。他們說服我可以成為一名社會學家，無論這是我最終追求的道路與否。某次與他們其中一人影響格外深遠的會面之後，我坐在長凳上，在筆記本上胡亂塗寫著：「妳？她認為『妳』有一天可以寫一本書？？」我的導師們在本書撰寫期間的善意與支持，是此書存在的根本原因。

我感謝我的家人們——梅格（Meg）、麥可（Mike）、茉莉（Molly）、艾瑞克（Eric）、萊恩（Ryan）、瑞（Rye）、桑密特（Summit）與阿特拉斯（Atlas）的支持，即使寫書的細節對他們自身的工作經歷而言是陌生的。從一開始他們就督促我在深奧的學術問題之外，要闡明這本書的

「那又怎樣」。

我將這本書獻給我的伴侶海蒂・雪瑞可（Heidi Sherick）。十五年來，她為我的人生帶來歡樂、反思、憐憫之心、脆弱、同理心與傻裡傻氣。在進行這項研究的過程裡，她一直是最具有建設性的批評者與頭號粉絲。她甚至讓我硬是安排了一趟旅行，用來閉關寫作，並在廚房的桌上和我一同閱讀了整份書稿。海蒂每一天都鼓勵我成為更好的人，並提醒如何在工作以外的事物尋得意義。一言以蔽之，她棒透了。

附錄A　研究方法

附錄A針對本研究如何收集並分析書中所使用的質化與量化數據，提供了更詳細的說明。以下各節是各數據的收集過程，以及個別的操作方法。有關書中內文初次提及的變項建構、操作化與迴歸係數，我則詳細資訊列在該章節的注釋處，方便讀者查閱。

職涯有志之士的訪談

我在二〇一二年與二〇一三年之間，針對共一百名分別就讀史丹佛大學（三十五人）、休士頓大學（三十人）以及蒙大拿州立大學（三十五人）的大學生進行深度訪談。選擇這三所學校別有用意：這些大學所處地區多元、選擇性互異，包含西岸一間大型菁英私立機構、一間美國南部都市公立大學以及美國北部一間郊區旗艦授地機構（land grant institution）。這三校皆提供涵蓋人文與科學的綜合課程，且皆具有職涯決策方面的重要特點，例如校內設有職涯諮詢中心，以及延緩主修科系申告的時間表。相較蒙州大與休士頓大學，史丹佛大學和其他菁英私立大學一樣，擁有較多的資源與更幅員遼闊的校友網絡，有助於該校學生找工作並獲得工作（見第三章）。[1]

與全國大學入學趨勢[2]一致，這份樣本的女性參與者稍微偏多（五十六位女性、四十四位男性）。樣本中的少數種族／族裔比例過高（百分之十四為拉美裔、百分之二十五為黑人、百分之十四為亞裔或亞裔美國人、百分之五十三為白人、百分之十一為其他種族／族裔）。受訪者就讀的大學科系專業不一，其中半數就讀科學、工程、數學相關領域（STEM）。我在休士頓大學與蒙州大的校園公共區域（例如佈告欄、午餐桌、宿舍）張貼廣告，招募該校的參與者。史丹佛大學的參與者則是透過該校線上研究參與者入口網站招募而來。廣告單上寫著此研究以訪談為主，主題是「學生對職涯與社會的信念」。對這份研究感興趣的各校學生，填寫一份簡單的問卷，回答自己的主修科系、就讀年級、性別與種族／族裔。我透過這份問卷，讓樣本裡的前述面向更加多樣化，如此一來觀察可能的人口統計學差異才更有意義，並確保研究結果白人中產階級學生的觀點不代表預設值。具體而言，我選擇的訪談樣本，有色人種學生與非中產階級學生的人數過多，受試者就讀STEM領域與非STEM領域的人數則大約相等。

訪談時間介於四十五分鐘到一百二十分鐘，僅在同意我任職大學的人類受試者委員會所批准的同意書後，才會開始進行。我們在各校內空無一人的辦公室或會議室進行面對面訪談，並提供每位受試者十五美元。訪談大綱如下所附。

學生必須回答一系列問題，為何他們會選擇就讀目前的科系、他們畢業後的規畫，以及他們做出前述決定的考量。接著我會請他們闡述，對他們而言在做職涯決策時，何謂「好的理由」與「不好的理由」，以及「好工作」對他們的意義。訪談問題的順序很重要。我預想財務考量對於學生的決策，會比他們關於職涯決策的文化基模，來得更加重要；若我先問他們做出好職涯決策的文化基模，學生們談到自身決定時，可能會淡化財務考量的重要性。

此外，我也詢問學生當初選擇就讀大學科系與畢業後職涯規畫的決策過程。這些文化基模影響受試者職涯決策的程度，可能根據他們親身經歷到這些決定帶來的立即影響，或是在更遠的將來才會受到影響而有所不同。學生主修的科系專業與最終追求的職涯道路也經常不一致。[3]

訪談過程全程錄音並專業轉錄為文字。我採用Atlas.ti質性研究分析軟體編碼、分析訪談資料，並進行兩階段分析策略（dual-pass strategy）。[4]第一次分析時，我根據與受試者就讀科系與職涯決策相關的文化基模、受試者選擇主修科系的理由、做出此決定的考量因素等，以及已集中歸納後的主題，來進行編碼。第二次的編碼，我提選出更具體的主題，包括受訪者為何認為不同的基模具有說服力、他們認為這些指導原則的道德適當性以及遵循不同指導原則所產生的後果。除非另做說明，否則各章中的引文即是所討論主題的範例。

訪談結束時，受訪者需回答自身性別與種族／族群身分。我透過詢問他們高中時期家中「經濟狀況」如何，例如不太富裕、非常富裕或者處於兩者之間，來確定受訪者的社經地位（SES）。若學生告知成長過程中的經濟困難與／或如果他們說家裡「不太富裕」，會被編碼為勞工階級。若說家裡介於「不太富裕與非常富裕」之間，則被編碼為中產階級；如果他們說家裡「非常富裕」，便被列為「上層階級」。我確認比對了學生對自身家庭社經地位的認知，以及社經地位的標準社會學標識，例如學生對父母工作與教育程度的描述、經濟困境的描述與家庭假期等。

身為一名沒有身心障礙的白人酷兒女性，曾擔任博士後研究員，數據收集期間則是助理教授，我的立場可能會影響學生的回答。如果熱情原則在學生所處的體制環境內占有主導地位（白人、享有特權），那麼受訪者可能在敘述裡過分強調自我表現，且淡化金錢與工作保障的考量因素。如同我在第一章所述，我試圖透過數種方式減輕訪談中的社會期望壓力。這種社會期望可能說明了此種基模的重要性：亟欲於訪談中表達自己根據熱忱來做職涯決策的受訪者，也可能對同學們與教授也是如此表現。然而，相較與生活裡熟識的人們談論職涯規畫，受試者與我談論相同主題，可能會更誠實。相對於和他們的朋友與同學（可能會評判他們）、與教授和指導老師（和他們的決定有利害關係）或者跟他們的家人們（可能在經濟上、情感上影響他們的決定）的對話相比，這些訪談提供了一個相對風險較低的環境，他們可以誠實評論對職涯決策的信念。而對大學生調查數據的補充分析則反映了受訪者對追求熱情的高度重視，以及研究結果跨社會人口背景的一致性。

訪談大綱：史丹佛大學、蒙大拿州立大學與休士頓大學的學生

首先，我想問幾個關於你所就讀的主修科系的問題：

- 你最後怎麼會讀這個科系的？
- 你最重視就讀科系當中哪項因素？
- 如果對方說他們喜歡、享受與／或對科系主題有興趣：
- 為什麼你說你喜歡／對這個科系主題有熱忱？你喜歡／對其中哪個部分有熱忱？
- 為什麼喜歡／對科系主題有熱忱，對你而言很重要？
- 那財務考量呢？工作保障？技能？
- 你覺得什麼是選擇一個科系的「好理由」？那「壞的」理由呢？
- 「好工作」對你的定義為何？

再來，我想問你幾個關於職涯的問題，你畢業後的規畫。具體而言，我對你決定職涯路線的過程很感興趣（或者，如果還沒有計畫，那麼你在做決定時會權衡哪些因素？）

- 你在畢業後打算做什麼？這個決定受到哪些因素影響？

- 畢業後選擇職涯路線的決定因素中，哪個因素對你最為重要？
- 如果對方說他們喜歡、享受與／或對這條職涯路線有興趣：
  - 為什麼你說你喜歡／對這條職涯路線有熱忱？你喜歡／對其中哪個部分有熱忱？
  - 為什麼喜歡／對職涯路線有熱忱，對你而言很重要？
  - 那財務考量呢？就業穩定性呢？
- 你覺得選擇職涯的壞理由有哪些？
- 你覺得選擇職涯的好理由有哪些？
- 你的朋友如何談論選擇大學科系或職涯？他們如何談論這項選擇？
- 你的父母如何和你談論你的科系或職涯選擇？在他們的眼中，哪些因素很重要？
- 你對於要選擇哪個科系或你未來要做什麼工作，是否會覺得有壓力？

最後，我有一些基本的人口統計問題想請問你：

- 你自身認同的性別為何？
- 你是否有單一或多重種族／族裔認同？
- 你的性別認同為？
- 你的政治傾向為？

- 你會說自己高中時期的時候，家庭環境很富裕，或不太富裕，或介於兩者之間嗎？請闡述。
- 你在何處長大成人、讀高中？

還有什麼相關事項，你覺得我應該知道，卻沒有被提及或理解的？

職涯有志之士後續訪談

透過前一輪訪談留下的電子郵件資料，我在二〇一八年下半年嘗試聯繫第一輪訪談的全數一百名受訪者。約三分之一受訪者的電子郵件信箱已失效，且我無法透過LinkedIn或其他社群網站聯繫到本人。其餘能聯繫上的受訪者當中，半數（六十二人其中的三十五人）回覆我的電子郵件並答應參與後續訪談（參與率百分之五十六）。兩名第一輪受訪者回信婉拒後續訪談邀約，其他人則未有回覆。

與第一輪的訪談樣本相比，後續訪談的樣本當中，女性參與者比例稍稍偏高，多數具有少數族裔／種族身分（三十五人當中的二十一人不是白人）。第二輪訪談的樣本就讀學校比例大約均等，階級比例分布與首輪大致相同。其中十四人大學科系就讀STEM領域、十九人則非

STEM領域。兩人休學。第二輪訪談樣本人選（例如，參與的意願、時間與聯繫方式是否有效）可能會讓樣本偏向那些職涯更「成功」的人，或認為自己更「成功」的人。然而，某些受訪者坦然敘述自己大學畢業後的挫敗，或畢業後的不順遂。但當他們論及原本計畫的職涯路線並不如預期時，我沒有察覺到一絲猶豫。

我透過視訊會議平台（通常是Skype或BlueJeans）進行第二輪訪談，受訪者會收到價值美金二十五元的禮物卡作為訪談回饋。訪談開始之前，我會先向受訪者宣念同意書，對方同意過後才開始進行訪談。訪談長度平均六十五分鐘，內容涵蓋受訪者大學階段末期、離開大學校園後的經歷，以及對未來的展望。

如同首輪訪談，第二輪訪談我依舊使用Atlas.ti質性研究分析軟體，並進行兩次編碼，首先我先廣泛收集受訪者畢業後的主要經歷，進一步深入了解他們在大學與勞動市場的經歷，以及對職場的廣泛信念。我還分析比對了受訪者前後兩輪的訪談內容，評估受訪者的縱向模式與後續訪談參與者的橫斷面差異。

訪談大綱：後續訪談

首先，繼上次我們訪談後，我想先問你幾個問題：

- 你當時在大學就讀＿＿＿年級，你當時就讀＿＿＿科系？
- 你最後從該校（大學校名）畢業了嗎？
- 你畢業科系為？
- 你目前的就業狀況如何？
- 請告訴我你畢業後，求職方面的經歷過程？
- 其他任何重大的人生事件？

有關職涯現狀的問題：

- 你覺得是哪些因素導致你走上目前這條職涯道路？你最後如何走到目前這一步的？
- 哪些因素對你而言，是職涯決策最重要的因素？為什麼這些因素最為重要？
- 如果對方說他們喜歡、享受與／或對職涯取向有興趣：
- 為什麼你說你喜歡／對這條職涯道路有熱忱？
- 為什麼喜歡／對職涯道路有熱忱，對你而言很重要？

- 那財務與工作保障的考量呢？
- 你覺得目前的職涯道路很適合你嗎？你怎麼知道的？

當你考慮自身的職涯前景時：

- 如果你考慮換工作，哪些考慮因素最攸關重大？
- 你希望走哪一條職涯道路？哪些考慮因為對你而言最為重要？
- 你有考慮過走一條截然不同的職涯道路嗎？是關於哪些方面的？
- 你的父母／家人如何與你談論你的職涯道路？
- 對於你走的這條職涯道路，你有從哪些層面感受到壓力嗎？
- 你目前大約每天或每週工作幾小時？
- 目前的職涯現況如同你當初所預期畢業後會發展的樣貌嗎？
- 發生了哪些意料之外的事（困境、無可預期的機會）嗎？
- 你在大學畢業後，家人曾給予指導或協助嗎？
- 例如，幫你搬家、度過過渡期、付房租、牽線工作機會、與你討論履歷表、介紹人脈？
- 在大學畢業後，你有提供家人財務上的幫助或相關協助嗎？

大學期間的家境／家庭背景問題：

- 你唸書期間有在工作嗎？是什麼工作？每天或每週的工時數？
- 當時曾向職涯顧問或教練尋求建議嗎？
- 在學期間有從事實習嗎？內容為何？有償／無償？
- 你目前背負的學貸額度大約多少？

當我進行初次訪談時，若熱情是選擇大學科系與畢業後職涯規畫最主要的考量。

- 對於熱情作為職涯決策的動力，你的看法是？
- 在大學畢業後，這樣的理解有任何改變嗎？

最後，我有一些基本的人口統計問題想請問你：

- 你目前的居住地點？
- 你的收入大概是多少（時薪、週薪或年薪）？
- 你有其他經濟資助來源嗎？
- 你的政治傾向為何？

還有其他相關事項，你覺得很重要，要讓我知道或理解的嗎？

與職涯顧問與教練的訪談

職涯顧問與教練的工作負責提供有關職涯決策的建議。[5]他們所使用的文化框架可能會對客戶的決策產生重大影響。為了了解他們的觀點與方法如何放大或提供替代熱情原則的其他方案，我分析了與二十四位職涯顧問專業人士的深入訪談。其中七人是史丹佛大學、蒙州大與休士頓大學的職涯顧問；七人任職於其他學術機構的職涯顧問；十人為底特律與休士頓地區，不屬於正式大學範疇下，擔任專業客戶的私人職涯教練。一名研究助理與四位底特律地區的私人職涯教練進行了訪談。我則訪談了其餘的二十人。我於二〇一八年透過史丹佛大學、休士頓大學與蒙州大的職涯諮詢中心網站的聯繫資料，向每一名任職於這三校的職涯顧問發出訪談邀請。由於當時發生了一些備受矚目的大學招生醜聞，蒙州大與史丹佛大學有好幾位職涯顧問不願與非附屬大學的研究人員，就其諮詢工作進行訪談。因此我向過去與目前任教的大學，以及與我有個人聯繫的機構（密西根大學、萊斯大學、休士頓社區學院），另做職涯顧問專業人士的補充訪談。

我也另外透過網路搜尋與職涯顧問名冊來找底特律與休士頓地區的私人職涯顧問專業人士。這些職涯教練向大學生、剛畢業的大學生以及工作很長一段時間的專業人士提供諮詢建議。

職涯顧問專家同意受訪後，我們透過面訪或視訊會議軟體方式進行訪談。訪談平均長達五十分鐘，包括其整體諮詢理念、替新客戶找到方向的方法，以及協助客戶處理互相衝突的目標或期望的策略。與先前相同，我同樣執行兩階段分析，進行編碼並分析數據。

訪談大綱：職涯顧問專家

- 訪談一開始，請先告訴我您的工作。您怎麼踏入這一行的？
- 您如何定義職涯顧問／職涯教練的角色？您認為這份工作所提供的價值，與人們可能從其他地方尋求職涯建議有何不同？
- 您的客戶會從什麼類型的問題或需求開始尋求建議？您通常會與客戶一同工作多長的時間？
- 您對新客戶的整體策略為？
- 您是否於提供建議時，使用特定的工具（例如斯創與趣量表）？您如何使用這些工具？
- 您認為做出職涯決定的好理由與壞理由為何？
- 您的客戶認為做出職涯決策的好壞理由，與您的認知往往一致或是不同？
- 我再來會提供您一些假設性的情況，可能有些您已經在工作中遭遇過了。想請問您會如何回應以下的情形？

- 一名客戶獲得兩個工作邀約，很難抉擇究竟要選擇高薪工作，或是有熱忱的工作。
- 一名客戶對某項職業抱有極大熱忱與興趣，但對這項專業並非特別在行。
- 一名客戶對某個賺不到什麼錢的領域很有興趣，而且這名客戶還得養家。
- 關於職涯顧問專家的工作，或是您對職涯決策的理念，還有什麼您認為很重要，應該讓我知道的事？

訪談以人口統計問題結尾。

熱情原則調查

在研究初期已很明顯，不僅得從職涯有志之士的角度來理解熱情原則，從普遍大學學歷的工作的觀點來了解這項原則也很重要。現有的調查數據缺乏足夠的題組能提供我在分析中所需的詳細做法。因此我選擇自行進行調查。我於二〇二〇年十月，於調查平台Qualtrics，向一千七百五十名受過大學教育的美國勞工進行了熱情原則調查。[6]該樣本以性別、種族／族裔、年齡組別與十四類職業代碼（見附錄C，表C.1）比例呈現美國受過大學教育的勞動力。先前研究發現Qualtrics的全國抽樣程序通常反映了美國人口的人口統計與態度因素：即使缺少我所使用的配額抽樣，從收入到婚姻狀況等因素，Qualtrics產生的樣本仍介於美國人口相應值的百分之七以內[7]。

熱情原則調查的名稱為「密西根大學在職大學畢業生調查」，包括逾二十四道有關工作者如何看待職涯決策與勞動參與的問題，這份調查能以統計方式分析讓有關熱情原則、洗選與其他過程的模式，同時顧及受試者人口統計與工作特質的差異。為了增加研究結果數據的質量與可靠性，調查包括四個注意力過濾器（attention filters）[8]。

雖然並非具嚴格代表性的樣本，但熱情原則調查數據讓我能有效地透過目標明確、措辭精準的問題來評估熱情原則。我在按件計酬的線上平台MTurk (N ＝ 502)，先進行了一項針對受過大學教育的工作者調查，測試焦點做法的可操作性與測量可靠度。

熱情原則調查實際做法與操作

本書首度提及熱情原則調查量表與焦點測量時，於該章注釋描述了實際操作方法。除非另有說明，否則本書使用的熱情原則調查數據的數字，皆代表受訪者信奉熱情原則程度（例如，熱情原則質疑者與擁護者；見第二章，注釋三十七）的預測平均數，性別認同（女性、男性）[9]、種族／族裔（黑人、拉美裔、亞裔、美國原住民與亞太島民、白人）、年齡（按十分位數分組：二十多歲、三十多歲、四十多歲、五十多歲、六十多歲、七十多歲）、最高學歷（學士、碩士或博士／專業學位）、移民身分（出生地是否在美國）、階級背景（勞工階級、中產階級、上層階級）、就業部門（七類衡量標準）與職業別（十四類；清單見附錄C，圖C.1）。以長條圖呈現前述預測平均數，而非原始平均數，能讓我在控制可能變項與其他人口統計層面的條件下，呈現焦點變項信奉熱情原則程度的差異。在控制前述人口統計與工作特質的變項下，透過Stata軟體的邊際指令，以迴歸分析的最小平方法（OLS），求出推估的平均數。我也在書中適當之處，以注釋提供了這些迴歸模型的未標準化迴歸係數預設值（B值）與統計顯著性（p值）。為了簡化實證結果的呈現，這些係數估計值附注於注釋。

二〇一八年與二〇二〇年的熱情原則調查

二〇二〇年進行的熱情原則調查與我在二〇一八年所進行的調查幾乎完全相同版本。後者的提問與本書第一章到第四章討論內容相同，並包括以下敘述的調查實驗。兩項調查皆採用相同的比例代表性抽樣策略。就在本書完成之際，Covid-19疫情席捲全美。短短幾週內，人們從二〇〇八年經濟大衰退以來這十年所存的經濟收入化為烏有。數百萬人的工作與家庭遭受波及。作為一名對不平等如何重現的文化機制感興趣的社會學家，我聚焦於自身認為對社會、政治與經濟變革相當久長的文化信念與實踐上。雖然我認為熱情原則的文化架構通常對這些不確定性具有很強的抵抗力，但經濟危機與其他負面因素可能改變了有職涯抱負的人與受過大學教育的工作者，對於自身職涯決策優先考量的盤算，以及他們會給他人的建議也會有所改變。因此我決定於二〇二〇

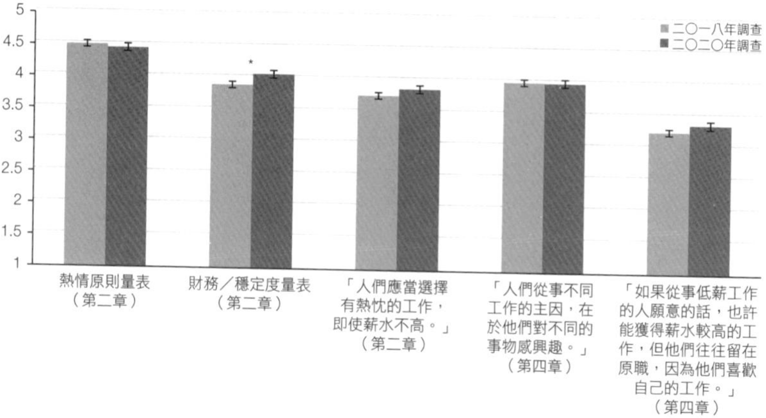

圖A.1 二〇一八年至二〇二〇年熱情原則調查焦點測量的平均數（二〇一八年N=1752；二〇二〇年N=1750）。長條圖的信賴區間為百分之九十五。

年十月再度進行熱情原則調查。[10]

比較這兩次調查的結果，呈現的模式非常類似。圖A.1呈現了兩波調查的焦點作法。雖然我發現當中有細微差異，和二〇二〇年經濟與就業壓力增加的現況相符，二〇二〇年的調查中，財務／穩定度的平均數略高於二〇一八年的數值（四點零六VS三點八九），對良好職涯決策的抽象概念化，將熱忱優先置於經濟考量之前的受訪者比例略低（前者百分之六十七、後者百分之七十二），但兩次調查結果仍明顯一致。

圖A.1顯示，在二〇一八年至二〇二〇年期間，受過大學教育的工作者對熱情原則的平均忠誠度（最左側的一組長條圖）或第二章與第四章所分析的焦點測量值並無顯著差異。這樣的一致性代表了即使在動盪的經濟與勞動市場裡，受過大學教育的工作者仍普遍重視熱情原則，並將其視為自身決策的核心考量因素。

將二〇一八年與二〇二〇年的趨勢做比較，更顯示了本書所討論的熱情原則調查結果，並非僅是受到Covid-19疫情大流行所導致的經濟與社會動盪影響，呈現出的狀況，且很可能在經濟復甦到更穩定的狀態時，仍然會顯著。

熱情原則實驗

二〇一八年的熱情原則調查最後納入一項實驗，探究這項原則的「需求面」。受試者會隨機分配到四份虛構的工作申請的其中一份，工作項目是IT公司會計工作與社會非營利組織青年專案經理之一（4×2設計）。

這些求職者的求職信內容只有一句話不同，其中一封表達了對工作的熱忱，其餘三封則分別表達對工作城市、組織、薪資感興趣。這樣的設計讓我能夠確定擁有熱忱的求職者是否平均而言會比其他求職者得到更高的評價，以及這樣的偏好是否來自於他們被認為是特別努力的人。我使用MTurk (N=502) 預先測試了所有的實驗資料。這些資料請參見附錄C.2至C.8。

全國勞動力變化調查

二〇〇八年的全國勞動力變化調查是一項具有全國代表性的調查，由家庭與工作機構（Families and Work Institute）所進行，調查對象為受僱於民間職場、非居住於院舍的成年工作者。調查進行期間，受試者皆已年滿十八歲，並居住於美國本土四十八州內。由不同區域、非叢聚隨機可能性樣本，透過隨機數字撥號而產生這些受試者名單。原始樣本約有三千五百名受訪者。除非另有說明，否則我的分析對象皆來自於該項調查其中一千零二名擁有四年制大學學位的受訪者。其中只包括受僱於他人的受訪者，沒有包括自僱者，因為後者對於自己的工作有更多的掌控權。我透過使用多重插補（multiple imputations）的獨立測量來處理遺漏數據（Stata 鏈接指令二十個插補）；插補的變項遺漏率不超過百分之六。全國勞動力變化調查數據分析中所使用的依變項與焦點自變項的操作，皆附注於其首次出現的該章注釋內。

除非另有說明，否則本書使用的全國勞動力變化調查數據的數字為預測平均數，控制的人口統計變項如下：他們是否有未滿十八歲的子女（1＝是，0＝否）、是否有照顧家中長者的責任（1＝是，0＝否）、身為移民（1＝是，0＝否），以及是否已婚或擁有伴侶（1＝是，0＝否）。模型控制了性別（男性、女性）、種族／族裔（非裔美國人、白人、其他非白人族裔）、年齡、在職年資、平均每週工時、教育程度（高中或更低的學歷、大學肄業、大學或更高學歷）

因素。同時也控制了職業別（專業或技術、銷售、行政、服務、生產與運營或管理）、就業部門（公共、非營利、私營）、機構規模與年薪的自然對數。

我使用順序邏輯迴歸來測試受訪者在決定接受新工作時，有意義的工作、薪資、工作保障對他們的重要性，是否有人口統計上的差異（第一章），並使用迴歸分析中的最小平方法與多重插補法，根據受訪者對工作的熱忱程度來測試是否有薪資差異（第五章）。所有的迴歸模型包含前述所有控制，並以全國勞動力變化調查所提供的權重進行加權，再以Stata中的SVY指令針對複雜抽樣設計做調整。

績效原則調查

二〇一六年績效原則調查是一項針對美國聯邦雇員的全國代表性調查。調查對象包含受僱於二十五個聯邦機構內的一萬四千四百七十三人（美國人事管理辦公室，二〇一五）。此項調查每兩年由美國人事管理辦公室執行。二〇一六年績效原則調查以電子方式針對聯邦機構中所有主要部分與獨立機構內，正職、非季節性職員的一份代表性樣本進行調查，回覆率為百分之三十八點七。

除非另有說明，否則使用績效原則調查的數字代表預測平均數，並控制了以下多種人口統計因素：教育程度（1＝低於副學士學位、2＝副學士學位或學士學位、3＝碩士學位）、受試者是否未滿四十歲（1＝是，0＝否）、擔任聯邦公務員的年資（編碼值介於以下範圍：0—3年、4年或以上）、在目前任職機構的任期（0—3年、4—11年、12-19年、20—31年、32年或以上）、主管身分（1＝非主管、2＝團隊負責人、3＝管理者、4＝經理、5＝行政主管）、受訪者目前是否已有退休資格（0＝否，1＝是）、是否受僱於機構總部，而非駐地（1＝是，0＝否），以及他們的薪資水準（編碼值介於以下範圍：低於七萬五千美元，到十五萬美元或更多）。我也控制了他們是否為工會的付費會員（1＝是，0＝否）。績效原則調查數據分析中使用的依變項與焦點自變項的操作方式，附注在其首次出現的章節注釋。

社會概況調查

社會概況調查是芝加哥大學全國民意研究中心每兩年針對美國成年人所進行的一份代表性調查。這項調查包含定期重複的模組問題。在一九八九年、一九九八年、二〇〇六年、二〇一六年的調查中，社會概況調查提出了一系列的問題，探究感興趣的工作與高薪對於受訪者的重要性。包括「下面列表中包含工作的各個面向。請圈出一個數字，以代表你個人認為它在工作中的重要性」：「一份有趣的工作」與「薪水」（從1＝一點也不重要，到5＝非常重要；變項INTJOB）。第二章圖2.2代表了這四波調查裡每一次調查被加權的平均數，按三種教育程度區分：受訪者是否具有高中或以下學歷、接受過中學教育，但低於大學學歷，或具有大學或更高的學歷。

資金與領土確認

史丹佛大學性別研究中心、萊斯大學社會系、密西根大學社會系與人口研究中心慷慨地為本書的數據收集與分析提供了資金。本書表達的任何觀點、研究發現、結論或建議僅代表我個人，不一定反映前述機構的觀點。

我在進行此項研究時的學習與工作學術機構，與美國多數大學一樣，皆矗立於透過殖民而獲得的土地，而這些地方數千年來都隸屬於克羅族（Crow）、黑足族（Blackfeet）、庫米埃族（Kumeyaay）、艾可奇薩族（Akokisa）、奇珀瓦族（Chippewa）、渥太華族（Ottawa）、波塔瓦托米族（Potawatomi）的傳統領土。我向這些土地致敬，並深懷感激曾在這些土地上生活與工作。

附錄B 二○二○大學生研究之補充分析

本書所使用的職涯有志之士訪談樣本相對較大，包括就讀於三所在人口統計學方面與地理位置迥異的學校。但這無法代表其他類型機構學生的觀點，也無法有效評估學生之間細微的人口統計相似或差異之處。

為了評估熱情原則於更多樣化的樣本之中的相關性，我於二○二○年六月透過MTurk平台，針對大學生進行了補充調查（N＝522）。儘管MTurk無法代表全體美國大學生，但研究人員經常使用此平台對透過其他分析程序所得來的敘述性模式進行多重檢核。[1]先前的研究發現，MTurk的調查在各種人口統計與態度面向能大致反映美國人口，且產生的樣本平均在美國人相應值的百分之九以內。[2]

我在該平台上的調查，針對大學生問了關於學術科系抉擇、畢業後規劃、人口統計、就讀機構類型與科系的問題。這份調查的結果用於輔助正文內的調查結果。在不同的時間點透過截然不同的實證方法得出類似的敘述模式，得以推論得知，從學生訪談資料裡發現普遍信奉熱情原則的現象，並非只是該實證方法的結果。此外，這項調查的時間背景是Covid-19疫情流行期間，美國仍深受其經濟與社會的負面影響。在這樣的情況下，針對熱情原則普及性的調查顯示結果可能比疫情前後更來得保守。

數據與研究方法

受訪者受邀透過MTurk參與調查。符合篩選資格的人（正就讀美國大學的大學生）被引導至Qualtrics平台進行調查。與線上樣本的常見作法一樣，這項調查也包括五項速度與注意力檢測。

該樣本受試學生的種族／族裔與性別類別比例，與當前四年制大學生人口普查數據大致一致：拉美裔百分比（調查：百分之十二點一；美國普查：百分之十六點四）；黑人百分比（調查：百分之十；美國普查：百分之十三點八）；亞裔百分比（調查：百分之十一點一；美國普查：百分之十點二）；白人百分比（調查：百分之七十三點九；美國普查：百分之七十一點六）；女性百分比（調查：百分之五十二點二；美國普查：百分之五十五點三）。該樣本更反映了不同院校機構類型的就讀模式：百分之七十一點九的調查樣本就讀於公立四年制院校（美國學生為百分之七十七點二），百分之十九點八就讀於私立、非營利性院校（美國學生為百分之二十

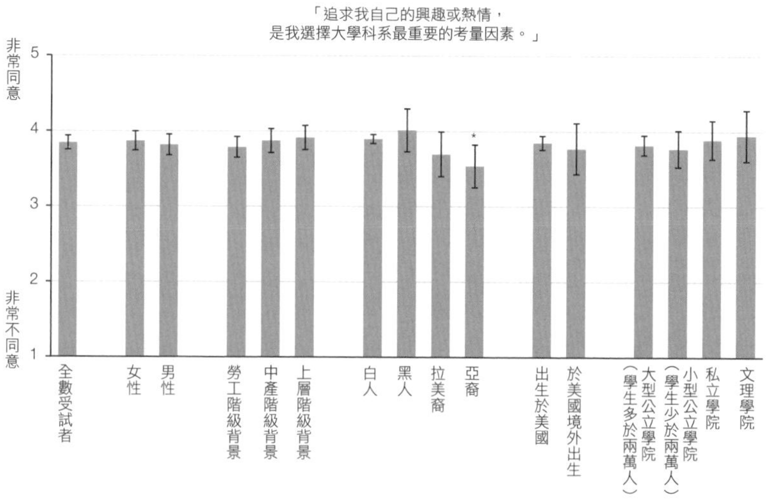

圖B.1 大學生同意追求熱情是選擇自身科系最重要的因素（N＝522）。

一點三）。

下列的兩張圖呈現了這項調查當中，幾項受試者信奉熱情原則的相關問題，因為這與其對職涯決策的抽象信念，以及對自己的大學科系與畢業後規劃職涯道路的優先考量因素有關。

受試學生於這項調查回答一組與熱情原則調查裡的信奉程度度量表相同的問題（見第一章的圖1.1）。第二組問題評估了受試者於自身職涯決策，優先考量熱忱相關因素的程度。其中一道題目問道，他們同意「追求自己的興趣或熱情，是我選擇大學科系最重要的考量因素」這段話的程度（1＝非常不同意到5＝非常同意）。圖B.1顯示了所有受試者回答該問題的平均值，並按人口統計類別分別顯示平均值，其他控制變項保持不變。我透過Stata中的

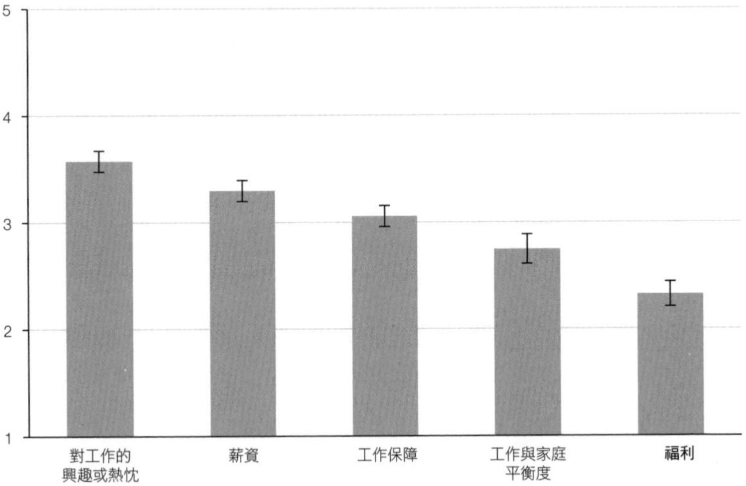

圖B.2　大學生畢業後職涯考量五項因素的平均重要排名（N=522）。較高的數值代表更高的平均排名（5＝排名最高到1＝排名最低）。

最小平方法迴歸模型，與每個焦點人口統計類別的邊際指令生成預測平均值（其他問題皆維持平均值）。

為了更了解受試者對於大學畢業後職涯道路考量因素的相對優先程序，這項調查包含了一項強迫排名的問題，要求受試者針對一系列職涯道路考量因素，從最重要到最不重要排出優先順序（5＝最優先～1＝最不優先）。圖B.2顯示出每個因素的平均優先程度排名。

最後，調查詢問每位受試者是否曾於大學在學期間換過科系（百分之三十一點八的受試者曾經轉系）。調查再要求曾轉系過的受試學生，下列哪些因素是「你決定更換科系最重要的因素。」其中因素選項包括熱情、工作機會、薪資潛力、福利與生活與工作平衡度。

研究結果

與調查中受過大學教育的工作者相同，平均有百分之七十六的受試者將熱情相關的因素列為有點重要與非常重要。百分之六十七的受試者給予熱情因素的評分明顯高於給予財務與就業考量的評分。這反映了訪談資料裡的發現：雖然學生們沒有忽略薪資與工作保障的限制，他們往往仍確信在選擇大學科系與職涯決策時，熱情相關的因素更為重要。在前述最小平方法迴歸模型中，我發現在評估良好職涯決策時，亞裔學生比白人同儕、勞工階層學生比家庭富裕的同儕更可能重視工作保障與薪資。這項結果也與訪談資料一致。

整體而言，對於受試者自己的決策，百分之七十點一的人某種程度上同意熱忱與興趣是其職涯決策最重要的考量因素。為了評估科系抉擇中優先考量熱情的人口統計學差異，上圖B.1顯示了各人口統計類別針對該道問題的預測平均值，其他控制變項則保持不變。與白人學生相比，亞裔學生在選擇自身科系時，優先考量熱忱的可能性小上許多。然而，調查結果並未顯示種族／族裔的差異。但與訪談資料一樣，學生選擇就讀科系優先考量熱情的可能性，也沒有性別、階級、美國出生與否或就讀機構類型的顯著差異。

另一道問題要求受試學生針對畢業後的職涯決策考量因素，從最重要到最不重要進行排序。圖B.2顯示了每個因素的平均排名。如圖顯示，熱忱相關因素平均排名最高，依次為薪資、工作保障。此外，與薪資或工作保障相比，受試者將「興趣或熱忱」列為最重要因素的可能性高出兩倍。最小平方法迴歸模型顯示評分結果並無顯著的性別、種族／族裔或就讀機構類型的差異。

最後一組問題詢問大學在學期間曾轉系的學生，選擇轉系的理由。在這項調查內，轉到「更有興趣或更有熱忱」的科系是最常見的原因：百分之四十二的人轉系是為了找到更充滿熱忱的科目，只有百分之二十二、百分之十七的人分別是為了尋求更大的工作機會或薪資潛力而轉系。這表明了許多學生願意改變學科路線，以求就讀更感興趣的科系，而這種轉變，比轉讀能提供更高的就業保障與更高薪水的就業機會的學科更為常見。百分之十一的人表示，他們轉到自己覺得讀起來更有把握的科系，百分之八的人轉到他們認為未來職業在生活與工作上平衡度更高的科系。

這項調查結果不能代表所有的大學生，也無法與訪談樣本作直接比較。但它顯示出相似的重要模式：大學生對好職涯決策的抽象概念與自身選擇科系與考量未來職涯時，最看重的都是熱情相關的因素。和訪談資料一樣，這種看重追求熱情的傾向，在這份樣本中的人口統計群體與就讀機構類型都是一致的。未來需要更大型、更具代表性的縱向樣本，進一步探究這些過程。

附錄C　輔助數據

附錄C包含第一章（附錄C.1）與第五章（附錄C.3至C.8）的補充圖表與其他資訊。

附錄C.1受試者遵循熱情原則的領域類別

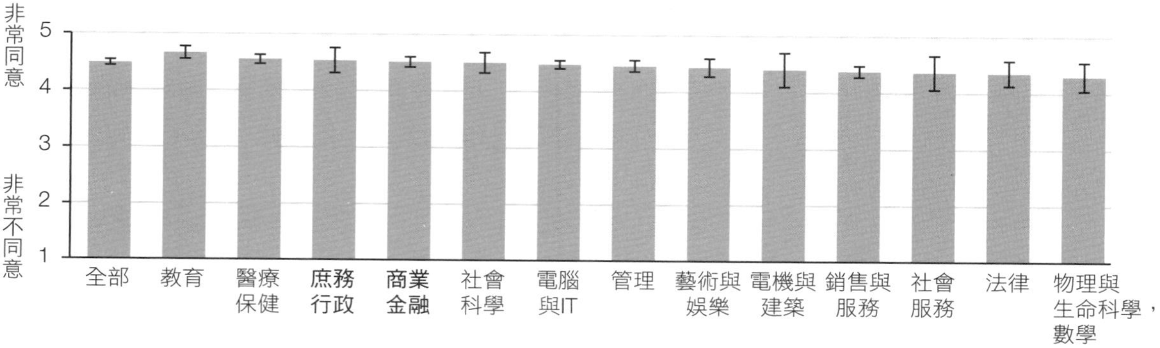

圖C.1　具大學學歷工作者遵循熱情原則的類別分類（PPS數據）。

附錄C.2 求職廣告

青年專案經理職缺摘要

關於組織：「邁向社區」（Community Thrive）

邁向社區

俄亥俄州，哥倫布市，S.州街五〇〇號

「邁向社區」三十年來致力於協助俄亥俄州大哥倫布區當地的兒童與家庭。我們的使命是確保所有孩子皆擁有在校內、家裡與人生中成功的機會。為實現此目標，我們為該地區七千多名兒童與父母提供指導、教育與支持協助。「邁向社區」建立了重要的社區合作夥伴國係，得以提供高品質的服務，盡其利用稀少的資源，並對孩子們產生強大的影響。

青年專案經理職缺內容：

- 每年為五至十二歲的孩童設計七至十個青年專案。
- 監督目前夏令營「社區孩子」系列的運作，包括：

- 雇用並監督青少年營區輔導員
- 管理註冊程序
- 活動當天若天氣惡劣，安排雨備活動
- 協助申請經費與社區募款
- 培養並促進與當地企業的合作夥伴關係

青年專案經理職缺申請資格：

- 擁有兒童發展或相關領域的學士學位，或同等的工作經歷
- 擁有社區專案經驗尤佳
- 擁有青年為主的組織經驗尤佳

薪資：

介於年薪三萬兩千至五萬五千美元

會計人員職缺摘要

關於組織：「TelMark資訊科技公司」（TelMark IT Solutions）

TelMark 資訊科技公司

俄亥俄州，哥倫布市，S.州街五〇〇號，七〇三室

二十五年來，TelMark始終是高階組織與決策管理解決方案的區域供應商。我們提供以客戶為尊的工具與服務，為特定業務目標提供靈活有彈性的解決方案，讓業務更加值。TelMark的網絡橫跨俄亥俄州哥倫布地區的三個世界級數據中心，提供無與倫比的安全性與靈活性。

會計人員職缺內容：

- 準備每個月的分錄，包括客戶應計讓價
- 確定預算問題的可解決方案，並採取行動解決
- 良好的溝通技巧——能與其他財務團隊跨職能合作
- 解決資產負債表項目的經驗
- 協助實施符合公司規定的會計政策、內部管控與財務資訊系統實務

會計人員職缺申請資格：

- 相關領域的學士學位或同等工作經歷
- 有SAP或大型ERP經驗者尤佳
- 精通MS Excel

薪資：

介於年薪三萬兩千至五萬五千美元

附錄C.3 青年專案經理職缺的求職信

萊利．威廉森

伊利諾州，芝加哥

阿弗斯大道N. 1638號 60647

二〇一七年九月二十一日

人資部

邁向社區

俄亥俄州，哥倫布市，S.州街五〇〇號

敬啟者，

本人申請本月初「邁向社區」於Monster.com網站公佈的青年專案經理職缺。

我對這份工作格外感興趣，因為任職這份工作有助於本身的職涯發展。我對兒童發展也充滿熱忱；促進孩子們的學習對我而言既興奮又有趣，我真的很喜歡這項工作。

由於本身兼具深厚的學術背景，並擁有校內與課餘活動的兒童發展經驗，我認為自己相當合適「邁向社區」公司。

真摯的，

萊利．威廉森

附錄C.4會計人員職缺的求職信

萊利．威廉森

伊利諾州，芝加哥

阿弗斯大道 N. 1638號 60647

二〇一七年九月二十一日

人資部

TelMark 資訊科技公司

俄亥俄州，哥倫布布市，S.州街500號，703室

敬啟者，

本人申請本月初「TelMark」於Monster.com網站公佈的青年專案經理職缺。我對這份工作格外感興趣，因為任職這份工作有助於本身的職涯發展。我對會計工作也充滿熱忱——管理財務帳戶對我而言既興奮又有趣，我真的很喜歡這項工作。

由於本身兼具深厚的學術背景，並擁有校內與課餘活動的會計經驗，我認為自己相當合適「TelMark」公司。

真摯的，

萊利・威廉森

附錄C.5 青年專案經理職缺履歷表

萊利・威廉森

伊利諾州，芝加哥，阿弗斯大道N. 1638號60647，riley.k.williamson@gmail.com

求職目標

應屆畢業生尋求兒童發展與青年專案或類似職缺。

教育

印第安納大學——伯明頓分校

二〇一七年畢業——心理學學士

GPA：3.3／4.0

技能與能力

證照與培訓

- 急救與心肺復甦術培訓（二〇一七年六月）

- 具所有微軟文書處理軟體（Excel, Word, PowerPoint, Outlook）使用經驗
- Asana（專案管理軟體）經驗

溝通

- 優異的溝通技巧與能力，擅長將複雜的資訊，以簡單易懂的方式呈現說明

相關經驗

實習生，男孩與女孩俱樂部（伊利諾州，芝加哥）

- 八週暑假實習
- 跟著資深專案行政人員見習，並協助申請補助（校對、編排格式）
- 協助機構面試，審查小學學童的中學指導老師
- 為三、四年級學生計畫並實施為期一週的體育夏令營

副會長，心理學系協會印第安納大學分會

- 獲選任期為二〇一五年至二〇一六年學年
- 負責組織每月分會會議的外部發言人
- 協調每年分會籌款活動

附錄C.6會計工作職缺履歷表

萊利・威廉森

伊利諾州，芝加哥，阿弗斯大道N. 1638號60647，riley.k.williamson@gmail.com

求職目標

應屆畢業生尋求會計工作或類似職缺。

教育

印第安納大學——伯明頓分校

二〇一七年畢業——會計系學士

GPA：3.3／4.0

技能與能力

證照

- 註冊執業會計師（二〇一七年六月通過考試）

軟體

- 具所有微軟文書處理軟體（Excel, Word, PowerPoint, Outlook）使用經驗
- 具Oracle與SAP培訓與使用經驗
- 具QuickBooks Pro與QuickBooks Online使用經驗

溝通

- 優異的溝通技巧與能力，擅長將複雜的資訊，以簡單易懂的方式呈現說明

相關經驗

實習生，STIGEL DUNBAR & COMPANY（伊利諾州，芝加哥）

- 八週暑假實習
- 跟著資深會計人員見習，並協助每月的分錄與做出資產負債表
- 協助研究與實行財政預算案

副會長，管理會計師協會學生分會

- 獲選任期為二〇一五年至二〇一六年學年
- 負責組織每月分會會議的外部發言人
- 協調每年分會籌款活動

表C.7　透過結構方程模式預測擁有大學學歷的工作者推薦錄取求職者的可能性，以求職信為條件，中介變項為評估求職者是「勤奮的人」與「願意在不加薪的情況下，承擔額外責任」，以得出間接影響（PPE數據）

	青年專案經理職缺		會計職缺	
	間接影響		間接影響	
	相關係數	標準誤差	相關係數	標準誤差
中介變項：萊利是勤奮的人				
喜歡組織→勤奮工作→有意願雇用萊利	−.097***	*.024*	−.036+	*.021*
喜歡薪資→勤奮工作→有意願雇用萊利	−.048**	*.022*	−.049*	*.020*
喜歡地點→勤奮工作→有意願雇用萊利	−.164***	*.028*	−.071**	*.021*
中介變項：願意在不加薪的情況下，承擔額外責任				
喜歡組織→承擔額外責任→有意願雇用萊利	−.028+	*.018*	−.030*	*.012*
喜歡薪資→承擔額外責任→有意願雇用萊利	−.109***	*.023*	−.032**	*.013*
喜歡地點→承擔額外責任→有意願雇用萊利	−.059**	*.018*	−.027*	*.012*

附注：每位受試者皆審查了一份青年專案經理或會計職缺的求職申請。顯著的間接影響顯示，審閱該份求職信（與審閱表明對工作有熱忱的求職信相比）對於雇用萊利的意願所產生之影響，有部分能解釋為受試者對於萊利「勤奮工作」（上排）與「願意承擔額外責任」的評估（下排）。請參閱第五章注釋中的問題與操作方式。

*** p < .001, ** p < .01, * p < .05 + p < .10.

表 C.8 最小平方法迴歸模式預測受試者薪資（對數值），對工作擁有熱忱，有控制變項（全數工作者；全國勞動力變化調查數據）

	薪資對數值		
	相關係數	標準誤差	
受試者對自身工作擁有熱忱	**0.039**	***0.038***	
女性	–0.134	*0.035*	***
教育程度	0.253	*0.018*	***
未滿十八歲的孩子	0.035	*0.038*	
長者照顧指標	0.012	*0.002*	***
已婚／有伴侶	–0.057	*0.037*	
黑人	0.116	*0.039*	**
其他種族	–0.202	*0.065*	**
工時	–0.067	*0.059*	
年齡	0.012	*0.002*	***
政府部門	0.006	*0.002*	***
公部門	–0.086	*0.041*	*
非營利部門	–0.055	*0.056*	
專業或技術職業	0.064	*0.041*	
企業規模	0.054	*0.016*	**
常數	1.413	*0.108*	***

注釋：「對工作擁有熱忱」是以兩種變項的平均值做計算：「我從事的工作內容對我而言有意義」與「我覺得能在工作中做自己」（1=非常不同意到5=非常同意）。

*** $p < .001$, ** $p < .01$, * $p < .05$.

注釋

導論

1. "'You've Got to Find What You Love,' Jobs Says," *Stanford News*, June 14, 2005, http://news.stanford.edu/news/2005/june15/jobs-061505.html.E.g., Carmine Gallo, "Why Steve Jobs' Commencement Speech Still Inspires 10 Years Later," *Forbes*, June 12, 2015, www.forbes.com/sites/carminegallo/2015/06/12/why-steve-jobs-commencement-speech-still-inspires-10-years-later/#bcd33a348d83；John Naughton, "Steve Jobs: Stanford Commencement Address, June 2005," *Guardian*, October 8, 2011, ww.theguardian.com/technology/2011/oct/09/steve-jobs-stanford-commencement-address .
2. Tokumitsu 2015.
3. 書中所有受試者的名字皆為化名。
4. 更諷刺的是，典型的矽谷公司每兩年就會汰換掉約半數的員工。（Pugh 2015; Reichheld 2001）。
5. Blair-Loy 2003; Perlow 2012; Williams, Blair-Loy, and Berdahl 2013.
6. Blair-Loy 2003.
7. Correll et al. 2014; Kalleberg 2012; Pugh 2015; Williams 2000.
8. Bellah et al. 1985; Inglehart and Welzel 2005.
9. Charles 2011; Charles 2017; Frank and Meyer 2001; Inglehart 1997; Inglehart and Welzel 2005.

11. Inglehart and Welzel 2005.
12. Blau and Duncan 1967; Griffin and Kalleberg 1981; Silva 2013.
13. Swidler 2001; Young 2000.
14. McRobbie 2016; Umney and Kretsos 2015.
15. Becker 1964; Blau and Duncan 1967; Gemici and Wiswall 2014; Rosen- feld 1992.
16. Plumeri 2015.
17. Hannon 2010.
18. Vallerand 2008.
19. 雖然與我所描述感到熱忱(feeling passionate)經歷很相似，但我使用「熱情」一詞的方式，心理學中的典型用法有多處不同。首先，像瓦樂恩德（Vallerand）與其同事（2003, 2012）的心理學家對於熱情的概念往往是人們在課餘與工作之餘的休閒活動（例如，彈吉他、運動）。相較之下，本書中的「熱情」專指受訪者與職涯道路的聯繫。第二，有關熱情的心理學文化（尤其是適當合宜的熱情〔瓦樂恩德，2008〕）通常強調其自主、個人化的層面。而本書則強調人們所熱衷的事物深受性別、種族、階級結構的影響，並可能反過來影響這些結構。這種格外強調社會人口統計學的熱情模式，構成本書的社會學論點基礎，認為熱情原則對於職業不平等的情形有潛移默化的作用。最後，我對於「熱情」一詞的使用，與其職涯道路有關，與其工作與受僱組織的具體條件無關（Zigarmi等人，2009）。
20. Gecas 1982; Markus and Wurf 1987.
21. Cech 2013; Eccles and Wigfield 2002; Markus and Nurius 1986.
22. 本書並非著重於熱忱的內容——誰對於什麼產生了熱忱（如同我先前的部分研究〔Cech 2013,2016〕）——而是關注一種文化信念，認為追求熱情是選擇職涯的基礎原則。
23. 在十九世紀，特別是西歐國家，唯有資產階級能夠追求「無用的熱忱」，「這些人在經濟與文化資本方面都相對富裕。」這些「無用的人」拒絕追求工業化，也拒絕布爾喬亞的生活，他們反而選擇成為藝術家或劇作家。追求「熱情」

的想法（不論是追求藝術與否）相當不尋常，唯有那些能夠養活自己的人才能辦到（Bourdieu與Koch，1987）。

24. Correll et al. 2014; Davies and Frink 2014; Mills 1956; Whyte 1956.
25. 為了評估過去半世紀以來職涯諮詢書籍的準則，我與一名研究助理針對一九五〇年至二〇一七年出版的書籍進行調查。在這段時間裡，這類書籍每年出版的數量成長了十倍，一九五〇年代平均每年三本，二〇〇〇年到二〇一〇年已經增加到平均每年二十九冊（國會圖書館分類號HF5381–HF5386）。此處引用的書籍是取自三個時期的範例：戰後時期到一九七〇年（蓋茨與米勒）、一九七〇年到一九九〇年（烏里斯）與一九九〇年（卡普蘭）。
26. Gates and Miller 1958, p. 20.
27. Gates and Miller 1958, p. 16.
28. Gates and Miller 1958, p. 56.
29. Gates and Miller 1958, p. 16.
30. Gates and Miller 1958, p. 55.
31. Uris 1974, pp. 127–28.
32. Uris 1974, pp. 11–12.
33. 第二章的Ngram明白呈現了一九八〇年代後期出版的書中，「追求你的熱情」一詞出現的次數呈指數增長。
34. Kaplan 2013, pp. 1–2.
35. Kaplan 2013, p. 81.
36. Kaplan 2013, p. 204. Emphasis original.
37. Rao and Tobias Neely 2019; Sweet and Meiksins 2017.
38. Davies與Frink 2014; Mills 1956; Sharone 2013。舉一個關於公司忠誠度的顯著例子，一九三〇年，正值經濟大蕭條時期，凱洛格公司（Kellogg Company）從原本每天工作八小時、每週工作四十個小時，改成每天工作六小時、每週工作三十個小時。考量到大規模裁員對員工可能造成的影響，管理階層認為「把更多輪班給更少的人」視為一種「為三百多個家庭提供工作與薪水」的坐法（Hunnicutt 1996, p.13）。其他公司也紛紛仿效，這種讓更多人分享工作的想法贏得了大蕭條時期美國勞資領袖的全國性支持。（Davies與Frink，2014）。

39. Sweet與Meiksins，2017。許多大型科技公司（像是谷歌與臉書）在園區投資了美髮沙龍與乾洗店。這些福利雖然看似對員工的付出，但實質上並非如此；這些是招聘工具。滿足員工的個人需求，不同於對於員工職涯的長期忠誠與投資。

40. Rao and Tobias Neely 2019.

41. Kalleberg 2009; Sweet and Meiksins 2017.

42. Hacker 2019.

43. Pugh 2015; Wilson 2019.

44. Centeno and Cohen 2012; Hacker 2019.

45. Hacker 2019; Silva 2013.

46. Bellah et al. 1985; Frank and Meyer 2001.

47. Charles and Bradley 2009.

48. Bellah et al. 1985; Hochschild 2012.

49. Giddens 1991.

50. 此處與第四章，我形容文化信念互相「輔助」。我指的是，在文化層面上，這些信念相互支持且鞏固彼此。

51. Blair-Loy 2003.

52. Sewell 1992.

53. Spillman與Strand，2013。此處我使用瑪麗·布萊爾洛伊（Mary Blair-Loy, 2003）的文化基模概念作為共同的文化觀點，包括道德與情感承諾與認知地圖。這與文化社會學有時會用到的「認知基模」概念不同，後者更局限於可能構成文化信念的「認知關聯」（Hunzaker與Valentino，2019）。

54. Hays 1994.
55. Swidler 1986; Vaisey 2009.
56. Kalleberg 2009.
57. 結構導向的社會學研究經常因忽視個別行為者的能動性遭受批評（Hays 1994）。有一點相當重要的是，需特別關注行為者的意義建構過程，以及其所處的結構與制度環境所起的相互作用（Spillman與Strand，2013）。
58. Vaisey 2009.
59. Silva and Snellman 2018.
60. Giddens 1991; Inglehart and Oyserman 2004; Inglehart and Welzel 2005.
61. Frenette and Ocejo 2018; Ocejo 2017; Umney and Kretsos 2015.
62. Collamer 2013; Moen 2016.
63. Collamer 2013.
64. 二〇一八年獲得四年制學位的大學生平均有兩萬八千六百五十美元的學生貸款。參見札克・弗里曼（Zack Friedman），"Student Loan Debt Statistics in 2019: A $1.5 Trillion Crisis," Forbes, February 25, 2019, www.forbes.com/sites / zackfriedman/2019/02/25/student-loan-debt-statistics-2019/#738817d9133f.
65. Sweet and Meiksins 2017.
66. Cech 2013; Charles 2011; Charles and Bradley 2009.
67. Young 2000.
68. Ocejo 2017; Rao and Tobias Neely 2019.
69. 有關受試者的社經地位的詳細資訊請見附錄A。
70. Brown and Lent 2013.
71. Sáenz and Sparks 2020.

72. 與先前關於職涯領域選擇裡，種族／族裔與階級差異的研究一致（Beasley 2012; Cech 2013）。
73. Frank and Meyer 2001; Inglehart and Oyserman 2004.
74. Charles and Grusky 2004; Cotter, Hermsen, and Vanneman 2011.
75. Baker, Klasik, and Reardon 2018.
76. Cech and Blair-Loy 2010; Hacker 2019; Kluegel and Smith 1986.
77. Duggan 2003; Hacker 2019.
78. Kalleberg 2012.
79. Marcuse 1968.
80. Weber [1919] 1981, p. 147.

第一章　熱情原則是什麼?

1. 這股熱潮受到當時逐漸興起的新自由主義影響，強調個人有責任規劃自身成功之路。（MaGee 2005）
2. Rao and Tobias Neely 2019.
3. Davies and Frink 2014; Kalleberg 2009.
4. 本書排除或簡單提及了許多與熱情原則文化基模有關的潛在重要考量。第二章討論了家庭、課程、同儕與職涯顧問的影響，但還有許多背景因素可能也有影響。
5. Wright 2002.
6. Marx [1872] 1972; Marx [1887] 1972.
7. Weber [1919] 1981; Weber [1930] 1992.
8. 雖然「天命」的概念通常被視為個人在事業上，對於自我實現的追求，但這並非韋伯的意圖（Bellah等人，1985）對韋伯而言，工作的天命指的是「將自我歸入一個有紀律且有出色判斷力的群體，當中的活動具有意義與價值」（Bellah等人，1985，第66頁；Weber〔1930〕1992）。從基督新教倫理中產生的天命概念，與一個人運用「上帝賦予的才能與技術」造福人群的道德責任相關。「新古典主義」的天命概念更為世俗，但仍保留以下觀點：(1)一個充分利用其獨特的天賦與才能(2)這番努力是為了比自己更大的目標原則（Bunderson與Thompson, 2009）。正如我在此的定義，熱情與這項概念不同，熱情原則裡對於熱情的概念，不必基於天生的技能或天賦（任何人都能對任何事情充滿熱忱，有足夠的熱忱就能學習技巧），且一個人的工作不需為群體的集體利益有所貢獻。無論一個人的熱情是公衛或是視聽娛樂，個人打著熱情的口號，在自身職涯領域裡自我表現的付出，皆具有同樣價值。

9. Bellah et al. 1985; Weber [1930] 1992.
10. Becker 1964; Gemici and Wiswall 2014; Turner and Bowen 1999.
11. Gemici and Wiswall 2014; Jacobs 1995; Turner and Bowen 1999.
12. Pew 2012; Rosenfeld 1992.
13. Blau and Duncan 1967; Griffin and Kalleberg 1981; Schoon 2008.
14. Davies and Guppy 1997; Ma 2009; Mullen 2014.
15. Binder, Davis, and Bloom 2016; Rivera 2015.
16. Lamont 2020.
17. Armstrong and Hamilton 2013.
18. Wilson 2019, p. 4.
19. Becker 1985; Eccles 2011; Frome et al. 2006.
20. Cech 2016; Pedulla and Thébaud 2015.
21. Gerson 2010; Lamont 2020.
22. Cech與Blair-Loy 2019; Jacobs 1989; Jacobs與Gerson 2005。針對全職工作的父母——尤其是母親——的研究顯示，

兼顧照顧孩子的責任與全職工作的艱難可能會導致女性轉職或從此離開職場（布萊爾洛伊）2003。（Blair-Loy 2003; Blair-Loy與Cech 2017; Jacobs與Gerson 2005）

23. Beasley 2012; Cech et al. 2018; Fryberg and Markus 2007; Mullen 2010; Smith et al. 2014.
24. Cech, Smith, and Metz 2019.
25. Cech 2013; Charles and Bradley 2009; Cotter, Hermsen, and Vanneman 2011; England 2010.
26. Ehrhart與Makransky 2007; Spokane 1985; Tinsley 2000。諮詢、輔導與應用心理學的研究同樣著重於其職涯決策理論的「興趣」與「適性」（Baggini 2018; Brown與Lent 2013; Holland 1959）。
27. Armstrong and Hamilton 2013; Castilla, Lan and Rissing 2013a; Castilla, Lan, and Rissing 2013b; Granovetter 1973.
28. Bourdieu 1984; Castilla and Rissing 2019; Jacobs, Karen, and McClel- land 1991; Rivera 2015.
29. MacLeod 1987; Mullen 2010; Mullen 2014; Silva 2013.
30. Bertrand and Mullainathan 2004; Castilla 2008; Correll, Benard, and Paik 2007; Tilcsik 2011.
31. 更多詳情，請見導論中文化基模的定義與討論。
32. Cech 2013.
33. Gecas 1982; Markus and Nurius 1986; Markus and Wurf 1987.
34. Charles 2011; Fouad 2007; Jacobs, Karen and McClelland 1991; Lueptow, Garovich-Szabo, and Lueptow 2001; Markus and Kitayama 2003.
35. Beasley 2012; Bourdieu 1984; Cech 2013.
36. 若沒有獲得這項知識或實踐的管道，也沒有對這種興趣的結構化鼓勵，就無法發展對這項職業或領域的興趣。（Eccles與Wigfield 2002; Silvia 2006）
37. 這與許多受過大學教育的工作者「高績效、低忠誠度」的觀點相呼應，他們對於工作任務付出甚多，但並非為了雇主而付出（Pugh 2015）。

38. 對於工作的熱情當然與工作與組織的滿意度相關，但它們在概念上是不同的（Bunderson與Thompson 2009; Zigarmi等人，2009）。許多工作滿意度的文獻並沒有區分工作者對某種工作條件的喜愛，以及他們對職涯領域的承諾。這樣的劃分很重要，因為工作者——尤其是受過進階培訓的工作者——要轉換職涯跑道會比換雇主更加困難。近來工作與職業文獻呼籲得將職業與專業領域納入職場不平等的理解（Ocejo 2017; Weeden與Grusky 2005），我對於熱情的想法與其吻合。

39. Swidler 2001.

40. 此處與美國「做自己」的個人主義觀點是一致的，在美國，人們得以「有一點空間」做自己。（Bellah等人，1985，第76頁）

41. 密西根大學一位職涯顧問（有關職涯顧問訪談的細節，請見第二章）同樣談到，她觀察到因為沒有確立自身熱情而感到焦慮的學生：「如果他們搞不清楚到底對『什麼』感興趣，可能會覺得很累」（白人女性，三十歲出頭）。

42. 如同我在先前的研究所言（Cech, 2016），在這個大學生樣本裡，與家庭相關的考量因素（例如靈活性與擔起家中生計）很少見。

43. Goyette and Xie 1999.

44. 請參見Feffer 2014; Hannon 2010; Lebowitz 2015.

45. Duckworth 2016; McGee 2005.

46. Brown and Lent 2013.

47. 完成與學生們的訪談後，我進行了熱情原則調查。歸納分析這些訪談數據，使我得以確定之後調查問題的主題。

48. 本章中所有數字皆為預測平均值，而非原始均值。這些預測值比原始值更有用，因為前者控制人口統計學、職業、教育程度等變項。預測平均值是從最小平方法迴歸模型而產生的邊際值，該模型使用受試者於熱情原則量表上的評分，並控制性別、種族／族裔、年齡、出生地、階級背景、職業、產業與受僱組織規模來預測每項問題。誤差線介於百分之九十五的信賴區間。非重疊誤差線表示在統計上這些數值彼此不同。

49. 具體來說，我將這六項指標相加並除以六，以維持1（非常不同意）到5（非常同意）的範圍（alpha=.898）。這種多變項的量表優於任何單一量表，更能確切反映出對於某種職業或生產任務領域充滿熱忱的多元涵義。

50. 圖1.2中的比率是預測值，其他人口統計變項與工作、教育變項保持不變。誤差線是百分之九十五的信賴區間。見注釋四十八。NAAPI指的是種族／族裔類別「美國原住民與亞太島民」。

51. 本章其中一個重要主題是不同社會人口群體中追求熱情的相對共通性。因為社會學家經常關注群體的差異，所以通常更關注群體差異而非群體的相似性。我在此處與其他章節皆關注數據呈現的社會人口差異，但也著重當中顯著的相似性。

52. 圖1.3中熱情原則量表的數值，是每個年齡組別的預測值，控制其他人口因素與教育程度。見注釋四十七。

53. SES相關係數：B = .052, p < .01.

54. 迴歸係數：B = -.174, p < .01.

55. Chen and Lan 1998; Goyette and Xie 1999; Hanson and Gilbert 2012.

56. 迴歸係數：B = -.187, p < .01.

57. Bertrand and Mullainathan 2004; Ma 2009; Wingfield 2007.

58. 附錄C中的圖C.1顯示出十四個職業類別的熱情測量預測平均值。以工作者遵從熱情原則的程度由高到低排序。

59. 具體來說，我將受試者對大學科系與職涯選擇的熱情相關因素評分平均為一個量表（六項指標，alpha=.898），工作保障與薪資考量因素則為另一個量表（四項指標，alpha=.799）。透過比較兩個量表，我得以確定他們對於好職涯決策的概念，平均有多少受試者認為與熱情相關的因素，比經濟因素更為重要。

60. Ridgeway 2011.

61. Gerson 2010; Lamont 2020。此外，「二度就業」愈來愈受歡迎——五、六十歲的工作者在屆退時，與／或孩子長大時會更換職涯跑道，去從事更有成就感的工作（Collamer 2013; Moen 2016）。

62. Cairns 2017; Kalleberg 2009.

63. Grusky, Western, and Wimer 2011.

64. 以移民身分而進行的補充分析並未顯示不在美國境內出生的大學生，平均會比在美國出生的同儕更有可能考慮金錢或工作保障考量因素。

65. 最近高等教育研究所（HERI）對大學一年級學生進行了一項廣為人知的調查，結果發現，逾百分之七十的人表示「能夠賺更多的錢」是他們決定要讀大學的重要考量。這可能反映出的是。無大學文憑者，所面臨職場不穩固的問題更加嚴重，而非學生更加看重財務考量。事實上，在同項調查中，百分八十四的人表示，能否「更加瞭解我所感興趣的事物」，是其決定上大學的重要考量。參見艾倫・巴拉・史多增伯格（Ellen Bara Stolzenberg）等人，《美國新生：二〇一七年秋季國家規範》（*American Freshman: National Norms: Fall 2017*,Los Angeles: HERI, 2019），www.heri.ucla.edu/monographs/TheAmericanFreshman2017.pdf。

66. Rivera 2015.

67. 一些女性也指出，收入保障對於她們在財務上支撐家庭的能力很重要。請參閱Cech 2016，了解該學生樣本中關於家庭與養家計畫的討論。

68. 穆仁（Mullen, 2014）在一所菁英文理學院的學生中發現了類似的模式：對於逾半數的受試者而言，「薪水很少是他們做決定的考量，更別提是優先考慮了。」（第302頁）

69. Kalleberg 2009; Kalleberg 2012; Silva 2013。我在第三章討論了這些結果的弱點，尤其對熱情追求者而言。

70. A rmstrong and Hamilton 2013; Lamont 2020; Mullen 2010; Rivera 2015.

71. 乍看之下，我在本章提出的模式似乎與最近對大學生的質性研究結果相異。在決定職涯時優先考慮金錢、保障、甚至光鮮亮麗與名聲的學生很常見，例如，在里維拉（2015）對菁英專業服務公司雇用流程的研究中、阿姆斯壯與漢密爾頓針對美國中西部一所大型大學的女學生的研究，以及賓登與其同事（Binder, 2016）與菁英學院商業科系學生的訪談。這些研究當中存在許多財務與階級的潛在差異，可歸因為他們與我的抽樣策略的不同。里維拉很想了解勞工階級學生在菁英專業服務公司選人階段如何處於下風。這些公司在挑人時，考慮雇用的學生都是來自於國內菁英大學。正如我在第三章所述，這些公司並非多數學生的最終目標。職涯抱負者通常視其為跳板，介於他們真正想去的公司、非營利組織或政府組織之前。其次，阿姆斯壯與漢密爾頓（2013）研究校園學術與社交生活如何影響學生的人生契機，他們選擇了一個享有「派對宿舍」美譽的宿舍作為研究地點。因此，與該大學更廣泛的學生群體樣本相比，強調社交、異性戀關係與魅力的「派對路徑」的女性故事具有極大的影響力。雖然我的大學生樣本不具統計代表性，但我透過在校內教學大樓、宿舍與學生會張貼傳單來選擇學生的過程，覆蓋的範圍更為廣闊，而非刻意選擇或排除有特定教育或職業取向的學校。我的多校研究設計更旨在吸引廣泛的四年制大學生。此外，我的訪談資料所呈現的模式，深切反映出受試者在受過大學教育的工作者比例代表性調查數據（熱情調查數據）與大學生補充數據（附錄B）裡頭表達的信念。

72. 二十八名出於非熱情相關因素選擇大學科系的學生當中，百分之四十三就讀STEM科系；百分之三十二就讀社會科學科系；百分之十一就讀文理科系、百分之十四就讀衛生保健相關科系。

73. 受試者被問道「想像你正在找一份新工作。請依照最重要（#1）到最不重要（#5）排名下列因素：薪資、工作保障、工作與生活平衡度、福利、對工作的興趣或熱忱。」

74. 在具有人口統計測量的補充邏輯迴歸模型當中，我預測了受試者將熱情、薪資、工作保障分別列為找新工作首要考量的可能性。以及在圖1.3，年長的受試者比年輕的受試者更有可能將熱情列為其首要考量（$B = .013, p < .01$），亞裔受試者比白人受試者更可能將薪資與工作保障列為其首要考量（分別為$B = .510, p < .05$、$B = .565, p < .05$）。此外，與只有學士學位的受試者相比，擁有更高學歷的受試者更可能優先考量熱情，這可能反映出後者較容易獲得穩定且薪水較高的專業工作。

75. 百分之三十二的受試者表示他們改變了職涯道路，但並未在最後開放式作答提供原因。本段落的數值是針對其餘百分之六十八、有提供確切解釋的受試者。

76. 這個問題要求受試者在工作層面，而非職涯領域層面，針對意義、就業與薪資考量因素進行判斷。儘管是不同的範圍，但對於受試者而言，換工作的考量更為直接，尤其後者可能還需接受額外培訓。

77. Kalleberg 2009; Viscelli 2016。此外，百分之十九具高中或以下學歷的受試者（相對百分之十六受過大學教育的受試者）認為薪資比有意義的工作更重要，百分之二十二具高中或以下學歷的受試者（相對百分之十七受過大學教育的受試者）認為工作保障比有意義的工作更重要。

78. Kalleberg 2009; Silva 2013.

79. 與二〇二〇年熱情原則調查同步進行的無大學文憑工作者補充樣本（N=750）一樣。無大學文憑或大學肄業的工作者財務／工作穩定度的考量值明顯高於有大學文憑者（分別為4.17、4.06；最小平方法迴歸模型中的大學學位相關係數：–.090, p < .05），但和有大學學位的人一樣可能堅持熱情原則（最小平方法迴歸模型中的大學學位相關係數：0.06, p < .05）。

80. 我使用順序邏輯迴歸模型，以人口統計類別與工作特徵進一步檢視了這些因素。重要的是，教育程度與年齡（或任何其他人口因素）都不是受試者是否會接受一份新工作的重要預測因素，這代表不只是受過大學教育的人才會看重與熱情相關的因素。其他質性研究也提出了這個模式。例如，薩羅納（2013）針對美國白領失業勞工尋求有意義的工作的研究，楊（Young 2000）的研究中，低收入的黑人男性求職時，優先考量有意義、自主性的工作。

81. 然而，這種在公領域實現平等的措施，並未落實在伴侶關係、育兒方面（Lamont 2020; Gerson 2012）。

82. Lamont 2020; Gerson 2012.

83. Cech 2013.

84. 值得注意的是，性別方面對於職涯決策優先考量因素的普遍性。與以前的時代相反，我樣本中的男性通常不會優先考慮養家的職涯道路，女性通常不會優先考慮她們認為可能未來面對育兒，靈活度最高的工作（Cech, 2016）。在熱情原則調查與全國勞動力變化調查中，有年幼子女的受試者並沒有那麼熱烈地追求熱忱，也不太可能考慮下一份工作時，更重視有意義的工作。男性與女性規劃職涯時，跳脫了性別化家庭規範，是性別平等的一大步（Gerson, 2010）。隨著女性在追求職涯目標方面擁有更大的自由與鼓勵，遵循自我表現的重要性代表了性別隔離過程已從外部、公開的性別規範，轉變為看似是性別中立的、個人層面的意義建構過程（Cech, 2013）。諷刺的是，由於這些過程，我們也許近期不會在性別隔離方面看見很大的進展（England 2010）。

85. Fouad 2007.

86. Beasley 2012.

87. Fouad 2007.

88. Mullen 2010.

89. Ma 2009.

90. 誰對於哪些學科產生熱忱，可能在階級「品味」與階級差異方面存在重要聯繫（Bourdieu 1984; Lamont 1992; Mullen 2014）。

91. Bourdieu 1984; Mullen 2014; Rivera 2015.

92. Beasley 2012; Cech 2013; Charles與Bradley 2009; Jacobs 1995。在追求熱情的過程中，看似個人主義的職涯抉擇最終導致長期的職業隔離。這和第三章所討論的社會經濟不平等的潛在延續過程不同。前者即使來自父母的資源保持不變，個別職涯抱負者對符合其（性別、種族、階級）自我意識的追求，導致了種族、性別與階級職業隔離的長久延續。

93. 在本章中，我將分別研究受試者對好的職涯決策的抽象概念，以及他們在自身職涯決策所使用的邏輯。這種區別旨在幫助我闡明數據中的模式，並建構我的觀點。但，廣泛的文化模式與行動計畫當然高度相互關聯。

94. 熱情原則也可能貫穿整個生命歷程，不僅影響了大學科系選擇，更影響未來轉換職涯跑道的決定。正如第三章所述，熱情原則可能有助於延續學生進入大學時所伴隨的社會經濟不平等模式，因為這項原則假定的經濟與文化資源，往往僅適用於中上階層的職涯抱負者，而這些人更有可能將其熱情轉為有報酬的工作。

95. Becker 1964; Gemici and Wiswall 2014.

96. 例如Blau and Duncan 1967; Rosenfeld 1992.

第二章　為何熱情原則極具說服力？

1. Kalleberg 2012; Smith 2002; Sweet and Meiksins 2017.
2. Brady, Beckf ield and Zhao 2007; DiMaggio 2001; Sweet and Meiksins 2017.
3. Elcioglu 2010; Kalleberg 2012; Kenworthy 2004; Osnowitz 2010; Rav- enelle 2019.
4. Hacker 2019; Harvey 2005.
5. Correll et al. 2014; Kalleberg 2012; Pugh 2015.
6. Sharone 2013.
7. Arum and Roksa 2011; Charles and Bradley 2009; Sweet and Meiksins 2017.
8. McCall 2013; Sáenz and Sparks 2020; Silva 2013.
9. Pugh 2015.
10. Rao and Tobias Neely 2019.
11. Henly and Lambert 2014; Lambert, Fugiel and Henly 2014.
12. Blair-Loy 2003; Correll等人2014; Jacobs與Gerson 2005; Perlow 2012; Williams 2000。一些科技公司與顧問公司甚至毫不隱諱讓自家員工「過勞」，經過幾年極有成效、過度工作的日子後，就讓新進員工取代他們（Hsieh 2010）。此外，工作者多半得自行處理育兒與照料家庭等私人事務（Padavic與Reskin，2002）
13. Pugh 2015.
14. Rao and Tobias Neely 2019.
15. Gemici and Wiswall 2014.
16. Pugh 2015; Spillman 2017; Willis 1981; Zelizer 2017.
17. Bellah et al. 1985; Durkheim [1953] 2009.
18. Frank and Meyer 2001.

19. Inglehart 1997; Inglehart and Welzel 2005.
20. Bellah et al. 1985, p. 76.
21. Charles 2011; Charles 2017; Inglehart and Welzel 2005.
22. Frank and Meyer 2001; Giddens 1991.
23. Owens, Robinson與Smith-Lovin 2010; Schlenker與Trudeau 1990; Swann 1983; Swann 1987。更多自我表現的機會與滿意度增加，憂鬱感減少，更大的內在動機有關。（Swann 1983; Swann 1987; Vallerand 2008; Vallerand 2012）
24. Bourdieu and Passeron 1990; Charles and Bradley 2009; Inglehart and Oyserman 2004.
25. Padavic and Reskin 2002.
26. 隨著一九七〇年代與一九八〇年代，大學迎來愈來愈多學生，尤其是女學生，大學機構開始擴增科系，為選系與轉系提供更大的靈活性（Charles與Bradley, 2009）。
27. Cech 2016; Gerson 2010; Lamont 2020.
28. Cech 2016; Lamont 2020.
29. McGee 2005; Sharone 2013.
30. Duggan 2003; Silva 2013.
31. 根據馬克思的定義，自我疏離（self-estrangemen）是「人類本質上的異化，人喪失了客觀性，以及喪失了自我探索、展現本質、客觀化、實現的真實。」（Marx, 1932 [1844]）從工作的角度來看，自我疏離是一種個人孤立，或被自己的工作過程與成果排除在外的感覺，感覺就像一個人在工作中失去了自我意識。
32. Shapin 2009; Weber [1919] 1981。熱情原則對於自我表現與自我提升的強調，在儒家與希臘哲學傳統中皆有先例（Baggini 2018; McGee 2005; Shapin 2009）。但通常只有最享有特權、能夠靠著自身與／或他人勞動養活自己的人，才能從事自我提升的工作。
33. Spillman 2017.

34. Google Books Ngram Viewer, https://books.google.com/ngrams。搜尋關鍵詞「做你喜歡的事」與「有意義的工作」出現類似的模式。

35. 追求熱情的價值觀，也呼應了最近的數據。我在本書所使用的熱情原則調查，於二〇二〇年十月進行，當時正值Covid-19疫情流行期間，社會與經濟動盪。如同我在附錄A所述，我在兩年前進行過相同的調查。二〇一八年是經濟穩健的高峰期（但極度不平等），我發現受過大學教育的工作者們信奉熱情原則的情形相當顯著，我想知道這種模式在不同文化與社會環境下，是否同樣顯著。在這兩次調查中，受過大學教育的工作者對於熱情原則的堅持度並未有顯著差異，證明了這種模式的穩定性。參見附錄A的圖A.1。

36. 熱情原則量表平均數：4.46，alpha=.898。參閱第一章了解量表如何形成，個別量表的平均數請見圖1.1。

37. 「熱情原則信徒」為上述六項量表皆回答「非常重要」的受試者（佔樣本的百分之二十九）。六項量表平均給分為2分或「有點不重要」的受試者則歸類為「熱情原則質疑者」。列中的值為平均值，人口統計、工作特徵與教育程度保持不變。

38. 「熱情原則質疑者」與熱情原則信徒沒有明顯區別，前者也非特定的社會人口群體。前者比後者更可能是亞裔、三十多歲、ＩＴ工作者。在信奉熱情原則方面，性別、種族／族裔、教育程度或其他人口統計類別則無其他差異。

39. Eccles and Wigfield 2002; Gerhart and Fang 2015.

40. 有一個反駁的觀點是，對於那些真的只為了金錢與聲望而致力取得職涯成功的人來說，熱情原則只是一個更能被社會所接受的封面故事。雖然少數受試者可能是如此，但第三章的結果顯示了，許多有職涯抱負的人從醫學、工程、會計等領域轉到他們有熱忱但職業聲望較低、就業穩定度也低的領域。另見第一章對熱情原則正當性敘事的討論。

41. Correll et al. 2014; Davies and Frink 2014; Rao and Tobias Neely 2019; Spillman 2017.

42. 社會心理學研究顯示，不喜歡工作內容確實會對職涯與健康產生負面影響（Carr 1997; Cennamo與Gardner 2008; Hardie 2014）。

43. 此外，受試者並非在討論特定組織的條件或安排，而是在討論一般人的職涯領域。選擇正確的職涯領域被認為比從事特定工作或受僱組織更加重要，因為換工作比換職涯跑道更容易。

44. 可以肯定的是，學生們認為若對工作缺乏熱忱，工作就必然無聊乏味，這樣的想法讓他們幾乎不可能投入自身工作，或產生興趣。學生們對那些不追隨自身熱忱的人，所可能遭遇的職場狀況，所抱持的悲觀想法，也可能促使他們追求熱情的原因。

45. Ocejo 2017, p. 13.

46. 無人期望人們得在工作生涯裡對同一件事保有熱忱。相反地，追求熱情意指一個人在做職涯決策時，優先考量自己的熱忱（無論當時的熱忱為何）。

47. Duffy et al. 2013; Sabat et al. 2019; Tokumitsu 2015; Zigarmi et al. 2009.

48. 迴歸模型中對於若干有關健康的預測，「我的工作對我有意義」的係數如下：睡眠中斷（有意義工作係數：$B = -.134, p < .01$）；憂鬱症狀（有意義工作係數：$B = -.289, p < .001$）與壓力（有意義工作係數：$B = -.113, p < .001$）。控制變項包括性別、種族／族裔、教育程度、年齡、任期、階級背景、工時、部門、行業、移民身分與他們是否有健康保險。

49. 我使用「喬（Joe）」這個名字，並在描述裡使用男性代名詞，因為考量受試者會將追求熱情女性化，我想使用一個男人追求自身熱情的例子。這個描述中，沒有明顯的種族／族裔或階級特徵，我懷疑多數受試者將喬認定為白人中產階級男性。

50. 喬的例子並不奇怪。歐賽霍（Ocejo, 2017）研究的白領調酒師、肉販、理髮師、釀酒師都有類似的故事。例如，在他的研究中，一名叫做羅伯（Rob）的調酒師離開原本技術支援部門的全職工作，所提供的高薪與福利，羅伯說：「我可以坐在辦公室裡，身心疏離的狀態下，努力賺到六位數，或者我也可以選擇做一份錢少、但感覺充實，且與自身更有關連的工作。」他並不後悔自己的選擇。

51. 重點是，當時的背景是Covid-19疫情流行期間。許多餐廳不得不大幅更動營運方式，以遵守防疫規定。事實上，五分之一的受試者在開放式回答裡，都提到了疫情底下的就業不穩定性。但即使在這種情況下，三分之二受過大學教育的員工仍建議喬應冒險離開他的ＩＴ工作。

52. 一位受訪者解釋，這個故事與她丈夫的情形相似：「矛盾的是，我丈夫的處境幾乎相同。他以前只因為薪水的緣故而繼續從事ＩＴ工作，後來他終於找到一份教學工作，這是他畢生的夢想，只是因為薪水太低所以沒敢去追求這個夢想……我的丈夫比以往更加快樂。我希望他早在七年前、在他被解僱前就去實現他的夢想。我建議任何對工作不滿意的人都辭職，做他們真正想做的事，即使不是很有把握的事。」

53. 受過大學教育的工作者，肯定會遭遇到無數可能挑戰或加深他們對於熱情原則堅持程度的環境因素。我在此處關注訪談資料裡最常提及的背景因素，以及在高教背景下對職涯建議擁有正式管轄權的職涯顧問專業人士。

54. Silva and Snellman 2018.

55. Nelson 2012; Pugh 2018.

56. Armstrong and Hamilton 2013, p. 184.

57. Armstrong and Hamilton 2013.

58. 傳統上，年輕男性被迫從事能擔負起養家責任的職業，年輕女性則被期望其職涯選擇符合育兒計畫（Cech 2016）。但有證據顯示，這種情形已出現變化。例如，拉蒙特（2020）針對舊金山地區受過大學教育的年輕人所做的研究發現，女性比男性更常承受來自家裡的壓力，要求她們從事高薪職業，男性則被鼓勵去找一份能努力工作且充實的職業。

59. 受訪者被問道：「回想一下你在大學裡決定職涯道路的時刻。請指出以下說明與你當初情況的符合程度……我感受到來自父母／監護人的壓力：」「選擇一個能賺很多錢的職涯領域」、「選擇一個能帶來高聲望的職業」、「選擇一個能提供許多就業機會的職涯領域」（1＝非常不同意到5＝非常同意）。已控制其他人口統計數據的最小平方法迴歸模型中，來自上層與中上層家庭的受試者比來自不太富裕家庭的受試者更有可能表示當時受到選擇高薪領域（B =.358, p < .001）、有就業機會的領域（B = .411, p < .001）與有聲望的領域（B = .287, p < .001）的家庭壓力。

60. 在上述問題中，受試者被要求就其大學時期職涯選擇，指出他們對以下陳述的同意程度：「我償還學生貸款或其他債務的能力，影響自己的職涯決策」、「我在經濟上幫助父母或家人的能力影響自己的職涯決策」（1＝非常不同意到5

＝非常同意）。已控制其他人口統計數據的最小平方法迴歸模型中，我發現來自勞工家庭的受試者比來自特權背景的同儕更有可能表示貸款與債務影響了他們的決定（B = .239, p < .05），他們也受到是否能在經濟上資助父母的影響（B = .219, p < .01）。與來自富裕家庭的同儕相比，他們也不太可能同意「我的父母／監護人鼓勵我追隨個人興趣，無論該領域的薪資或聲望如何」（B = –.199, p < .01）。

61. 種族／族裔地位的最小平方法迴歸係數如下：與同儕相比，亞裔受試者更可能感受來自父母的壓力，他們選擇了有機會獲得高薪的領域（B = .468, p < .001），在選擇職涯領域時不太可能被鼓勵去追隨自身興趣（B = .396, p < .001）。與同儕相比，黑人受試者更可能被鼓勵選擇高薪領域（B = .535, p < .001）。亞裔受試者（B = .538, p < .001）與美國境外出生的受試者（B = .330, p < .01）比白人與美國出生的同儕更可能表示因為要擔起家計，影響了他們的抉擇，無控制變項。

62. Hanson and Gilbert 2012.

63. 在年紀較長的熱情原則調查受試者當中，也有性別方面的差異。四十歲以上的受試者當中，女性不太可能被父母鼓勵去尋求就業機會（B = –.420, p < .001）、不太可能被期望幫忙養家（B = –.667, p < .001），也不太可能被鼓勵追隨她們的興趣（B = –.261, p < .001）。但這些差異並不存在於較年輕的群體（四十歲以下），表明這可能是性別化的父母給予大學生子女的建議所導致的結果。

64. 有職涯抱負的人抵制父母期望他們優先考慮經濟與就業問題的壓力，這與既有社會流動文獻中，假設孩子通常採取父母所持勞動市場的立場相衝突。這些結果顯示，受過大學教育的孩子對於父母職場優先考量因素的抵制，讓兩代之間社經地位直接傳承的社會流動可能變得更加複雜。

65. 熱情調查量表中，父母鼓勵去「追隨我的個人興趣，不論該領域的薪資或聲望如何」的最小平方法迴歸係數：B = .035; p < .01。該模型控制了性別、種族／族裔、年齡、受試者是否出生於美國、教育程度與工作特質。

66. Charles and Bradley 2009.

67. Kaplan 2016.

68. Binder, Davis and Bloom 2016; Rivera 2015.
69. Rivera 2015.
70. Rivera 2015.
71. 如同附錄B針對大學生的補充調查結果所示，不同學校類型的熱情原則普及度幾乎沒有統計上的差異。
72. 一九八〇年代以來，美國大學授與的人文學科學位數量有所下降，職業與應用科系反而增加，尤其是衛生服務領域的科系（AAA&S 2017）。這種變化與熱情原則的普及度並不相衝突。如今有更多的科系路線（例如，體育管理、犯罪學）能完全符合學生的熱情取向。因此，我並沒有遇到很多因為喜歡的科系數量逐漸減少（例如古典文學）、只好轉讀應用取向的科系的學生。更常見的是，更多有職涯抱負的人轉讀或轉職他們有熱忱的領域，而非放棄他們的熱忱選擇就業機會更多的領域（見第三章）。此外，如附錄B對大學生的補充調查樣本所示，百分之四十三的學生因為更貼近自己的興趣而轉系，百分之二十二的學生為了更多的工作機會而轉系。
73. Stanford Career Education and Student Affairs website, https://beam.stanford.edu.
74. 在熱情原則調查中，百分之四十二的受試者表示曾向職涯顧問或教練尋求建議。與年長的受試者相比，較年輕的受試者諮詢職涯顧問的可能性較低，黑人與拉美裔的受試者比白人更可能諮詢職涯顧問。
75. Lola Fadulu, "Why Aren't College Students Using Career Services," Atlan- tic , Ja nua r y 20, 2018, w w w.t heat la nt ic .com/educ at ion/a rchive/2018/01/why-arent-college-students-using-career-services/551051.
76. Brown and Lent 2013.
77. 斯創興趣量表，www.cpp.com/products/strong/index.aspx; Gallup StrengthsFinder tool, http://strengths.gallup.com/private/Resources/CSFTechnicalReport031005.pdf。根據斯創興趣量表官網，該量表旨在引領個人「尋求豐富且充實的職涯。」
78. Brown and Lent 2013.
79. 在最小平方法迴歸模型中，以曾尋訪職涯顧問的經驗，預測熱情原則信奉程度係數：B = .741, p < .010。沒有人口統計、職業、工作控制變項。

80. 在後續訪談結束時，我向受訪者解釋首次訪談的核心主題之一是熱情考量因素對於學生的職涯決策的顯著性。接著我問他們對於這種模式的看法。儘管三十五名受訪者之中，有人藉此對熱情原則提出批評，但即使是這種直接的提問方式，也並未引起對於熱情原則的廣泛批評。

81. Kosowski 2010.

82. Rao與Tobias Neely 2019。事實上，過去數十年間，對於白領勞工工作過度的期望呈現爆炸性增長。最近一份針對專業人士、經理與高階主管的研究中，透過智慧型手機與工作聯繫的人（專業人士佔絕大多數）每週工時逾七十二個小時，其中每日工時十三點五個小時（Deal 2015）。

83. 請參見Schulz 2015.

第三章　熱情的特權？

引言：「骯髒頭顱」是美國雷鬼風格的另類搖滾樂團。他們二〇一七年發行的歌曲《假期》由達斯丁・布希涅爾（Dustin Bushnell）、賈斯丁・耶伯格（Justin Jeberg）與耶瑞德・華特森（Jared Watson）所創作。

1. 最初的訪談對象是大一到大四的學生，所以當我進行後續訪談時，有些人的工作經驗較其他人豐富。受訪者的職涯路線在離開大學十八個月後，趨於穩定——不論是從事兼職、全職工作或就讀研究所（另見Wilson 2019）。在兩次訪談之間，可能不足以看見所有就業不穩定的全貌，但可能包含了受過大學教育的受試者出社會時遭遇的幾次重大挑戰。

2. 在進行後續訪談前，我預設可能會聽到「原本充滿熱忱，直到遭遇到現實」的故事版本。我預期這些大學生畢業後可能會改往更務實的道路前進。我更揣測在後續訪談時，有職涯抱負的人會更看重經濟與工作保障的因素——抓住提供穩定且高薪的機會。正如本章所示，受訪者在薪資與保障方面肯定比他們在大學時期更加務實，但他們對於就業不穩定、犧牲經濟上可行的機會以及為了追求和自身熱忱更吻合的工作，而轉換跑道，有著很高的容忍度。

3. Castilla 2008; Petersen and Saporta 2004.

4. Armstrong and Hamilton 2013; Rivera 2015; Umney and Kretsos 2015; Wilson 2019.

5. 此處與熱情原則調查結果相符，具大學文憑的工作者考量選擇一份新工作時，更可能將對這份工作的熱忱或興趣列為最首要的考量，重視程度高於就業保障、薪資或福利（見圖1.6）。

6. 如同第一章所述，熱情原則的文化基模中有足夠的空間，讓人們「發掘」一項新的熱情或因為更加熟悉某個領域而產生熱忱。當然，受試者認為自己的熱忱產生變化，很可能是因為遭遇了結構性阻礙（例如，必修課成績不佳）。我在這裡關注的是他們的自身經歷與動機，而非判斷哪部分的熱情受到結構性影響。

7. 蒙州大音樂系學生湯瑪斯指出，在他的同學們之間不重視薪資的情形有多普遍：「我認為音樂系的每個學生多少都有點掩耳盜鈴，假裝不知道這件事的嚴重性，但這真的是個很大的問題。你必須很現實地思考畢業後所背負的學貸，這對我的負擔極大」（白人勞工階級）。

8. Kalleberg 2009; Kalleberg 2012.

9. 這些分類是根據目前經濟狀況（對有工作的人而言）或他們所追求的潛在經濟機會。我無法預測他們的職涯道路會走向何方。但全國勞動力變化調查表示，右上象限的階級區分不僅限於這個訪談樣本。

10. 我當然可以將受訪者依照其他因素排序，例如對個人工作之餘活動的支持、受僱組織的特質等。我在這裡同時列出文化上與實際上最膠著的兩項因素。此外，我將所有受訪者對應在這些軸上，無論他們求職時優先考量熱忱與否。由於學生們普遍追求熱忱，我在此處關注他們大學畢業數年後的去處。

11. 由於樣本數較少，後續訪談無法檢視可能存在的種族與性別類別歧視。我在本章結尾討論這些過程潛在的性別與種族化。

12. 為了方便理解，本圖將受訪者的階級背景分為三類（勞工階級、中產階級與上層階級）。我在本章內文裡，將中產階級（人數最多的階級）再細分為中上階級、中產階級與中下階級。

13. 參閱第五章全國勞動力調查的操作方式。這項調查中有項問題詢問受試者成長過程比一般美國家庭「更糟」、「更好」或「一樣」，以受試者的回答來判定其階級背景。迴歸模型裡控制受試者的人口特徵、就業部門、職業、工時、教育程度以及他們是否為第一代大學畢業生，來自「生活狀況較差」家庭的工作者（我編碼為勞工階級）與來自「富裕」家庭（編碼為上層階級）的工作者相比，前者不太可能表示自己從事穩定、有熱忱的工作（$B = -.071, p < .05$）。此外，家境較差的受試者比家境較好的受試者更可能從事沒有熱忱、不穩定的工作（前者22%、後者14%；迴歸模型裡，家境較差的係數預估值為$B = .073, p < .05$）。在此，不穩定的工作是指符合以下其中一項或多項敘述的工作：受試者低度就業、受僱公司未提供健保、若工作進度慢，常有非預期減少工時的情況、季節性工作與／或年薪低於兩萬美元。

14. Padavic and Reskin 2002.
15. Addo, Houle, and Simon 2016.
16. Armstrong and Hamilton 2013; Mullen 2010; Rivera 2015.
17. Rivera 2015.
18. Armstrong and Hamilton 2013.
19. 針對創意產業例如爵士音樂家的研究也指出，家庭資源與文化資本對於藝術家的重要性，讓他們得以優先考慮（通常具有經濟風險的）道路，有最大的自由追求有熱忱的音樂演出（McRobbie 2016; Umney與Kretsos 2015; Wilson 2019）。
20. 有關所謂「迴力鏢世代」更多的討論或年輕人在大學畢業後搬回父母家的趨勢，請見Britton，2013與Stone等人，2014。
21. Rivera 2015, pp. 64–65.
22. Bourdieu 1984; Bourdieu 2001.
23. 例如，阿姆斯壯與哈密頓（2013）指出，文化與社會資本幫助主修餐旅、體育播報的女性找到工作，哈密頓（2014）也描述了來自富裕家庭的大學生，父母如何在教育方面輔助他們獲得成功。
24. 里維拉（2015）發現，文化資本對於史丹佛等菁英大學的學生能夠獲得菁英專業服務公司的錄取至關重要。擁有正確的「血統」，包括正確的嗜好、課外活動與在上流社交圈打造的個人關係。
25. Bourdieu 1984.

26. 參閱卡斯提拉（Castilla）等人（2013a, 2013b）關於社交網絡對就業過程的影響。
27. 這個校友網絡由史丹佛大學的職涯顧問辦公室官方維護，並由校友專用的社群媒體團體非官方維繫。
28. 里維拉（2015）與里新（Rissing 2019）記錄了類似的過程，菁英機構的學生利用其網絡找到工作並獲得研究所學位課程。
29. 非學位授與研究生證書課程是為了尚未準備好進入研究所，或想要「更新（他們）技能」的畢業生所提供的「權宜之計」（例如，http://scpd.stanford.edu/programs /graduate-certificates）。這些課程通常比碩士課程短，著重於教育、醫療保健或電腦程式設計，且未獲得官方認可。儘管這些計畫具有淨經濟效益（男性收入提高約百分之二十五、女性收入提高約百分之十三），但通常學費很貴（喬治城大學教育與勞動中心，2015）。課程通常按照研究生學分收費。因為是非學位授與課程，所以修習課程的人往往不符申請聯邦財政補助資格。
30. 雖然體系內最頂階的（terminal）碩士課程通常符合聯邦學貸申貸資格，但與博士課程相比，前者提供獎助金或有償工作（例如，教學或研究助理）的機會較少。
31. 安全網與跳板往往相輔相成。擁有強大安全網的受試者通常還擁有一個或多個跳板的優勢。此處從概念上區分兩者，但安全網與跳板是擁有社經特權的父母為子女在職場上取得優勢的一環（另見阿姆斯壯與哈密頓，2013；哈密頓，2016）
32. 這種將找工作的困難內化為個人失敗的觀點與薩羅納（2013）在美國訪談的多位失業專業人士與席爾瓦（2013）訪談勞工家庭的應屆畢業生，所得出的研究結果一致。
33. 另請參見 Sharone 2015; Silva 2013.
34. Armstrong and Hamilton 2013; Castilla, Lan, and Rissing 2013a; Cas- tilla, Lan, and Rissing 2013b; Granovetter 1973; Rivera 2015.
35. Baker, Klasik, and Reardon 2018.
36. Addo, Houle, and Simon 2016; Oliver 2000.

37. BLS 2018.
38. Bertrand and Mullainathan 2004; Devah Pager 2003; Rivera 2012.
39. Hacker 2019.
40. 我們無法得知那些最看重熱情的勞工階層學生若走的是能帶來最大財務保障的職涯道路，是否能彌補他們與家庭背景富裕的學生之間的差異。重點是，我們不應要求他們捨棄追求自身熱情，而家庭富裕的同儕們卻能利用他們所擁有的安全網與跳板。
41. Arum and Roksa 2011; Federal Reserve Bank of New York 2019.
42. Hamilton 2016.

第四章　作為規範性敘事與詮釋性敘事的熱情原則？

1. Wilson 2005.
2. 墨西哥下加利福尼亞州的磚匠工作條件艱困且生活選擇受限。儘管威爾森（2005）訪談的許多磚匠都很高興沒有老闆、可以自訂工時、只有在經濟狀況有需要時才得工作。但工作往往相當繁重。受訪者提及夏天炙熱的陽光、冬天冰冷的泥土，以及「讓人想哭的蚊子大軍」（第142頁）。許多人找不到工作，因為該地區的其他工作通常需要小學學歷，而威爾森研究中逾八成的磚匠並未完成小學教育。製磚可能是具有創造性、由機構主導，且出色的成品能夠讓人感到自豪的工作，但實際現況是，「他們不得不做，否則就會成為沒有土地又低度就業或失業的後備產業大軍。」（第157頁）。
3. Castilla 2017; Kluegel and Smith 1986.
4. Centeno and Cohen 2012; Hacker 2019; Pugh 2015.
5. Hacker 2019.
6. 我在這裡以「鷹架（scaffold）」比喻文化基模能夠提供一個輔助的文化框架，有助穩固其他文化信仰。

7. Blair-Loy 2003.
8. Blair-Loy 2003; Blair-Loy 2010。基模也能置換於全新的社會環境中，用於理解新的社交互動。（Enriquez與Saguy 2015; Sewell 1992）
9. McCall 2013; Swidler 1986; Swidler 2001.
10. Frye 2017.
11. Sewell 1992.
12. Cech and Blair-Loy 2010; Cech, Blair-Loy, and Rogers 2018.
13. Duggan 2003; Hacker 2019; Kluegel and Smith 1986; McCall 2013.
14. Castilla and Bernard 2010; Cech 2017; Hochschild 2016; McCall 2013.
15. Centeno and Cohen 2012; Duggan 2003; Hacker 2019; Kalleberg 2009.
16. 「洗選」一詞是對「洗白」（whitewashing）的致敬，或者在歷史事件或社會進程的描述中不承認曾出現迫害與種族歧視（Brown等人，2005）。
17. Castilla 2017; Cech and Blair-Loy 2010; Kluegel and Smith 1986; Olson and Hafer 2001; Taylor and Merino 2011.
18. Arrow, Bowles, and Durlauf 2000; Bell 1973; Young 1994.
19. Kluegel and Smith 1986.
20. McCall 2013.
21. Brickman等人1981; Castilla 2017; Castilla與Bernard 2010; Meyer 2001。賢能制主義的意識形態也是一種道德判斷。將報償分配不公的情形合理化為道德上能被接受的結果（Della Fave 1991; Kelman 2001; Major and Schmader 2001）。只要個人接受這種機制，結果本身就被認定為合理的（Zelditch 2001）。
22. 這些有職涯抱負的人高中時期曾經歷過經濟大蕭條，形塑了許多人對於工作的看法，等到他們出社會時，經濟已漸漸復甦（Grusky, Western與Wimer 2011）。因此我懷疑，由於他們大學期間失業率逐步穩定下降，這可能加深了他們勞動市場公平運作的認知。

23. 在訪談樣本以及全美皆然，女性與有色人種比白人男性更容易察覺到勞動市場裡的結構性障礙，且不太可能擁護賢能制意識型態（Davis and Robinson 1991; Hunt 1996; Jackman與Muha 1984; Kane 1992; Kane 1998; Kane與Kyyrö 2001）。

24. Bertrand and Mullainathan 2004; Cech and Rothwell 2020; Correll, Benard, and Paik 2007; Rivera 2012.

25. 本研究使用一項量表測量受試者對熱情原則的信奉程度，這項量表各包含三道有關選擇大學科系以及職涯領域的問題。量表內容與個別平均值請見第一章。

26. 圖4.1顯示熱情原則擁護者與質疑者對於職場公平性的預測平均值，控制變項為人口特徵、教育、部門、行業與受試者是否對自身工作充滿熱忱。預測機率模型中，「熱情原則擁護者」那欄，熱情原則值設為5，或者受試者對上述六項熱情原則問題皆回答「非常重要」（百分之二十六的樣本符合此標準）。「熱情原則質疑者」的欄位，熱情原則值為2，或「有點不重要」。其他則設為平均值。

27. 預測平均值來自於最小平方法迴歸模型，使用熱情原則量表、並控制人口統計與工作相關變項，產生這些平均值。在多元迴歸模型中，我使用熱情原則量表預測受過大學教育的工作者對所列陳述的同意程度（1＝非常不同意、5=非常同意）。預測圖4.1中每個結果測量的熱情原則量表（扣除控制因素）迴歸係數：（A）尋求升遷機會的人得以升遷：B = .199, p < .001；（B）職涯成功是努力工作與付出的結果：B = .185, p < .001；（C）個人對自身成功負有個人責任：B = .104, p < .05；（D）窮人要學會照料自己，不依靠他人：B = .081, p < .05；（E）人們因為不同興趣而從事不同職業：B = .202, p < .001；（F）無論性別為何，任何人都可以成功：B = .103, p < .05；（G）無論種族／族裔為何，任何人都可以成功：B = .098, p < .05；（H）無論經濟背景如何，任何人都可以成功：B = .089, p < .05；（I）靠著辛勤工作與付出，能夠克服機會不足的問題：B = .128, p < .001；（J）人們出於喜歡而繼續任職低薪工作：B = .136, p < .001。

28. 由於這些研究結果基於不同的數據，我無法確立受試者信奉熱情原則與賢能制意識形態的先後時間順序。可能是隨著時間共同形成的。我使用熱情原則來預測受試者認為勞動市場是公平的信念（而非相反的順序），因為我想知道扣除其他描述性的變項、他們是否對於自身工作充滿熱忱後，兩者之間有無關聯。

29. Harvey 2005.
30. Polanyi, cited in Centeno and Cohen 2012.
31. Harvey 2003, pp. 65–66.
32. 例如威斯康辛州的國會議員保羅·瑞恩（Paul Ryan）於二〇一五年預算計畫緊縮時曾說：「我們不想把安全網變成吊床，讓身體健全的人過上依賴又自滿的生活，這只會消磨他們充分運用人生的意志與意願。」（Hacker 2019，第26頁）
33. Hacker 2019; Silva 2013.
34. Silva 2013.
35. Sharone 2013.
36. Pugh 2015.
37. 美國失業勞工自責自身處境的狀況，與薩羅納（2013）訪談的以色列勞工形成鮮明對比；儘管後者有時會因失業而士氣低落，但求職過程並不像美國勞工那樣對核心認同感構成威脅。相反地，以色列勞工更可能將自身困境歸咎於經濟體系。
38. Newman 1999。這與社會心理學的制度正當化（System Justification）與公正世界相關文獻（Just World literature）一致，許多人即使身處社會弱勢，一般仍不願將負面處境歸咎於系統性的劣勢。系統正當性是一種「社會與心理的需求，讓現狀具有合理性，並認為現狀很好、公平、自然、令人嚮往，甚至是不可避免的」（Jost與Banaji 1994，第2頁），系統正當性是個人發展出保護自身信念的過程，即使得犧牲個人利益，仍認為社會安排是正當的（Jost, Banaji與Nosek 2004）。
39. 我在第二章討論了熱情原則如何建立於美國對個人主義的文化理解之上。新自由主義也起源於個人主義意識型態（Harvey 2005）。新自由主義提倡，個人有責任掌控自己的人生，並靠著行動獲得成功。
40. Cech 2013; Markus and Nurius 1986; Markus and Wurf 1987.
41. 一些有職涯抱負的人比其他人更清楚自己興趣的社會建構性。例如，史丹佛大學管理顧問工程師琳賽（Lindsey）解釋她的位置性（positionality）如何形塑她的職涯興趣：

> 我真的很想確定自己在做的事對人們有產生影響，但不僅僅是影響而已……我身為女性，是混血兒。我有一半黑人血統，一半白人血統。所以在許多方面自然會面臨很多……我稱之為壓迫。我的人生享有許多特權。但也僅因為我的身分而遭遇了不公或困境。這讓我產生了一種觀點，「你要如何幫助人們？」我認為這個想法來自於很個人的層面。（上層黑人與白人女性）

琳賽知道自己想要「對人產生影響」的背後因素是出自於自身種族、性別、個人獨特興趣的結構性結果。

42. 在這種情況下，受訪者的回憶偏見並不一定會扭曲他們追求熱情的行為。他們是否準確地回憶當初如何發展出自己的熱情並不重要，重要的是他們對該主題有很清晰的個人關聯。
43. Beasley 2012; Cech 2013; Charles and Bradley 2009.
44. 許多我訪談的職涯有志之士都傾向淡化或忽視結構性劣勢所帶來的長久影響。例如莎拉，她以同事的父親為例，解釋她認為無家可歸是一種靠著努力就能克服的情況：

> 我認為，如果在自由市場經濟裡，你擁有機會而且能夠賺錢，這當然很好……我只是在想，每一天結束之際，不同的事會激勵不同的人，他們衡量幸福的方式與我不同……我有一個會計系同學，她爸是無家者。如今她事業有成，試著向她爸伸出援手。但她爸總是拒絕她的好意，他說，「我不想工作。我什麼也不想做，靠著社會援助計畫我就可以過活了。」他沒有動機或誘因前進。我知道這不代表所有的無家者……（但）有人就是讓自己安處於現狀。（中產階級亞裔與白人女性）

45. Davis and Robinson 1991; Hunt 1996; Jackman and Muha 1984; Kane 1992; Kane 1998; Kane and Kyyrö 2001.

46. 具體而言，在熱情原則信奉程度與人口統計測量的補充分析裡（一次一項，以單獨模型進行），我沒有發現顯著的熱情原則X人口統計因素交互效應。這代表了，高度信奉熱情原則對受試者在洗選信念的影響方面，並沒有因為性別或種族／族裔因素出現差異。
47. 這也與實驗研究一致，該研究表明，人們通常出於熱忱，而願意在剝削程度較高的環境裡努力工作（Kim等人，2019）。
48. Cech 2017.
49. 換句話說，堅持熱情原則與數據中的認為結構性不平等不重要的相互作用，不僅僅顯示出白人男性受試者缺乏對結構性偏見的認知。
50. Armstrong and Hamilton 2013; Beasley 2012; Correll 2004; Ridgeway 2011; Rivera 2015.
51. Pink 2015.
52. Centeno and Cohen 2012, p. 331.
53. Duggan 2003; Hacker 2019; McCall 2013.
54. Centeno and Cohen 2012; Hacker 2019; Harvey 2005; McCall 2013.
55. McCall 2013.
56. Burstein 1985; Cech 2017。雖然多數美國人普遍支持平等的概念，但存在著「原則—政策差距」，意思是說，許多人並不支持團體為主的政策，例如積極平權行動。最能被容忍的政策解決方案是為每個人都帶來機會的方案（McCall 2013; Tuch與Hughes 2011）。

第五章　剝削熱情？

1. Wolf et al. 2016.
2. Rao and Tobias Neely 2019.

3. Marx [1887] 1972; Weber [1930] 1992; Wright 2002.
4. Weber [1930] 1992; Wright 2002.
5. Blair-Loy 2003; Rao and Tobias Neely 2019.
6. Weber [1930] 1992.
7. Gershon 2017.
8. 這些以身分為主的社會控制方式對組織極為有利，因為工作者會設法激勵並監督自己（Cooper 2000）。
9. Marx [1872] 1972; Marx [1887] 1972; Wright 2002.
10. Zwolinski 2012.
11. Mills 1956.
12. Benditt 2015; Pettijohn and Boris 2013.
13. Rao and Tobias Neely 2019; Wolf et al. 2016.
14. Hochschild 2012.
15. 同樣地，熱情原則調查裡百分之七十一的受試者同意「人們應該選擇他們熱愛的工作，即使那賺不到什麼錢」（百分之四十三有點同意，百分之二十七非常同意）。只有百分之九的樣本數有點不同意或強烈不同意。
16. Bunderson and Thompson 2009.
17. Burke and Fiksenbaum 2008; Duffy et al. 2013; Wrzesniewski et al. 1997.
18. Kim et al. 2019.
19. Williams, Blair-Loy, and Berdahl 2013.
20. 此外，只有百分之三十二的熱情原則調查受試者同意「以金錢為動力的人會比因興趣而工作的人更努力勤奮」（百分之四十五的調查對象不同意）。見第二章的圖2.3。
21. Zigarmi et al. 2009.

22. 對自己的本質工作充滿熱忱與例行性工作任務之間可能會有正面的反饋循環。但如果是因為同事或組織的關係而工作，可能永遠都不會激發出對工作本質的熱忱。

23. 熱情原則調查的工作者會被編碼為「擁有熱忱」，如果他們在以下六項陳述裡都回答「有點同意」或「非常同意」：「我滿懷熱忱地工作」（百分之八十二同意）、「我非常在乎自己的工作」（百分之九十二同意）、「我覺得和自身工作有聯繫」（百分之八十三同意）、「我覺得自己的工作很充實」（百分之七十七同意）、「我的工作讓我有機會去做自己熱愛的事」（百分之六十四同意）、「我的工作很適合我」（百分之七十七同意）。在熱情原則調查樣本中，百分之五十四點二的人符合懷抱熱忱的工作者之標準。

24. 在多變項的最小平方法迴歸模型中（控制性別、種族、主管階級、任期、薪資、教育變項），對工作充滿熱忱即預期受試者同意「我努力學習如何精進自己的工作」（$B = .722, p < .001$）、「我尋找與工作相關的潛在問題、障礙或風險」（$B = .350, p < .001$）、「我設法幫助他人完成工作」（$B = .383, p < .001$）、「我試著幫助同事看見他們在工作中的價值與重要性」（$B = .489, p < .001$）。

25. 全國勞動力調查數據中的工作者若非常同意以下兩項陳述，即被編碼為「擁有熱忱」：「我在工作中做的事情對我很有意義」、「我覺得能在工作中做自己」（1＝非常不同意到5＝非常同意）。全國勞動力調查受過大學教育的樣本裡，百分之四十九點四的人符合此標準。

26. 最小平方法迴歸模型中（控制性別、種族／族裔、照顧者身分、工時、年齡、部門、教育、受僱組織規模變項），我發現擁有熱忱的員工更可能同意「我對自身工作負有個人責任」（$B = .126, p < .001$）、「我覺得自己真的是團隊的一部分」（$B = .494, p < .001$）、「工作之餘想到工作常常是好的念頭」（$B = .544, p < .001$）。

27. Hewlett 2007.

28. Fleming and Sturdy 2011; Rich, Lepine, and Crawford 2010.

29. 具體而言，扣除人口與工作控制變項，對自身工作抱有熱忱的熱情原則調查受試者顯然不太可能在明年離職或離開自身工作領域（邏輯迴歸係數$B = -0.604, p < .001$）或離開聯邦政府體系（$B = -.446, p < .001$），無人口統計與工作控制變項。

對工作抱有熱忱的全國勞動力調查受試與其同儕相比，較不可能表示他們打算明年找份新工作（B=-.295; p < .001），無人口統計與工作控制變項。

30. Cardon et al. 2009; Ho, Wong, and Lee 2011.
31. Pugh 2015.
32. 部分管理文獻也已經轉向強調激勵員工對工作產生熱忱的方法，而非對公司產生熱忱的方法（Fleming與Sturdy，2011）。
33. 這些小故事改編自渥岑涅斯基（Wrzesniewski）與其同事（1997）的研究。
34. 與沒有聘僱權的受試者相比，用人經理對以升遷為動機的員工印象較好。扣除掉受試者人口統計與工作特質的變項，用人經理比沒有聘僱權的受試者更傾向與員工B一同工作、擔任其上司，且雇用他。
35. Rao and Tobias Neely 2019.
36. 截至二〇一七年，「萊利」是美國性別最中立的名字：約百分之五十名叫萊利的人是男性。為了確保結果並不特定於姓名，我還測試了名為「大衛・威廉森（David Williamson）」的設計。為了確保受試者充分閱讀了求職資料，我在調查實驗最後，放進兩道注意力檢視題目（例如，萊利畢業於哪所學校？）未通過此項檢查的受試者被排除在以下分析之外（該實驗的最終樣本數為N=1,301）。
37. Becker 1964; Gemici and Wiswall 2014.
38. Blair-Loy 2003; Rao與Tobias Neely 2019。對組織的承諾與對工作的熱忱，在概念上截然不同。但實際執行時可能會有交乘作用（Rao與Tobias Neely 2019）。追求熱情可能會導致有職涯抱負的人選擇他們更加認同的組織，因為他們能夠實踐自身熱忱，而對組織的認同可能會加深他們的熱情。
39. 此處於Stata 15使用結構方程模型進行中介分析。有關直接與間接相關係數估計，見附錄C的表C.7。
40. 在這項實驗中，想聘用萊利擔任會計職位的人給予的平均薪資（和標準誤差）按照求職信類型如下：熱忱：37,409美元（491美元）；公司：37,393美元（643美元）；地點：37,746美元（707美元）；薪資：37,336美元（681美元）。想聘用萊利擔任青年專案經理職位的人給予的平均薪資（和標準誤差）按照求職信類型如下：熱忱：38,021美元（366美元）；公司：38,159美元（451美元）；地點：37,181美元（519美元）；薪資：37,721美元（803美元）。這份調查關於薪資的措辭如下：「請在下面方框輸入（以1,000美元為單位）您將提供給該求職者的起薪。稍作提醒，此職位的薪資範圍為年薪32,000美元至55,000美元。平均起薪為40,000美元。只有百分之十的雇員薪水超過53,000美元。」其中唯一顯著差異是，應徵青年專案經理一職，以地點為考量的薪資明顯低於其他三個條件。

41. Kim et al. 2019.

42. 金（Kim）與其同事（2019）的研究有許多優點，例如設計完善，以及著重於未獲得補償與不愉快的任務。但這是基於短敘述的研究，受試者針對敘述緊善評估，而非評估實際或現實的人們。此外，多半數據皆由MTurk收集而來。儘管該平台在許多方面都很有用處，但無法反映真實職場。因此雖然該研究結果富有洞察力，但仍需要更可靠的樣本與更實際的評估機會進行驗證。

43. 43. 某些公司願意採取極端的手段來聘用充滿熱忱的員工。例如網路鞋店Zappos.com新進員工在四星期的培訓期後不想留任，該公司則提供兩千美元讓他們走人。那些放棄兩千美元離職獎金的員工，對Zappos特別敬業、格外忠誠可靠。「充滿熱忱且決心」是該公司核心價值之一（Hsieh，2020）。

44. 舉一個藍領行業的例子。歐賽霍（2017）講了瓦昆（Joaquin，化名）的故事，他是布魯克林一家高檔酒吧充滿熱忱的調酒師：「瓦昆睡到中午，起身離開床鋪，為了走在市場趨勢前端，會花上好幾個小時瀏覽食物與飲料的網站跟部落格。如今他最感興趣的是了解廚師所使用的新食材，從中汲取靈感」（第一頁）。跟茱莉一樣，瓦昆運用私人時間為自己的工作做準備，因為他對自己的手藝充滿熱忱。

45. Gershon 2017.

46. Kim et al. 2019.

47. Weber [1930] 1992; Wright 2002.

48. Blair-Loy and Cech 2017; Burke and Fiksenbaum 2008; Duffy et al. 2013; Ocejo 2017; Wrzesniewski et al. 1997.

49. Cooper 2000, p. 383.
50. Kim et al. 2019.
51. Hochschild 2012.
52. Bunderson and Thompson 2009; Fleming and Sturdy 2011; Hochschild 2012.
53. Kim et al. 2019.
54. Wolf et al. 2016.
55. Rao and Tobias Neely 2019.
56. Cooper 2000.
57. Rao and Tobias Neely 2019; Rivera 2015.
58. 熱情原則的普遍口頭禪：「如果你熱愛自己做的事，人生裡沒有一天會覺得自己是在工作」，這可被視作馬克思「虛假意識」（false consciousness）概念的現代有害版本。「虛假意識」解釋了掩飾後工業資本主義經濟剝削的文化意識型態（馬克思〔1887〕，1972）。而在此，一個人的個人承諾與參與有償勞動職場的自我實現感則掩飾了勞動力被剝削的方式。

結論

1. 請參見Sharone 2013; Young 2000.
2. DiMaggio 2001; Kalleberg 2009; Kalleberg 2012.
3. Kluegel and Smith 1986.
4. Hacker 2019.
5. Hochschild 2012.
6. Collamer 2013; Moen 2016.

7. Armstrong and Hamilton 2013; Lynch 2015; O'Connor et al. 2017.
8. Armstrong and Hamilton 2013.
9. Correll et al. 2014; Jacobs and Gerson 2005; Rao and Tobias Neely 2019; Williams 2000; Williams, Blair-Loy and Berdahl 2013.
10. Rao and Tobias Neely 2019.
11. Blair-Loy and Cech 2017; Bunderson and Thompson 2009; Gershon 2017.
12. 對於這種期望，有一個明顯的例外是對於領社會救濟者的工作要求（Duggan 2003, Hays 1994）。在這個情況下，以任何必要手段達成自給自足的要求對個人利益幾乎派不上用場。這樣的要求可能導致領取社會救濟者，排除於容許他們追求熱忱的道德主張之外。
13. Cech 2013; Markus and Kitayama 2003.
14. England 2010; England, Levine, and Mishel 2020; Risman 2018.
15. Correll 2004.
16. 請參見Schulz 2015.
17. Gramsci 1971.
18. Zwolinski 2012.
19. Zwolinski 2012, p. 158.
20. Bunderson and Thompson 2009; McRobbie 2016; Umney and Kretsos 2015.
21. Kalleberg 2009; Kalleberg 2012.
22. Osnowitz 2010.
23. Correll et al. 2014.
24. Rosenfeld 2019; Sweet and Meiksins 2017.

25. Duggan 2003.
26. Hacker 2019.
27. Alexander and Smith 2003; Swidler 2001.
28. Giddens 1991.
29. 我既不打算也不想要討論什麼是「美好人生」。畢竟韋伯在一百年前就已經說過，社會科學無論如何都無法闡明這一點。
30. Giddens 1991.
31. Putnam 2000.
32. Hidaka 2010; Matthews 1996.
33. 然而這個情況可能正在改變中。日本年輕的職涯抱負者，尤其是來自富裕家庭的人，面對職涯決策愈來愈重視成就感，而非經濟上的可行性。（Matthews與White，2004）

後記

1. Weber [1919] 1981.

附錄A：研究方法

1. 請另見Binder, Davis, and Bloom 2016; Rivera 2015.
2. DiPrete and Buchmann 2013.
3. DiPrete and Buchmann 2013.
4. Lof land et al. 2006; Saldaña 2009.
5. Brown and Lent 2013.

6. Qualtrics使用專業規劃的受試者群體，包括全國數十萬潛在受試者。Qualtrics用於學術與商業應用，通常產生的樣本會比類似的調查平台（如Survey- Monkey或Amazon Mechanical Turk）更具代表性、品質更好（Heen, Lieberman, 與Miethe 2014）。
7. 黑恩（Heen）等人（2014）比較了Qualtrics、SurveyMonkey與Amazon Mechanical Turk平台的線上抽樣方法，發現Qualtrics能按照性別、年齡、種族／族裔與教育程度提供最精確的受試者代表。
8. 注意力篩選題引導受試者選擇一個特定的答案（例如，這是一道注意力篩選題。請選擇「有點同意」）或依照邏輯回答問題（例如，下列選項哪個是顏色?:藍色、悲傷、快樂、興奮）。未能通過一道或多道篩選題的人會被排除在樣本之外。這些篩選題大大提升了網路調查的品質（Oppenheimer, Meyvis與Davidenko, 2009）
9. 雖然受試者可以在這項調查內選擇自己是非二元性別，但沒有受訪者這麼做。因此此處性別認同比較僅有女性與男性。
10. 當時經濟（儘管十分不平等）已經逐漸看見復甦的曙光：失業率已降至百分之八，多數店家都已重新開張。

附錄B：二〇二〇大學生研究之補充分析

1. 例如Kim et al. 2019.
2. Heen, Liberman, and Mieth 2014.

參考文獻

AAA&S. 2017. "Bachelor's Degrees in the Humanities." [Database.] American Academy of Arts & Sciences, Washington, DC.

Addo, Fenaba R., Jason N. Houle, and Daniel Simon. 2016. "Young, Black, and (Still) in the Red: Parental Wealth, Race, and Student Loan Debt." *Race and Social Problems* 8(1): 64–76.

Alexander, Jefferey, and J. Smith. 2003. *The Meanings of Social Life: A Cultural Sociology.* New York: Oxford University Press.

Armstrong, Elizabeth A., and Laura T. Hamilton. 2013. *Paying for the Party: How College Maintains Inequality.* Cambridge, MA: Harvard University Press.

Arrow, Kenneth, Samuel Bowles, and Steven Durlauf. 2000. "Introduction." Pp. ix–xv in *Meritocracy and Economic Inequality,* edited by Kennith Arrow, Samuel Bowles, and Steven Durlauf. Princeton, NJ: Princeton University Press.

Arum, Richard, and Josipa Roksa. 2011. *Academically Adrift: Limited Learning on College Campuses.* Chicago: University of Chicago Press.

Baggini, Julian. 2018. *How the World Thinks: A Global History of Philosophy.* London: Granta Books.

Baker, Rachel, Daniel Klasik, and Sean F. Reardon. 2018. "Race and Stratification in College Enrollment over Time." *AERA Open* 4(1):2332858417751896.

Beasley, Maya A. 2012. *Opting Out: Losing the Potential of America's Young Black Elite.* Chicago: University of Chicago Press.

Becker, Gary S. 1964. *Human Capital: A Theoretical and Empirical Analysis.*
Chicago: University of Chicago Press.

——. 1985. "Human Capital, Effort, and the Sexual Division of Labor." *Journal of Labor Economics* 3(1):S33–S58.

Bell, Daniel. 1973. *The Coming of Post-Industrial Society.* New York: Basic Books.

Bellah, Robert N., Richard Madsen, William M. Sullivan, Ann Swidler, and Steven M. Tipton. 1985. *Habits of the Heart: Individualism and Commitment in American Life.* New York: Harper & Row.

Benditt, Lauren. 2015. "Race, Gender, and Public-Sector Work: Prioritizing Occupational Values as a Labor Market Privilege." *Research in Social Stratification and Mobility* 42:73–86.

Bertrand, Marianne, and Sendhil Mullainathan. 2004. "Are Emily and Greg More Employable than Lakisha and Jamal? A Field Experiment on Labor Market Discrimination." *American Economic Review* 94(4):991–1013.

Binder, Amy J., Daniel B. Davis, and Nick Bloom. 2016. "Career Funneling: How Elite Students Learn to Define and Desire 'Prestigious' Jobs." *Sociology of Education* 89(1):20–39.

Blair-Loy, Mary. 2003. *Competing Devotions: Career and Family among Women Executives.* Cambridge, MA: Harvard University Press.

——. 2010. "Moral Dimensions of the Work-Family Nexus." Pp. 439–53 in *Handbook of the Sociology of Morality,* edited by S. Hitlin and S. Vaisey. Thousand Oaks, CA: Springer.

Blair-Loy, Mary, and Erin A. Cech. 2017. "Demands and Devotion: Cultural Meanings of Work and Overload among Women Researchers and Professionals in Science and Technology Industries." *Sociological Forum* 32(1):5–27.

Blau, Peter M., and Otis Dudley Duncan. 1967. *The American Occupational Structure.* New York: Wiley & Sons.

Bolles, Richard N. 2018. *What Color Is Your Parachute? A Practical Manual for Job Hunters and Career Changers.* New York: Ten Speed Press.

Bourdieu, Pierre. 1984. *Distinction: A Social Critique of the Judgement of Taste.* Cambridge, MA: Harvard University Press.

——. 2001. *Masculine Domination.* Stanford, CA: Stanford University Press.

Bourdieu, Pierre, and Erec R. Koch. 1987. "The Invention of the Artist's Life." *Yale French Studies* (73):75–103.

Bourdieu, Pierre, and Jean-Claude Passeron. 1990. *Reproduction in Education, Society, and Culture.* Thousand Oaks, CA: Sage.

Brady, David, Jason Beckfield, and Wei Zhao. 2007. "The Consequences of Economic Globalization for Affluent Democracies." *Annual Review of Sociology* 33(1):313–34.

Brickman, Phillip, Robert Folger, Erica Goode, and Yaacov Schul. 1981. "Microjustice and Macrojustice." Pp. 173–202 in *The Justice Motive in Social Behavior: Adapting to Times of Scarcity and Change,* edited by Melvin J.

Lerner and Sally C. Lerner. New York: Plenum Press.

Britton, Marcus L. 2013. "Race/Ethnicity, Attitudes, and Living with Parents during Young Adulthood." *Journal of Marriage and Family* 75(4):995–1013.

Brown, Michael K., Martin Carnoy, Elliott Currie, Troy Duster, David B. Oppenheimer, Marjorie M. Shultz, and David Wellman. 2005. *Whitewashing Race: The Myth of a Color-Blind Society.* Berkeley: University of California Press.

Brown, Steven D., and Robert W. Lent. 2013. *Career Development and Counseling: Putting Theory and Research to Work.* Hoboken, NJ: Wiley.

Bunderson, J. Stuart, and Jeffery A. Thompson. 2009. "The Call of the Wild: Zookeepers, Callings, and the Double-edged Sword of Deeply Meaningful Work." *Administrative Science Quarterly* 54(1):32–57.

Bureau of Labor Statistics (BLS). 2018. "National Occupational Employment and Wage Estimates United States." Bureau of Labor Statistics, US Department of Labor, Washington, DC.

Burke, Ronald J., and Lisa Fiksenbaum. 2008. "Work Motivations, Work Outcomes, and Health: Passion versus Addiction." *Journal of Business Ethics* 84(2):257.

Burstein, Paul. 1985. *Discrimination, Jobs, and Politics: The Struggle for Equal Employment Opportunity in the United States since the New Deal*. Chicago: University of Chicago Press.

Cairns, James Irvine. 2017. *The Myth of the Age of Entitlement: Millennials, Austerity, and Hope*. Toronto: University of Toronto Press.

Cardon, Melissa S., Joakim Wincent, Jagdip Singh, and Mateja Drnovsek. 2009. "The Nature and Experience of Entrepreneurial Passion." *Academy of Management Review* 34(3):511–32.

Carr, Deborah. 1997. "The Fulfillment of Career Dreams at Midlife: Does It Matter for Women's Mental Health?" *Journal of Health and Social Behavior* 38(4):331–44.

Castilla, Emilio J. 2008. "Gender, Race, and Meritocracy in Organizational Careers." *American Journal of Sociology* 113(6):1479–526.

——. 2017. "Meritocracy." Pp. 479–82 in *The SAGE Encyclopedia of Political Behavior*, edited by Fathali M. Moghaddam. Thousand Oaks, CA: Sage.

Castilla, Emilio J., and Stephen Bernard. 2010. "The Paradox of Meritocracy in Organizations." *Administrative Science Quarterly* 55:543–676.

Castilla, Emilio J., George J. Lan, and Ben A. Rissing. 2013a. "Social Networks and Employment: Mechanisms (Part 1)." *Sociology Compass* 7(12):999–1012.

——. 2013b. "Social Networks and Employment: Outcomes (Part 2)." *Sociology Compass* 7(12):1013–26.

Castilla, Emilio J., and Ben A. Rissing. 2019. "Best in Class: The Returns on Application Endorsements in Higher Education." *Administrative Science Quarterly* 64(1):230–70.

Cech, Erin A. 2013. "The Self-Expressive Edge of Occupational Sex Segregation." *American Journal of Sociology* 119(3):747–89.

——. 2016. "Mechanism or Myth? Family Plans and the Reproduction of Occupational Gender Segregation." *Gender & Society* 30(2):265–88.

——. 2017. "Rugged Meritocratists: The Role of Overt Bias and the Meritocratic Ideology in Trump Supporters' Opposition to Social Justice Efforts." *Socius* 3:2378023117712395.

Cech, Erin A., and Mary Blair-Loy. 2010. “Perceiving Glass Ceilings? Meritocratic versus Structural Explanations of Gender Inequality among Women in Science and Technology.” *Social Problems* 57(3):371–97.

——. 2019. “The Changing Career Trajectories of New Parents in STEM.” *Proceedings of the National Academy of Sciences* 116(10):4182–87.

Cech, Erin A., Mary Blair-Loy, and Laura E. Rogers. 2018. “Recognizing

Chilliness: How Schemas of Inequality Shape Views of Culture and Climate In Work Environments.” *American Journal of Cultural Sociology* 6(1):125–60.

Cech, Erin A., Anneke Metz, Jessi L. Smith, and Karen deVries. 2018. “Epistemological Dominance and Social Inequality: Experiences of Native American Science, Engineering, and Health Students.” *Science, Technology, & Human Values* 42(5):743–74.

Cech, Erin A., and William R. Rothwell. 2020. “LGBT Workplace Inequality in the Federal Workforce: Intersectional Processes, Organizational Contexts, and Turnover Considerations.” *ILR Review* 73(1):25–60.

Cech, Erin A., Jessi L. Smith, and Anneke Metz. 2019. “Cultural Processes of Ethnoracial Disadvantage among Native American College Students.” *Social Forces* 98(1):355–80.

Cennamo, Lucy, and Dianne Gardner. 2008. “Generational Differences in Work Values, Outcomes and Person-Organisation Values Fit.” *Journal of Managerial Psychology* 23(8):891–906.

Centeno, Miguel A., and Joseph N. Cohen. 2012. “The Arc of Neoliberalism.” *Annual Review of Sociology* 38(1):317–40.

Charles, Maria. 2011. “A World of Difference: International Trends in Women’s Economic Status.” *Annual Review of Sociology* 37:355–71.

——. 2017. “Venus, Mars, and Math.” *Socius* 3:2378023117697179.

Charles, Maria, and Karen Bradley. 2009. “Indulging Our Gendered Selves? Sex Segregation by Field of Study in 44 Countries.”

American Journal of Sociology 114(4):924–76.

Charles, Maria, and David B. Grusky. 2004. *Occupational Ghettos: The Worldwide Segregation of Men and Women*. Stanford, CA: Stanford University Press.

Chen, H., and W. Lan. 1998. "Adolescents' Perceptions of Their Parents' Academic Expectations: Comparison of American, Chinese-American, and Chinese High School Students." *Adolescence* 33(130):385–90.

Collamer, Nancy. 2013. *Second-Act Careers: 50+ Ways to Profit from Your Passions during Semi-Retirement*. Berkeley, CA: Ten Speed Press.

Cooper, Marianne. 2000. "Being the 'Go-To Guy': Fatherhood, Masculinity, and the Organization of Work in Silicon Valley." *Qualitative Sociology* 23(4):379–405.

Correll, Shelley J. 2004. "Constraints into Preferences: Gender, Status, and

Emerging Career Aspirations." *American Sociological Review* 69(1):93–113.

Correll, Shelley J., Erin L. Kelly, Lindsey Trimble O'Connor, and Joan C. Williams. 2014. "Redesigning, Redefining Work." *Work and Occupations* 41(1):3–17.

Correll, Shelley J., Stephen Benard, and In Paik. 2007. "Getting a Job: Is There a Motherhood Penalty?" *American Journal of Sociology* 112(5):1297–339.

Cotter, David, Joan M. Hermsen, and Reeve Vanneman. 2011. "The End of the Gender Revolution? Gender Role Attitudes from 1977 to 2008." *American Journal of Sociology* 117(1):259–89.

Davies, Andrea Rees, and Brenda D. Frink. 2014. "The Origins of the Ideal Worker: The Separation of Work and Home in the United States from the Market Revolution to 1950." *Work and Occupations* 41(1):18–39.

Davies, Scott, and Neil Guppy. 1997. "Fields of Study, College Selectivity, and Student Inequalities in Higher Education." *Social Forces* 75(4):1417–38.

Davis, Nancy J., and Robert V. Robinson. 1991. "Men's and Women's Consciousness of Gender Inequality: Austria, West Germany, Great Britain, and the US." *American Sociological Review* 56(1):72–84.

Deal, Jennifer J. 2015. "Always On, Never Done? Don't Blame the Smartphone." Center for Creative Leadership, New York. http://cclinnovation.org/wp-content /uploads/2020/02/alwayson.pdf.

Della Fave, L. Richard. 1991. "Ritual and the Legitimation of Inequality." *Sociological Perspectives* 34(1):21–38.

DiMaggio, Paul. 2001. *The Twenty-First-Century Firm: Changing Economic Organization in International Perspective.* Princeton, NJ: Princeton University Press.

Duckworth, Angela. 2016. *Grit: The Power of Passion and Perseverance.* New York: Simon and Schuster.

Duffy, Ryan D., Blake A. Allan, Kelsey L. Autin, and Elizabeth M. Bott. 2013. "Calling and Life Satisfaction: It's Not about Having It, It's about Living It." *Journal of Counseling Psychology* 60(1):42–52.

Duggan, Lisa. 2003. *The Twilight of Equality? Neoliberalism, Cultural Politics, and the Attack on Democracy.* Boston, MA: Beacon Press.

Durkheim, Emile. [1953] 2009. *Sociology and Philosophy.* New York: Taylor & Francis.

Eccles, Jacquelynne. 2011. "Gendered Educational and Occupational Choices: Applying the Eccles et al. Model of Achievement-Related Choices." *International Journal of Behavioral Development* 35(3):195–201.

Eccles, Jacquelynne S., and Allan Wigfield. 2002. "Motivational Beliefs, Values, and Goals." *Annual Review of Psychology* 53(1):109–32.

Ehrhart, Karen Holcombe, and Guido Makransky. 2007. "Testing Vocational Interests and Personality as Predictors of Person-Vocation and Person-Job Fit." *Journal of Career Assessment* 15(2):206–26.

Elcioglu, Emine Fidan. 2010. "Producing Precarity: The Temporary Staffing Agency in the Labor Market." *Qualitative Sociology* 33:117–36.

England, Paula. 2010. "The Gender Revolution: Uneven and Stalled." *Gender and Society* 24(2):149–66.

England, Paula, Andrew Levine, and Emma Mishel. 2020. "Progress toward Gender Equality in the United States Has Slowed or Stalled." *Proceedings of the National Academy of Sciences* 117(13):6990–97.

Enriquez, Laura E., and Abigail C. Saguy. 2015. "Coming out of the Shadows: Harnessing a Cultural Schema to Advance the Undocumented Immigrant Youth Movement." *American Journal of Cultural Sociology* 4:107–30.

Federal Reserve Bank of New York. 2019. "The Labor Market for Recent College Graduates." Economic Research [online resource]. www.newyorkfed.org /research/college-labor-market/index.html.

Feffer, Mark. 2014. "3 Great Opportunities for Encore Careers." *Forbes*, December 16.

Fleming, Peter, and Andrew Sturdy. 2011. "'Being Yourself ' in the Electronic Sweatshop: New Forms of Normative Control." *Human Relations* 64(2):177–200.

Fouad, Nadya A. 2007. "Work and Vocational Psychology: Theory, Research, and Applications." *Annual Review of Psychology* 58(1):543–64.

Frank, David John, and John W. Meyer. 2001. "The Profusion of Individual Roles and Identities in the Postwar Period." *Sociological Theory* 20(1):86–105.

Frenette, Alexandre, and Richard E. Ocejo. 2018. "Sustaining Enchantment:
How Cultural Workers Manage Precariousness and Routine." Pp. 35–60 in *Race, Identity and Work*, edited by Ethel L. Mickey and Adia Harvey Wingfield. Bingley, UK: Emerald Publishing Ltd.

Frome, Pamela M., Corinne J. Alfeld, Jacquelynne S. Eccles, and Bonnie L.
Barber. 2006. "Why Don't They Want a Male-Dominated Job? An Investiga-
tion of Young Women Who Changed Their Occupational Aspirations." *Educational Research* 12(4):359–72.

Fryberg, Stephanie A., and Hazel Rose Markus. 2007. "Cultural models of education in American Indian, Asian American and

European American contexts." *Social Psychology of Education* 10(2):213–46.

Frye, Margaret. 2017. "Cultural Meanings and the Aggregation of Actions: The Case of Sex and Schooling in Malawi." *American Sociological Review* 82(5):945–76.

Gates, James E., and Harold Miller. 1958. *Personal Adjustment to Business*. Englewood Cliffs, NJ: Prentice-Hall.

Gecas, Viktor. 1982. "The Self-Concept." *Annual Review of Sociology* 8:1–33.

Gemici, Ahu, and Matthew Wiswall. 2014. "Evolution of Gender Differences in Post-Secondary Human Capital Investments: College Majors." *International Economic Review* 55(1):23–56.

Georgetown University Center on Education and the Workforce. 2015. "Learning While Earning: The New Normal." Georgetown University, Washington, DC.

Gerhart, Barry, and Meiyu Fang. 2015. "Pay, Intrinsic Motivation, Extrinsic Motivation, Performance, and Creativity in the Workplace: Revisiting Long-Held Beliefs." *Annual Review of Organizational Psychology and Organizational Behavior* 2(1):489–521.

Gershon, Ilana. 2017. *Down and Out in the New Economy: How People Find (or Don't Find) Work Today*. Chicago: University of Chicago Press.

Gerson, Kathleen. 2010. *The Unfinished Revolution: How a New Generation Is Reshaping Family, Work, and Gender in America*. New York: Oxford University Press.

Giddens, Anthony. 1991. *Modernity and Self-Identity: Self and Society in the Late Modern Age*. Cambridge: Polity.

Goyette, Kimberly, and Yu Xie. 1999. "Educational Expectations of Asian American Youths: Determinants and Ethnic Differences." *Sociology of Education* 72(1):22–36.

Gramsci, Antonio. 1971. *Selections from the Prison Notebooks*. Edited by Quintin Hoare and Geoffrey Nowell Smith. London: Lawrence & Wishart.

Granovetter, Mark S. 1973. "The Strength of Weak Ties." *American Journal of Sociology* 78(6):1360–80.

Griffin, Larry J., and Arne L. Kalleberg. 1981. "Stratification and Meritocracy in the United States: Class and Occupational Recruitment Patterns." *British Journal of Sociology* 32(1):1–38.

Grusky, David B., Bruce Western, and Christopher Wimer. 2011. *The Great Recession*. New York: Russell Sage Foundation.

Hacker, Jacob S. 2019. *The Great Risk Shift: The New Economic Insecurity and the Decline of the American Dream*. New York: Oxford University Press.

Hamilton, Laura. 2016. *Parenting to a Degree: How Family Matters for College and Beyond*. Chicago: University of Chicago Press.

Hannon, Kerry. 2010. *What's Next? Follow Your Passion and Find Your Dream Job*. San Francisco, CA: Chronicle Books.

Hanson, Sandra L., and Emily Gilbert. 2012. "Family, Gender and Science Experiences: The Perspective of Young Asian Americans." *Race, Gender & Class* 19(3–4):326–47.

Hardie, Jessica Halliday. 2014. "The Consequences of Unrealized Occupational Goals in the Transition to Adulthood." *Social Science Research* 48:196–211.

Harvey, David. 2005. *A Brief History of Neoliberalism*. New York: Oxford University Press.

Hays, Sharon. 1994. "Structure and Agency and the Sticky Problem of Culture." *Sociological Theory* 12(1):57–72.

Henly, Julia R., and Susan J. Lambert. 2014. "Unpredictable Work Timing in Retail Jobs." *ILR Review* 67(3):986–1016.

Hewlett, Sylvia A. 2007. *Off-Ramps and On-Ramps: Keeping Talented Women on the Road to Success*. Cambridge, MA: Harvard Business Press.

Hidaka, Tomoko. 2010. *Salaryman Masculinity: Continuity and Change in Hegemonic Masculinity in Japan*. Leiden: Brill.

Ho, Violet T., Sze-Sze Wong, and Chay Hoon Lee. 2011. "A Tale of Passion: Linking Job Passion and Cognitive Engagement to Employee Work Performance." *Journal of Management Studies* 48(1):26–47.

Hochschild, Arlie Russell. 2012. *The Managed Heart: Commercialization of Human Feeling*. Berkeley: University of California Press.

——. 2016. *Strangers in Their Own Land: Anger and Mourning on the American Right.* New York: New Press.

Holland, J. L. 1959. "A Theory of Vocational Choice." *Journal of Counseling Psychology* 6(1):35–45.

Hsieh, Tony. 2010. *Delivering Happiness: A Path to Profits, Passion, and Purpose.* New York: Grand Central Publishing.

Hunnicutt, Benjamin Kline. 1996. *Kellogg's Six-Hour Day.* Philadelphia, PA: Temple University Press.

Hunt, Matthew O. 1996. "The Individual, Society, or Both? A Comparison of Black, Latino, and White Beliefs about the Causes of Poverty." *Social Forces* 75(1):293–322.

Hunzaker, M. B. Fallin, and Lauren Valentino. 2019. "Mapping Cultural Schemas: From Theory to Method." *American Sociological Review* 84(5):950–81.

Inglehart, Ronald. 1997. *Modernization and Postmodernization: Cultural, Economic, and Political Change in 43 Societies.* Princeton, NJ: Princeton University Press.

Inglehart, Ronald, and Daphna Oyserman. 2004. "Individualism, Autonomy, Self-Expression: The Human Development Syndrome." *International Studies in Sociology and Social Anthropology* 93:74–96.

Inglehart, Ronald, and Christian Welzel. 2005. *Modernization, Cultural Change, and Democracy: The Human Development Sequence.* Cambridge: Cambridge University Press.

Jackman, Mary R., and Michael J. Muha. 1984. "Education and Intergroup Attitudes: Moral Enlightenment, Superficial Democratic Commitment, or Ideological Refinement?" *American Sociological Review* 49(6):751–69.

Jacobs, Jerry A. 1989. *Revolving Doors: Sex Segregation and Women's Careers.*

Stanford, CA: Stanford University Press.

——. 1995. "Gender and Academic Specialties: Trends among Recipients of College Degrees in the 1980s." *Sociology of Education* 68(2):81–98.

Jacobs, Jerry A., and Kathleen Gerson. 2005. *The Time Divide: Work, Family, and Gender Inequality.* Cambridge, MA: Harvard

University Press.

Jacobs, Jerry A., David Karen, and Katherine McClelland. 1991. "The Dynamics of Young Men's Career Aspirations." *Sociological Forum* 6(4):609–39. Jost, John T., and Mahzarin R. Banaji. 1994. "The Role of Stereotyping in System-Justification and the Production of False Consciousness." *British Journal of Social Psychology* 33(1):1–27.

Jost, John T., Mahzarin R. Banaji, and Brian A. Nosek. 2004. "A Decade of System Justification Theory: Accumulated Evidence of Conscious and Unconscious Bolstering of the Status Quo." *Political Psychology* 25(6):881–919.

Kalleberg, Arne L. 2009. "Precarious Work, Insecure Workers: Employment Relations in Transition." *American Sociological Review* 74(1):1–22.

——. 2012. *Good Jobs, Bad Jobs: The Rise of Polarized and Precarious Employment Systems in the United States, 1970s–2000s.* New York: Russell Sage Foundation.

Kane, Emily W. 1992. "Race, Gender, and Attitudes toward Gender Stratification." *Social Psychology Quarterly* 55(3):311–20.

——. 1998. "Men's and Women's Beliefs about Gender Inequality: Family Ties, Dependence, and Agreement." *Sociological Forum* 13(4):611–37.

Kane, Emily W., and Else K. Kyyrö. 2001. "For Whom Does Education Enlighten? Race, Gender, Education, and Beliefs about Social Inequality." *Gender and Society* 15(5):710–33.

Kaplan, Greg. 2016. *Earning Admission: Real Strategies for Getting into Highly Selective Colleges*. n.p.: CreateSpace Independent Publishing.

Kaplan, Robert Steven. 2013. *What You're Really Meant to Do: A Road Map for Reaching Your Unique Potential.* Boston, MA: Harvard Business Review Press.

Kelman, Herbert C. 2001. "Reflections on Social and Psychological Processes of Legitimization and Deligitimization." Pp. 54–76 in *The Psychology of Legitimacy: Emerging Perspectives on Ideology, Justice, and Intergroup Relations,* edited by John T.

Jost and Brenda Major. Cambridge: Cambridge University Press.

Kenworthy, Lane. 2004. *Egalitarian Capitalism: Jobs, Incomes, and Growth in Affluent Countries*. New York: Russell Sage Foundation.

Kim, Jae Yun, Troy H. Campbell, Steven Shepherd, and Aaron C. Kay. 2019.

"Understanding Contemporary Forms of Exploitation: Attributions of Passion Serve to Legitimize the Poor Treatment of Workers." *Journal of Personality and Social Psychology* 118(1):121–48.

Kluegel, James R., and Eliot R. Smith. 1986. *Beliefs about Inequality: Americans' Views of What Is and What Ought to Be*. New York: Aldine de Gruyter.

Kosowski, Lukasz. 2010. *Noema and Thinkability: An Essay on Husserl's Theory of Intentionality*. Berlin: De Gruyter.

Lambert, Susan J., Peter J. Fugiel, and Julia R. Henly. 2014. "Precarious Work

Schedules among Early-Career Employees in the US: A National Snapshot." University of Chicago, Employment, Instability, Family Well-Being, and Social Policy Network.

Lamont, Ellen. 2020. *The Mating Game: How Gender Still Shapes How We Date*. Oakland: University of California Press.

Lamont, Michèle. 1992. *Money, Morals, and Manners: The Culture of the French and the American Middle Class*. Chicago: University of Chicago Press.

Lebowitz, Shana. 2015. "7 Simple Ways to Find Work You're Really Passionate About." *Business Insider*, June 1.

Lueptow, Lloyd B., Lori Garovich-Szabo, and Margaret B. Lueptow. 2001. "Sex Change and the Persistence of Sex Typing: 1974–1997." *Social Forces* 80(1):1–35.

Lynch, Kathleen. 2015. "Control by Numbers: New Managerialism and Ranking in Higher Education." *Critical Studies in Education* 56(2):190–207.

Ma, Yingyi. 2009. "Family Socioeconomic Status, Parental Involvement, and College Major Choices–Gender, Race/Ethnic, and

Nativity Patterns." *Sociological Perspectives* 52(2):211–34.

MacLeod, Jay. 1987. *Ain't No Makin' It: Leveled Aspirations in a Low-Income Neighborhood*. New York: Westview Press.

Major, Brenda, and Toni Schmader. 2001. "Legitimacy and the Construal of Social Disadvantage." Pp. 176–204 in *The Psychology of Legitimacy: Emerging Perspectives on Ideology, Justice, and Intergroup Relations,* edited by John T. Jost and Brenda Major. Cambridge: Cambridge University Press.

Marcuse, Herbert. 1968. *One-Dimensional Man: Studies in the Ideology of Advanced Industrial Society*. New York: Beacon Press.

Markus, H., and P. Nurius. 1986. "Possible Selves." *American Psychologist* 41(9):954–69.

Markus, Hazel, and Shinobu Kitayama. 2003. "Culture, Self, and the Reality of the Social." *Psychological Inquiry* 14(3&4):277–83.

Markus, Hazel, and Elissa Wurf. 1987. "The Dynamic Self-Concept: Social Psychological Perspective." *Annual Review of Psychology* 38:299–337.

Marx, Karl. [1844] 1932. *Economic and Philosophical Manuscripts of 1844*.

Moscow: Progress Publishers.

——. [1872] 1972. "Manifesto of the Communist Party." Pp. 469–500 in *The Marx-Engels Reader,* edited by Robert C. Tucker. New York: Norton.

——. [1887] 1972. "Capital, Volume 1." Pp. 294–438 in *The Marx-Engels Reader,* edited by Robert C. Tucker. New York: Norton.

Matthews, Gordon. 1996. *What Makes a Life Worth Living? How Japanese and Americans Make Sense of Their Worlds*. Berkeley: University of California Press.

Matthews, Gordon, and Bruce White. 2004. *Japan's Changing Generations*. New York: Routledge.

McCall, Leslie. 2013. *The Undeserving Rich: American Beliefs about Inequality, Opportunity, and Redistribution*. Cambridge, MA: Cambridge University Press.

McGee, Micki. 2005. *Self-Help, Inc.: Makeover Culture in American Life*. New York: Oxford University Press.

McRobbie, Angela. 2016. *Be Creative: Making a Living in the New Culture Industry.* Cambridge: Polity Press.

Meyer, John W. 2001. "The Evolution of Modern Stratification Systems." Pp. 730–37 in *Social Stratification in Sociological Perspective: Class, Race, and Gender,* edited by David B. Grusky. Boulder, CO: Westview Press.

Mills, C. Wright. 1956. *White Collar.* New York: Oxford University Press.

Moen, Phyllis. 2016. *Encore Adulthood: Boomers at the Edge of Risk, Renewal, and Purpose.* New York: Oxford University Press.

Mullen, Ann L. 2010. *Degrees of Inequality: Culture, Class and Gender in American Higher Education.* Baltimore, MD: Johns Hopkins University Press.

——. 2014. "Gender, Social Background, and the Choice of College Major in a Liberal Arts Context." *Gender & Society* 28(2):289–312.

Nelson, Margaret K. 2012. *Parenting out of Control: Anxious Parents in Uncertain Times.* New York: New York University Press.

Newman, Katherine S. 1999. *Falling from Grace: Downward Mobility in the Age of Affluence.* Berkeley: University of California Press.

Ocejo, Richard E. 2017. *Masters of Craft: Old Jobs in the New Urban Economy.* Princeton, NJ: Princeton University Press.

O'Connor, Pat, Estrella Montez López, Clare O'Hagan, Andrea Wolffram,

Manuela Aye, Valentina Chizzola, Ornella Mich, Georgi Apostolov, Irina Topuzova, Gulsun Sağlamer, Mine G. Tan, and Hulya Çağlayan. 2017. "Micro-Political Practices in Higher Education: A Challenge to Excellence as a Rationalising Myth?" *Critical Studies in Education* 61(2):1–17.

Oliver, Melvin L. 2000. *Securing the Future: Investing in Children from Birth to College.* New York: Russell Sage Foundation.

Olson, James M., and Carolyn L. Hafer. 2001. "Tolerance of Personal Deprivation." Pp. 157–75 in *The Psychology of Legitimacy: Emerging Perspectives on Ideology, Justice, and Intergroup Relations,* edited by John T. Jost and Brenda Major. Cambridge: Cambridge University Press.

Osnowitz, Debra. 2010. *Freelancing Expertise: Contract Professionals in the New Economy.* Ithaca, NY: Cornell University Press.

Owens, Timothy J., Dawn T. Robinson, and Lynn Smith-Lovin. 2010. "Three Faces of Identity." *Annual Review of Sociology* 36(1):477–99.

Padavic, Irene, and Barbara Reskin. 2002. *Women and Men at Work.* Thousand Oaks, CA: Pine Forge Press.

Pager, Devah. 2003. "The Mark of a Criminal Record." *American Journal of Sociology* 108(5):937–75.

Pedulla, David S., and Sarah Thébaud. 2015. "Can We Finish the Revolution? Gender, Work-Family Ideals, and Institutional Constraint." *American Sociological Review* 80(1):116–39.

Perlow, Leslie A. 2012. *Sleeping with Your Smartphone: How to Break the 24-7 Habit and Change the Way You Work.* Cambridge, MA: Harvard Business Review.

Petersen, Trond, and Ishak Saporta. 2004. "The Opportunity Structure for Discrimination." *American Journal of Sociology* 109(4):852–901.

Pettijohn, Sarah L., and Elizabeth T. Boris. 2013. "Nonprofit-Government Contracts and Grants: Findings from the 2013 National Survey." Urban Institute, Washington, DC.

Pew. 2012. "Pursuing the American Dream: Economic Mobility across Generations." Pew Charitable Trusts, New York.

Pink, Daniel H. 2015. "What Happened to Your Parachute?" *Fast Company* [online], August 31.

Plumeri, Joe. 2015. *The Power of Being Yourself: A Game Plan for Success–by Putting Passion into Your Life and Work.* Philadelphia, PA: Da Capo Press.

Pugh, Allison J. 2015. *The Tumbleweed Society: Working and Caring in an Age of Insecurity.* New York: Oxford University Press.

——. 2018. "Parenting in an Insecure Age: Class, Gender and the Flexible Child." *Sociologica* 12(3):14.

Putnam, Robert D. 2000. *Bowling Alone: The Collapse and Revival of American Community.* New York: Simon & Schuster.

Rao, Aliya Hamid, and Megan Tobias Neely. 2019. "What's Love Got to Do with It? Passion and Inequality in White-Collar Work." *Sociology Compass* 13:e12744.

Ravenelle, Alexandrea. 2019. *Hustle and Gig: Struggling and Surviving in the Gig Economy.* Berkeley: University of California Press.

Reichheld, Frederick. 2001. *Loyalty Rules: How Today's Leaders Build Lasting Relationships.* Cambridge, MA: Harvard Business School Publishing.

Rich, Bruce Louis, Jeffrey A. Lepine, and Eean R. Crawford. 2010. "Job Engagement: Antecedents and Effects on Job Performance." *Academy of Management Journal* 53(3):617–35.

Ridgeway, Cecilia L. 2011. *Framed by Gender: How Gender Inequality Persists in the Modern World.* New York: Oxford University Press.

Risman, Barbara J. 2018. *Where the Millenials Will Take Us: A New Generation Wrestles with the Gender Structure.* New York: Oxford University Press.

Rivera, Lauren A. 2012. "Hiring as Cultural Matching." *American Sociological Review* 77(6):999–1022.

——. 2015. *Pedigree: How Elite Students Get Elite Jobs.* Princeton, NJ: Princeton University Press.

Rosenfeld, Jake. 2019. "US Labor Studies in the Twenty-First Century: Understanding Laborism without Labor." *Annual Review of Sociology* 45(1):449–65.

Rosenfeld, Rachel A. 1992. "Job Mobility and Career Processes." *Annual Review of Sociology* 18(1):39–61.

Sabat, Isaac E., Alex P. Lindsey, Eden B. King, Carolyn Winslow, Kristen P.

Jones, Ashley Membere, and Nicholas A. Smith. 2019. "Stigma Expression Outcomes and Boundary Conditions: A Meta-Analysis." *Journal of Business and Psychology* 35(1):171–86.

Sáenz, Rogelio, and Corey Sparks. 2020. "The Inequities of Job Loss and Recovery amid the COVID-19 Pandemic." University of New Hampshire, Carsey School of Public Policy.

Schlenker, Barry R., and James V. Trudeau. 1990. "Impact of Self-Presentations on Private Self-Beliefs: Effects of Prior Self-Beliefs and Misattribution." *Journal of Personality and Social Psychology* 58(1):22–32.

Schoon, Ingrid. 2008. "A Transgenerational Model of Status Attainment: The Potential Mediating Role of School Motivation and Education " *National Institute Economic Review* (205):72–82.

Schulz, Jeremy Markham. 2015. "Winding Down the Workday: Zoning the Evening Hours in Paris, Oslo, and San Francisco." *Qualitative Sociology* 38(3):235–59.

Sewell, William E., Jr. 1992. "A Theory of Structure: Duality, Agency, and Transformation." *American Journal of Sociology* 98:1–29.

Shapin, Steven. 2009. *The Scientific Life: A Moral History of a Late Modern Vocation.* Chicago: University of Chicago Press.

Sharone, Ofer. 2013. *Flawed System/Flawed Self: Job Searching and Unemployment Experiences.* Chicago: University of Chicago Press.

Silva, Jennifer M. 2013. *Coming Up Short: Working-Class Adulthood in an Age of Uncertainty.* New York: Oxford University Press.

Silva, Jennifer M., and Kaisa Snellman. 2018. "Salvation or Safety Net? Meanings of 'College' among Working- and Middle-Class Young Adults in Narratives of the Future." *Social Forces* 97(2):559–82.

Silvia, Paul J. 2006. *Exploring the Psychology of Interest.* New York: Oxford University Press.

Smith, Jessi L., Erin A. Cech, Anneke Metz, Meghan Huntoon, and Christina Moyer. 2014. "Giving Back or Giving Up: Native American Student Experiences in Science And Engineering." *Cultural Diversity and Ethnic Minority Psychology* 20(3):413–29.

Smith, Vicki. 2002. *Crossing the Great Divide: Worker Risk and Opportunity in the New Economy.* Ithaca, NY: Cornell University Press.

Spillman, Lyn. 2017. "Culture and Economic Life." Pp. 157–92 in *Oxford Handbook of Cultural Sociology.* New York: Oxford University Press.

Spillman, Lyn, and Michael Strand. 2013. "Interest-Oriented Action." *Annual Review of Sociology* 39(1):85–104.

Spokane, Arnold R. 1985. "A Review of Research on Person-Environment Congruence in Holland's Theory of Careers." *Journal of Vocational Behavior* 26(3):306–43.

Stone, Juliet, Ann Berrington, and Jane Falkingham. 2014. "Gender, Turning Points, and Boomerangs: Returning Home in Young Adulthood in Great Britain." *Demography* 51(1):257–76.

Swann, W. B., Jr. 1983. "Self-Verification: Bringing Social Reality into Harmony with the Self." Pp. 33–66 in *Social Psychological Perspectives on the Self,* edited by J. Suls and A. G. Greenwald. Hillsdale, NJ: Lawrence Erlbaum.

——. 1987. "Identity Negotiation: Where Two Roads Meet." *Journal of Personality and Social Psychology* 53(6):1038–51.

Sweet, Stephen, and Peter Meiksins. 2017. *Changing Contours of Work: Jobs and Opportunities in the New Economy.* Thousand Oaks, CA: Sage.

Swidler, Ann. 1986. "Culture in Action: Symbols and Strategies." *American Sociological Review* 51(2):273–86.

——. 2001. *Talk of Love: How Culture Matters.* Chicago: University of Chicago Press.

Taylor, Marylee C., and Stephen M. Merino. 2011. "Race, Religion, and Beliefs about Racial Inequality." *ANNALS of the American Academy of Political and Social Science* 634(1):60–77.

Tilcsik, András. 2011. "Pride and Prejudice: Employment Discrimination against Openly Gay Men in the United States." *American Journal of Sociology* 117(2):586–626.

Tinsley, Howard E. A. 2000. "The Congruence Myth: An Analysis of the Efficacy of the Personality-Environment Fit Model." *Journal of Vocational Behavior* 56:147–79.

Tokumitsu, Miya. 2015. *Do What You Love: And Other Lies about Success and Happiness.* New York: Reagan Arts.

Tuch, Steven A., and Michael Hughes. 2011. "Whites' Racial Policy Attitudes in the Twenty-First Century: The Continuing Significance of Racial Resentment." *ANNALS of the American Academy of Political and Social Science* 634(1):134–52.

Turner, Sarah E., and William G. Bowen. 1999. "Choice of Major: The Changing (Unchanging) Gender Gap." *Industrial and Labor Relations Review* 52(2):289–313.

Umney, Charles, and Lefteris Kretsos. 2015. "'That's the Experience': Passion, Work Precarity, and Life Transitions among London Jazz Musicians." *Work and Occupations* 42(3):313–34.

Uris, Auren. 1974. *Thank God It's Monday.* New York: Crowell.

Vaisey, Stephen. 2009. "Motivation and Justification: A Dual-Process Model of Culture in Action." *American Journal of Sociology* 114(6):1675–715.

Vallerand, Robert J. 2008. "On the Psychology of Passion: In Search of What Makes People's Lives Most Worth Living." *Canadian Psychology/Psychologie canadienne* 49(1):1–13.

——. 2012. "The Role of Passion in Sustainable Psychological Well-Being." *Psychology of Well-Being: Theory, Research and Practice* 2(1).

Vallerand, R. J., C. Blanchard, G.A. Mageau, R. Koestner, C. Ratelle, M.

Leonard, M. Gagne, and J. Marsolais. 2003. "Les passions de l'ame: On Obsessive and Harmonious Passion." *Journal of Personal Social Psychology* 85(4):756–67.

Viscelli, Steve. 2016. *The Big Rig: Trucking and the Decline of the American Dream.* Oakland: University of California Press.

Weber, Max. [1919] 1981. "Science as a Vocation." Pp. 137–44 in *From Max Weber: Essays in Sociology,* edited by H. H. Gerth and C. Wright Mills. New York: Oxford University Press.

——. [1930] 1992. *The Protestant Ethic and the Spirit of Capitalism.* New York: Routledge.

Weeden, Kim A., and David B. Grusky. 2005. "The Case for a New Class Map." *American Journal of Sociology* 111(1):141–212.

Whyte, William H. 1956. *The Organization Man.* New York: Simon & Schuster.

Williams, Joan C. 2000. *Unbending Gender: Why Family and Work Conflict and What to Do about It.* Oxford: Oxford University Press.

Williams, Joan C., Mary Blair-Loy, and Jennifer L. Berdahl. 2013. "Cultural Schemas, Social Class, and the Flexibility Stigma." *Journal of Social Issues* 69(2):209–34.

Willis, Paul E. 1981. *Learning to Labor: How Working-Class Kids Get Working-Class Jobs.* New York: Columbia University Press.

Wilson, Eli R. 2019. "Managing Portfolio Lives: Flexibility and Privilege amongst Upscale Restaurant Workers in Los Angeles." *Qualitative Sociology* 42(3):321–36.

Wilson, Tamar Diana. 2005. *Subsidizing Capitalism: Brickmakers on the U.S.-Mexican Border.* Albany: SUNY Press.

Wingfield, Adia Harvey. 2007. "The Modern Mammy and the Angry Black Man: African American Professionals' Experiences with Gendered Racism in the Workplace." *Race, Gender & Class* 14(1–2):196–212.

Wolf, Elizabeth Baily, Jooa Julia Lee, Sunita Sah, and Alison Wood Brooks.

2016. "Managing Perceptions of Distress at Work: Reframing Emotion as

Passion." *Organizational Behavior and Human Decision Processes* 137:1–12.

Wright, Erik Olin. 2002. "The Shadow of Exploitation in Weber's Class Analysis." *American Sociological Review* 67(6):832–53.

Wrzesniewski, Amy, Clark McCauley, Paul Rozin, and Barry Schwartz. 1997. "Jobs, Careers, and Callings: People's Relations to Their Work." *Journal of Research in Personality* 31(1):21–33.

Young, Alford A. 2000. "On the Outside Looking In: Low-Income Black Men's Conceptions of Work Opportunity and the 'Good Job.'" Pp. 141–71 in *Coping with Poverty: The Social Contexts of Neighborhood, Work, and Family in the African American Community,* edited by Sheldon Danziger and Ann Chin Lin. Ann Arbor: University of Michigan Press.

Young, Michael. 1994. *The Rise of Meritocracy.* New Brunswick, NJ: Transaction Publishers.

Zelditch, Morris. 2001. "Theories of Legitimacy." in *The Psychology of Legitimacy: Emerging Perspectives on Ideology, Justice, and Intergroup Relations,* edited by John T. Jost and Brenda Major. Cambridge: Cambridge University Press.

Zelizer, Viviana A. 2017. *The Social Meaning of Money: Pin Money, Paychecks, Poor Relief, and Other Currencies.* Princeton, NJ: Princeton University Press.

Zigarmi, Drea, Kim Nimon, Dobie Houson, David Witt, and Jim Diehl. 2009.

"Beyond Engagement: Toward a Framework and Operational Definition for Employee Work Passion." *Human Resource Development Review* 8(3):300–26.

Zwolinski, Matt. 2012. "Structural Exploitation." *Social Philosophy and Policy* 29(1):154–79.

The Trouble with Passion: How Searching for Fulfillment at Work Fosters Inequality
© 2021 by Erin A. Cech
Published by arrangement with University of California Press through Big Apple Agency, Inc., Labuan, Malaysia.
Traditional Chinese edition copyright © 2022 by Rye Field Publications, a Division of Cité Publishing Ltd.
All rights reserved.

國家圖書館出版品預行編目資料

失控的熱情：為何在工作裡找尋成就感，反而助長了不平等／艾琳．賽克（Erin A. Cech）著；黃文鈴譯. -- 初版. -- 臺北市：麥田出版：英屬蓋曼群島商家庭傳媒股份有限公司城邦分公司發行, 2022.09
面；　公分. --（麥田叢書；113）
譯自：The Trouble with Passion: How Searching for Fulfillment at Work Fosters Inequality
ISBN 978-626-310-293-4（平裝）
1.CST: 社會心理學　2.CST: 工作滿意度
3.CST: 自我實現　4.CST: 平等
541.75　　111012589

麥田叢書 113

失控的熱情

為何在工作裡找尋成就感，反而助長了不平等

The Trouble with Passion: How Searching for Fulfillment at Work Fosters Inequality

作　　者／艾琳．賽克（Erin A. Cech）
譯　　者／黃文鈴
責任編輯／許月苓
主　　編／林怡君

國際版權／吳玲緯
行　　銷／闕志勳　吳宇軒　陳欣岑
業　　務／李再星　陳紫晴　陳美燕　葉晉源
編輯總監／劉麗真
總 經 理／陳逸瑛
發 行 人／涂玉雲
出　　版／麥田出版
10483臺北市民生東路二段141號5樓
電話：(886)2-2500-7696　傳真：(886)2-2500-1967
發　　行／英屬蓋曼群島商家庭傳媒股份有限公司城邦分公司
10483臺北市民生東路二段141號11樓
客服服務專線：(886) 2-2500-7718、2500-7719
24小時傳真服務：(886) 2-2500-1990、2500-1991
服務時間：週一至週五09:30-12:00．13:30-17:00
郵撥帳號：19863813　戶名：書虫股份有限公司
讀者服務信箱E-mail：service@readingclub.com.tw
麥田網址／https://www.facebook.com/RyeField.Cite/
香港發行所／城邦（香港）出版集團有限公司
香港灣仔駱克道193號東超商業中心1/F
電話：(852)2508-6231　傳真：(852)2578-9337
馬新發行所／城邦（馬新）出版集團 Cite (M) Sdn Bhd
41, Jalan Radin Anum, Bandar Baru Sri Petaling, 57000 Kuala Lumpur, Malaysia.
Tel: (603) 90563833　Fax: (603) 90576622　Email: services@cite.my

封面設計／張巖
印　　刷／前進彩藝有限公司

■2022年9月　初版一刷

定價：520元
ISBN 978-626-310-293-4
其他版本／978-626-310-294-1（EPUB）

Printed in Taiwan.
著作權所有．翻印必究
本書如有缺頁、破損、裝訂錯誤，請寄回更換。

城邦讀書花園
www.cite.com.tw
書店網址：www.cite.com.tw